위기의 대한민국

가장 잘하는 자에게 맡기자

서상목 徐相穆

1947년 충남 홍성에서 태어나 서울재동초등, 경기중·고교와 미국 앰허스트대학을 졸업하고, 1974년 미국 스탠퍼드대학원에서 경제학 박사학위를 받았다. 그 후, 세계은행(World Bank)과 한국개발연구원(KDI)에서 경제정책 연구에 전념하였고, KDI 부원장, 경제부총리 자문관 등을 지냈다. 1988년 정계에 입문하여 제 13, 14, 15 대 국회의원과 1993년 46세의 나이로 초대 보건복지부장관을 역임하면서 입법부와 행정부에서 경제전문가로 활동하였다. 1996년 제15대 총선에서는 '신정치 1번지'인 강남 갑에서 당선되었다. 타임(TIME)지 경제고문, UN 사무총장 고위정책자문위원, 아·태환경의원연맹(APPCED) 집행위원장, 스탠퍼드대 초빙교수 등을 지내면서 국제무대에서도 경제전문가로 활약하였다. 현재 사단법인 21세기교육문화포럼 이사장직을 맡고 있으면서 부동산정책과 교육정책을 개혁하려는 노력도 경주하고 있다.

주요 저서로는, 『한국자본주의의 위기』(법문사, 1989), 『말만하면 어쩝니까, 일을 해야지요』(행림사, 1996), 『시장을 이길 정부는 없다』(매경, 2003), 『정치시대를 넘어 경제시대로』(북코리아, 2004), 『김정일 이후의 한반도』(북코리아, 2004) 등이 있다.

위기의 대한민국 가장 잘하는 자에게 맡기자

2007년 11월 05일 초판인쇄
2007년 11월 10일 초판발행
지은이 | 서상목
펴낸이 | 이찬규
펴낸곳 | 북코리아
등록 | 제03-01240호
주소 | 121-802 서울시 마포구 공덕2동 173-51
전화 | 02-704-7840
팩스 | 02-704-7848
이메일 | sunhaksa@korea.com
홈페이지 | www.ibookorea.com

ISBN 978-89-92521-41-3 (03340)

값 15,000원

위기의 대한민국

가장
잘하는 자에게
맡기자

서상목

북코리아

:: 머리말

민주화의 봇물이 터지는 계기가 된 1987년 6·29 선언 이후 국민적 관심은 경제효율보다는 경제정의 구현에 모아졌다. 근로자는 경영자에 비해 경제적 약자라는 생각 때문에 불법노사분규가 터져도 국민과 언론은 근로자의 편을 들어주었다. 그 결과 임금은 생산성을 훨씬 넘는 수준에서 결정되었고 우리 경제의 국제경쟁력은 점차 약화되어 갔다. 국민의 욕구를 충족시키기 위한 소비성 정부지출도 늘어나기 시작하였고 금융실명제 등 경제정의 실천을 위한 개혁조치가 추진되기도 하였다.

이러한 시대적 상황에 부응하여 '경제정의실현시민연합'이 경제정의의 실현을 위한 시민단체로 부상하였다. 사회분위기가 너무 한 쪽으로 치우치는 것을 우려한 나는 경제효율을 강조하는 시민단체가 필요하다는 생각에서 1995년 나와 뜻을 같이하는 인사들과 '경제자유찾기모임'을 설립하여 공동대표직을 맡았다. 그 후 경제자유찾기모임은 정부규제의 완화를 통한 시장경제의 활성화를 목표로 각종 토론회를 개최하고 그 결과를 책자로 발간하기도 하였다. '가장 잘 하는 자에게 맡기자'는 그 때 설립한 경제자유찾기모임의 캐치프레이즈이다. 시장원리는 모든 분야에서 가장 잘 하는 자에게 맡기는 결과를 가져오고 이

는 경제효율을 극대화하는 지름길이라는 것이 애덤 스미스 이후 시장
경제학자들이 줄기차게 주장해 온 논리인 것이다.

경제효율보다는 경제정의가 중요하다는 사고는 2003년 노무현 정
권이 들어서면서 그 절정에 이르게 된다. 진보세력의 적극적인 지지로
당선된 노무현 대통령은 경제정책의 초점을 분배개선과 경제정의 구
현에 두면서 시장원리에 반하는 정책들을 서슴지 않고 내놓았다. 그
결과 우리의 국가경쟁력은 지속적으로 떨어졌고 기업투자도 바닥을
헤매고 있다. 대외정책 역시 시장경제의 중심부에 있는 미국을 멀리하
고 시장경제에 정면으로 역행하는 북한과는 긴밀한 유대관계를 유지
하는 방향으로 추진되었다. 또한,

각종 과거사위원회의 활동으로 인해 해방 이후 나름대로 시장경제
체제를 유지하려고 노력해 온 대한민국의 정통성은 체계적으로 무너
지고 있으며, 사회주의 공산체제를 고수하는 북한정권과 남한의 친
북·좌파인사들의 정통성과 명예를 다시 회복시켜주는 작업은 적극적
으로 진행되고 있다. 이에 더해, 좌파이론으로만 무장한 경험 없는 인
사들이 국정 전체를 장악하면서 거의 모든 분야에서 시행착오로 인한
폐해가 속출하고 있다. 집권세력의 잘못된 철학과 경험부족이 멀쩡한

나라를 순식간에 위기로 몰아넣은 것이다.

　나는 이른바 '세풍사건'에 연루되어 노무현 정권 전반기 1년을 영어(圖圄)의 몸으로 지내야 했다. 이 기간 중에 나는 세 권의 책을 집필하여 출간한 바 있다. 첫 번째 책인 『시장을 이길 정부는 없다』는 규제일변도의 부동산정책 발표를 지켜보면서 시장원리를 무시한 경제정책은 결코 성공할 수 없음을 역설하고자 하였다. 이 책이 지인에 의해 노무현 대통령에게 전달되었음에도 불구하고 노 대통령의 반응은 부동산과 같이 중요한 정책에는 시장원리를 적용해서는 안 된다는 공개적 발언이었다. 그 결과, 노무현 정부의 부동산정책은 참담히 실패하였으며 이는 반시장적 정책이 어떠한 결과를 초래하는지를 잘 알 수 있는 대표적인 사례로 오랫동안 경제교과서에 기록될 것이다.

　두 번째 책인 『정치시대를 넘어 경제시대로』는 민주화 이후 한국의 정치는 정치문제가 우선하는 '정치시대'로 일관해 왔는데 이제는 세계적 대세인 경제문제가 정치의 우선적 과제가 되는 '경제시대'를 열어야 한다는 점을 강조하고 있다. 이 주장 역시 받아들여지지 않았고 이 책을 집필하고 있는 2007년 말 현재도 정치문제가 한국정치를 독차지하고 있다.

세 번째 책인『김정일 이후의 한반도』는 개혁·개방을 거부하는 김정일 정권은 결국 붕괴할 수밖에 없기 때문에 우리는 김정일 이후 상황을 준비해야 한다는 내용을 담고 있다. 이 역시 김대중 대통령의 햇볕정책을 금지옥엽(金枝玉葉)으로 생각하는 좌파정권이 받아들이기에는 불가능한 일로 한국정부의 대북정책은 김정일 정권의 붕괴를 애써 막아주면서 이들의 비위를 맞추기 위해 온갖 노력을 경주하는 방향으로 진행되어 왔다.

　　내 생각을 좌파정권이 받아들이지 않았음은 물론이고 보수정당임을 자처하는 한나라당 역시 보수적 가치관인 자유민주주의와 시장경제를 지키는 노력을 게을리 하였다. 반시장적 정책의 결정판이라고 할 수 있는 노무현 정부의 부동산정책을 한나라당은 낮은 수준의 비판 또는 침묵으로 일관해 왔다. 경제논리에 맞지 않고 위헌시비마저 있는 종합부동산세를 가진 자를 비호한다는 비판이 두려워 강력한 반대를 하지 않았고, 지방자치정신에 정면으로 배치되는 재산세 공동과세안은 아예 한나라당이 발의하였다. 시장원리에 정면으로 어긋나는 아파트 분양가 규제 역시 한나라당은 강력한 반대입장을 피력하지 않았다. 한나라당의 어정쩡한 입장은 대북정책에도 그대로 반영되어 미국이

다가오는 대선을 의식하여 종전의 대북 강경노선을 완화하는 기미를 보이자 한나라당은 좌파정권의 햇볕정책과 유사한 '신(新)대북정책'을 발표하기도 하였다.

감옥에서 쓴 세 권의 책 모두가 정부와 정당의 정책에 영향을 준다는 측면에서 큰 효과가 없게 된 것을 지켜본 나는 이 책 전체의 메시지를 다시 한 권의 책으로 재집필 할 필요를 느끼게 되었다. 그 이유는 2007년 12월에는 대통령 선거가 있고 이듬 해 4월에는 국회의원 선거가 있기 때문에 내 생각을 새로 선출된 인사들을 통해 국정에 반영시켜야 하겠다는 생각이 들었기 때문이다. 이 책은 앞에서 언급한 세 권의 책 내용을 상당부분 반영하였음은 물론 '강남 죽이기'로 요약되는 지난 3년 동안의 새로운 상황을 추가하였다.

앞의 세 권의 책은 한 평도 안 되는 방에 쭈그리고 앉아 모나미 볼펜으로 노트에 내 생각을 적어 내려가는 방식으로 집필을 하였는데 이번에는 컴퓨터 앞에 앉아 인터넷으로 필요한 자료를 검색하고 자유롭게 교정도 해나가면서 글을 쓰니 얼마나 편리한지 모르겠다. 아무쪼록 이 책이 대한민국의 현 상황을 위기라고 생각하는 많은 분들에게 위기의 원인과 그 처방을 다시 한번 생각하게 하는 계기가 되기를 간절히 바란다.

끝으로 이 책의 출판을 기꺼이 맡아 준 북코리아의 이찬규 사장과 이 책의 편집을 도와 준 21세기교육문화포럼의 허정회 본부장에게 감사드린다. 책을 집필하는 동안 격려해 주고 많은 조언을 준 아내에게 이 책을 바친다.

2007년 11월
양지 산장에서
서 상 목

:: 추천의 글

나는 총리로 재직 시절 당시 보건복지부 장관 직을 맡고 있었던 서상목 박사를 처음 만났다. 내가 놀란 것은 학자 같은 첫 인상과는 달리 서 장관의 업무처리가 매우 열정적이고 소신에 가득 차있다는 것이었다. 당시 물 관리에 관한 업무를 환경부로 일원화하기 위해 보건복지부에서 담당하던 수질관리업무를 환경부로 이관하는 문제를 결정하는 관계장관회의가 열렸다. 나는 의례 보건복지부가 자신의 업무가 축소되는 것에 반대할 것으로 생각하였는데 회의에 참석한 서 장관이 선뜻 이에 응해주었다. 이에 더해, 서 장관은 물 관리에 관한 업무를 환경부로 이관하기 전에 오랜 기간 쟁점이 되어왔던 내국인에 대한 생수 시판 허용문제를 해결하는 용단을 보이기도 하였다.

나와 서 박사와의 인연은 그 후에도 계속되어 15대 국회의원 선거에서 서상목 박사가 강남갑 지역에 출마했을 때 나는 선거대책위원장 자격으로 지원유세를 나갔고 서 박사는 서울지역에서 가장 큰 표 차이로 당선되었다. 그 후 대통령선거에서 서 박사는 어려운 여건 속에서도 나와 한나라당의 승리를 위해 열심히 뛰었고, 이 과정에서 발생한 이른바 '세풍사건'으로 인해 서 박사는 오랜 기간 정치일선에서 물러나 있어야 했으며 1년 동안 영어의 몸이 되기도 하였다.

이렇게 힘든 상황에서도 서상목 박사는 평상심과 낙천적 사고로 세 권의 책을 집필하는 것을 지켜보면서 서 박사의 꾸준한 인내와 학자로서의 지혜에 큰 감동을 받은 바 있다. 이러한 서 박사가 그간의 생각을 다시 총정리하여 『가장 잘 하는 자에게 맡기자』라는 한 권의 책을 발간한 것을 진심으로 축하한다.

서 박사가 지적한 대로 좌파정권이 집권한 지난 10년은 멀쩡한 나라를 위기로 몰아넣었고 이제 우리는 위기에 처한 대한민국을 다시 일으켜 세워야 하는 시대적 과업을 안고 있는 것이다. 이를 위해서는 무엇보다도 대한민국이 가야 할 방향을 분명히 정립해야 할 것이다. 21세기 시대적 대세인 자유민주주의와 시장경제야말로 현재 길을 잃고 방황하는 대한민국호가 가야 할 방향인 것이다.

최근 제2차 남북정상회담이 이루어지면서 대북정책에 대한 혼선이 더욱 심화되고 있다. 북한에 대한 인도적 지원은 계속하면서도 심각한 인권침해 상황에 대한 비판은 물론 북한의 개방·개혁에 대한 정부차원의 촉구가 동시에 이루어져야 할 것이다. 또한, 대한민국의 안위에 결정적인 위협이 되는 핵무기의 폐기가 전제되지 않는 평화협정이나 대규모의 경제지원과 협력은 아무런 의미가 없음을 명확히 하여

야 한다. 부동산, 노동 등 경제분야에서도 시장원리에 더욱 충실한 정
책들이 추진되어야 하며 교육정책도 창의력과 리더십을 갖춘 21세기
인재를 양성하는 방향으로 재정비되어야 한다.

　　아무쪼록 서 박사가 제시한 여러 가지 정책제안들이 내년 초 새로
출범하는 정권에 의해 정부정책으로 받아들여지기를 기대한다.

2007년 11월

전 국무총리

이 회 창

:: 차례

제1부

위기의 강남

제1장

잃어버린 10년

좌파정권의 성적표

'잃어버린 10년'은 보수세력이 지난 10년 간 진보세력이 집권한 기간을 가리키는 말이다. 단순히 자신들이 집권을 하지 못해서가 아니라 이 기간에 대한민국의 국가발전에 심각한 장애가 생겼다는 것이다. 보수진영의 한 사람인 내 입장에서 보면 상당히 일리가 있는 말이 아닐 수 없다.

지난 10년 동안 가장 안타까운 일은 대한민국의 정통성을 집권세력 스스로 무너뜨리는 데 앞장섰다는 것이다. 이들은 대한민국은 친일파에 의해 미국을 등에 업고 건국된 것으로 규정하면서 해방정국에서 좌파 봉기는 자생적 사회혁명의 모범적 사례로 보고 있다. 또한, 산업화와 자유민주주의의 성과와 정당성을 부정하면서 부르주아 민주주의는 실패한 이념으로 단정한다. 이러한 편향된 역사인식은 교과서에 점진적으로 반영되었고 전교조는 이러한 시각을 자라나는 세대에게 주입시키는 데 앞장서 왔다. 노무현 정부 출범 이후 구성된 아홉 개의 과거사위원회는 국민의 혈세를 사용하면서 편향된 시각에서의 '역사뒤집기' 노력을 주도면밀하게 추진하여 왔다.

대한민국의 정통성은 체계적으로 무너져내린 반면, 인권탄압과 경제정책의 실패로 북한주민들은 참기 어려운 고통을 겪고 있다. 미사일과 핵무기 개발로 대한민국의 생존을 위협하는 북한의 김정일 정권에게 굴욕적인 자세로 임하는 '퍼주기 식' 대북정책은 진보정권의 최대 역점사업으로 추진되어 왔다.

그 결과 국내에서는 보수와 진보세력 간의 갈등이 날로 심각한 지경에 이르렀고 한미동맹관계도 극심한 균열상태를 보이고 있다. 대한민국 외교의 기본축을 이루어온 한미동맹과 한미일 공조체제는 붕괴되고 있으며 이를 이용한 북한은 김정일 정권의 수명연장을 도모함은 물론 핵실험 강행과 남북정상회담 추진 등으로 대외적 입지를 더욱 공고히 하고 있다.

경제분야에서 진보정권은 불법 노사분규시 친(親)노동자적 입장을 확실히 하여 불법파업을 정부가 부추기는 결과를 초래함은 물론 부동산 및 교육 등의 분야에서 반(反)시장적 정책을 남발하여 경제효율을 저하시키고 미래 한국을 이끌어 갈 인재를 양성하는 데 큰 걸림돌이 되고 있다. 결과적으로, 기업의 투자의욕은 저하되고 있으며 국가경쟁력 역시 하락하고 있는 것이다.

어떻게 이러한 일들이 20세기 말 이미 근대화에 성공하여 21세기
에는 선진화라는 국가적 과업을 달성하려는 대한민국에서 일어나고
있는 것일까? 그 이유는 1997년 대선승리로 집권한 후 2002년 재집권
에 성공한 대한민국의 진보세력이 선진국과는 달리 그 뿌리가 공산주
의에 있기 때문이다.

선진국의 보수와 진보

서양의 진보는 프랑스 혁명에서 비롯된다. 왕정을 붕괴시키고 민주
주의라는 이상적인 목표를 향해 급격한 변화를 추구한 프랑스 혁명은
그 과정이 매우 험난하여 수천 명이 단두대의 이슬로 사라졌다. 그 후
다시 왕정이 복구되는 등 민주주의로의 이행도 결코 순탄치 못하였다.

서양의 보수는 프랑스 혁명의 폭력성과 비연속성을 비판하면서 영
국에서 시작되었다. 인간 능력의 한계를 인정하면서 신의 권위와 사회
적 전통을 존중하자는 취지로 시작된 영국의 보수주의는 민주주의라
는 목표달성에서도 프랑스보다 앞서 헌법도 없이 세계에서 민주주의
를 가장 잘 실천하는 나라를 만드는 데 크게 기여하였다.

1917년 10월 볼셰비키 혁명을 계기로 진보는 소련, 중국 등 많은
개발도상국에서 공산주의 형태로 변형되었고 영국, 프랑스 등 서유럽
선진국에서는 복지국가를 지향하는 방향으로 발전되어 왔다. 1960년
대까지는 복지국가 모형이 대다수의 선진국에서 채택되어 진보세력이

정치를 주도해왔으나 그 후 복지국가 모형이 재정팽창, 생산성 저하 등의 한계를 보이면서 1980년대부터는 미국과 영국을 중심으로 시장경제와 작은 정부를 지향하는 신(新)보수주의가 급부상하게 되었다.

그 후 컴퓨터와 인터넷을 바탕으로 한 정보화혁명과 공산주의의 몰락으로 인한 세계화 물결은 지구촌을 하나의 시장으로 엮어놓았고, 경쟁의 심화로 시장의 효율성 또한 급격히 증가되었다. 그 결과, 보수적 가치관이라 할 수 있는 시장자본주의와 자유민주주의는 21세기 지구촌을 지배하는 가치관으로 자리잡게 되었다.

한국은 진보가 아니라 좌파

서양의 진보가 민주주의 가치관을 바탕으로 발전된 반면, 한국에서의 진보는 공산주의를 기본이념으로 시작되었다. 1925년 한국에서는 최초의 정당으로 조선공산당이 창립되었고 이들은 적극적인 노조활동을 전개하여 일본 기업주에 불만을 가진 한국 노동자들을 대상으로 그 뿌리를 내려갔다. 해방 직후 결성된 좌파 노동조합인 전평(조선노동조합전국평의회)은 막강한 영향력을 발휘하였고 박헌영 중심의 조선공산당은 물론 여운형 중심의 조선인민당 역시 한국 최초의 사회당으로 큰 세력을 이루었다.

미 군정의 지원으로 이승만 등 우파세력이 한국에서 정치권력을 장악함으로써 전평을 불법화하고 우파 노동조합인 한국노총이 노동계의 주도권을 잡게 되었다. 공산당 역시 불법화됨은 물론이고 사회주의 정당도 친북세력으로 매도되어 활동하기 어려운 상황이 되었다. 이러한 상태는 박정희·전두환 군사정권에서도 지속되었고 이 기간에 좌파 정치세력은 한국의 최초 보수정당인 민주당 세력과 힘을 모아 반독재투쟁을 전개하여 왔다. 좌파와 우파가 독재정권 타도라는 명분에 힘을 합친 것이다.

1987년 민주화가 이루어지면서 영남 보수세력은 김영삼 중심의 민주당으로, 호남 진보세력은 김대중 중심의 평민당으로 발전되었고 사회주의 정당으로서 민주노동당도 약진하게 되었다. 전평의 전통을 이은 민주노총의 활동도 활성화되었다. 김대중 정권에 이어 지역색깔이 상대적으로 옅은 노무현 정권이 들어서면서 집권당인 열린우리당은 진보색채를 더욱 뚜렷하게 띠었고 친북노선의 햇볕정책을 추진함은 물론 보수세력 중심의 대한민국 정통성에 일격을 가하는 일련의 조치들이 정권차원에서 추진되어 온 것이다.

그 결과, 21세기를 맞아 전세계가 시장자본주의와 자유민주주의의 보수화물결에 편승하는 상황과는 정반대로 한반도에서는 시대역행적·좌파적 진보화물결이 일고 있는 것이다.

잃어버린 10년의 교훈

잃어버린 10년은 나 자신의 입장에서도 매우 적절한 표현이라 하지 않을 수 없다. 1997년 12월 대선에서 한나라당 이회창 후보의 당선을 위해 앞장 선 나는 선거에 패하자 김대중 정권의 집중적인 공격으로 '세도(稅盜)'로 매도당하면서 1년 간 검찰 중수부의 집중적인 수사를 받고 기소되었다. 3년 간 재판을 받다가 법정 구속되어 1년 간 영어(囹圄)의 몸이 되었고, 그 후에도 2007년 2월 말 복권이 되기까지 사회정치적 활동이 법적으로 제약된 상태에서 살아야 했다. 인생의 황금기라 하는 50대를 사회활동을 제대로 하지 못하고 쫓기고, 갇히고, 억압당하는 신세로 보낸 것이다.

흔히 10년이면 강산도 변한다고 한다. 21세기 디지털시대가 되면서 변화의 속도가 빨라졌기 때문에 요즈음 10년이면 강산이 한 번이 아니라 두세 번은 바뀌는 것 같다.

우선 국가적으로 10년 간 진보세력이 집권하면서 모든 분야에서 진보성 인사들이 주도권을 쥐고 있다. 공영방송은 진보세력의 선전장이 된 지 오래 되었고 문화예술분야에서도 온통 진보진영의 인사들이 판을 친다. 대중적 인기를 끄는 영화에는 반미감정을 부추기는 대목이 스며들어가 있으며 정부의 각종 위원회와 방송 토론프로그램에는 10년 전에는 전혀 알려지지 않은 진보성향의 인사들로 가득하다. 온 사회가 가을단풍처럼 불그스레해진 것이다.

나는 가끔 하나님이 우리에게 왜 이러한 고난을 주시는가, 다른 나라에게는 시대의 흐름을 잘 읽고 국가를 슬기롭게 이끌어 가는 지도자를 주시면서 한반도에는 이 중요한 시기에 시대적 흐름을 거꾸로 헤쳐가려는 어리석은 사람들이 국가를 이끌게 하시는가 하는 의문을 갖곤 한다. 그 때마다 하나님은 나름대로 이러한 시련과 고통을 통해 나와 한국인들에게 소중한 경험을 갖게 하려는 것이라는 생각을 하게 된다.

이런 시각에서 보면, 지난 10년은 잃은 것이 많은 시간이지만 얻은 것도 많은 시간이었다는 생각을 하지 않을 수 없다.

우선 국가적으로 보면, 진보세력의 집권 10년을 통해 우리 국민들이 그들의 실체를 정확하게 알게 되었다는 것이 가장 큰 수확이 아닌가 싶다. 장기간의 군사독재기간을 거치면서 '민주세력'은 물론 '좌파세력'도 부패에 오염되지 않은 '참신세력'이라는 인상을 국민들에게 심어 주었다. 그러나 이러한 환상은 10년 간의 경험을 통해 여지없이 무너졌다.

민주화의 화신으로 여겨졌던 김대중 대통령은 국가공권력을 동원하여 정적을 무참히 짓밟고 각종 협박과 회유로 야당의원을 여당으로 끌어들여 국회에서 억지로 과반의석을 만드는 비민주적 행동을 서슴지 않았다. 이에 더해, 자신의 아들과 측근인사들이 권력을 이용하여 축재를 일삼는 것을 지켜보면서 진보세력이 부패하지 않은 참신세력이라는 환상은 깨지고 말았다. 과거에 그들이 참신하게 보인 것은 권력이 없어 부패할 수가 없었기 때문이라는 사실을 국민 모두가 알게 된 것이다.

노무현 정권의 집권은 진보세력의 실체를 더욱 적나라하게 보여주는 계기가 되었다. 미국이 생명의 은인인 김대중 대통령은 햇볕정책을 추진하면서도 한미동맹관계를 중요시 여겼으나 미국에 신세진 것이 없다고 생각하는 노무현 대통령은 김대중 정권의 친북정책은 그대로 계승하면서 전시작전통제권 조기인수 등 한미동맹관계를 근본적으로 무너뜨리는 행동을 체계적으로 전개하여 왔다. 경제정책에서도 시장원리보다는 정부개입이 더 효과적이라는 시대착오적 발상을 부동산, 노사 및 교육부문에서 강행하였다.

　노무현 정권은 진보세력이 국정을 운영하는 데 얼마나 무능한가를 여실히 보여주는 계기를 마련해 주었다. 아무런 행정경험이 없이 좌파 이론으로만 무장된 젊은 사람들로 청와대 요직을 채우고 이들에게 국정운영의 전권을 위임함으로써 경제, 외교는 물론 교육, 사회 등 거의 모든 부문에서 정책이 제대로 추진되지 못하는 결과를 초래하였다. 결국, 진보정권 10년은 진보세력이 지향하는 반(反)시장적이며 반미(反美)·친북(親北)적인 정책들이 시대착오적인 것임은 물론이고 행정경험은 없으면서 좌파 이론으로 무장된 인사들의 국정운영이 국가를 얼마나 위험한 상황에 빠뜨리는가를 국민들에게 깨닫게 한 계기를 마련해 준 것이다.

제2장

시대 흐름에 역행하는 한반도

시대 흐름 읽기

흔히 '민심(民心)은 천심(天心)'이라고 한다. 국민 대다수의 생각에 거스르는 정책이나 정치가 결국은 실패로 끝나는 사례를 우리는 군사 독재시절에는 물론이고 민주화 이후에도 종종 목격한 바 있다. 국민의 자유를 억압하여 장기집권을 도모한 유신정치가 박정희 대통령의 비극적 죽음으로 막을 내렸고 민주화 이후 집권한 김영삼 대통령과 김대중 대통령 역시 국민의 의사와 동떨어진 정책이나 행동을 할 때에는 국민들로부터 외면당하고 본인이나 측근들이 수모를 겪었다는 사실을 우리는 잘 알고 있다. 스스로 '참여정부'라 칭한 노무현 정권이 현재 심각한 위기에 봉착한 것도 민심을 무시하고 대통령과 집권세력이 낡은 이념적 틀에 갇혀 편협한 정책추진과 행동을 해왔기 때문일 것이다.

시대흐름 역시 국가운영에 있어 민심과 같은 또는 그 이상의 역할을 한다고 할 수 있다. 당시 국가가 처한 시대적 상황에 거스르는 정책과 행동은 실패할 뿐 아니라 때로는 국가를 매우 심각한 위기상황으로 몰고갈 수 있기 때문이다. 20세기를 향한 역사의 길목에서 우리는 시대적 흐름을 전혀 파악하지도 못하고 오히려 시대에 역행하는 쇄국정책과 내분으로 인해 당시 나름대로 시대적 흐름을 읽고 이를 국정에 적절히 활용한 일본에게 나라를 송두리째 빼앗기고만 쓰라린 역사적 경험을 갖고 있다. 해방 후 우리의 능력이 아니라 미국의 힘으로 독립국가를 건설하였으나 이승만 정권의 독선과 무능은 북한의 침략으로 인해 나라 전체를 공산화시킬 뻔 하였고 대내지향적 경제정책은 대다수 국민을 실업과 빈곤의 악순환에서 벗어나지 못하게 하였다.

군사쿠데타로 집권한 박정희 정권은 경제정책을 대외지향적으로 선회하고 수출산업을 진흥하여 경제발전 부문에서는 괄목할 만한 성과를 이룩하였으나 또 하나의 시대적 대세라 할 수 있는 민주화부문에서는 상당한 퇴보를 초래하여 지금까지도 정치·사회적 갈등의 근본적인 원인이 되고 있다. 또한, 경제발전의 핵심수단으로 활용된 관치금융과 재벌기업의 무분별한 사업확장은 1997년 말 아시아에 휘몰아친 국제적 환투기 현상을 견디지 못하고 외환위기와 이에 따른 수많은 기업도산과 실업난을 겪게 된 원인으로 작용하였다.

민주화 이후에도 시대적 추세를 제대로 읽고 활용하지 못하는 현상은 부분적으로 진행되고 있다. 앞에서 지적된 관치금융과 재벌의 무분별한 사업확장은 외환위기 발생 직전까지도 여전하였고 그 이후에도 대북사업 추진 등의 명목으로 일부 대기업은 과거의 관행을 지속하였다. 그나마 다행인 것은 금융부문에서 외환위기 이후 대규모의 구조조정과정을 거치면서 관치금융의 관행에서 벗어나 시장원리에 의해 경쟁하는 풍토가 조성되고 있다는 것이다. 그러나 금융 이외의 부문에서는 아직도 오래 된 정부개입의 관행에서 벗어나지 못하고 있는 경우가 허다하다.

시장경제가 시대적 대세

디지털혁명과 세계화의 급진전은 전세계를 하나의 시장으로 만들었고 기업들은 치열한 국제경쟁 속에서 살아남기 위해 기술혁신을 통한 신제품 개발 및 기존제품의 품질향상에 박차를 가하고 있다. 이러한 과정에서 과거 미국, 영국 등 선진국에서 기업의 발목을 잡고 있었던 강성노조활동이 그 위력을 상실하면서 이 국가들의 노동시장은 새로운 유연성을 갖추게 되었다. 이를 바탕으로 기술선진국들은 일본, 한국, 싱가포르 등 아시아 신흥공업국에게 잃었던 국제경쟁력을 서서히 되찾아 가고 있는 것이다.

그러나 한국에서 민주화의 급진전은 노동운동의 활성화를 초래하였고 이는 생산성을 상회하는 임금인상은 물론 잦은 불법파업으로 인한 생산손실 등의 많은 부작용을 초래하고 있다.

노동문제 이외에도 한국에서 세계적 추세를 거스르는 또 하나의 분야는 교육부문임을 지적하지 않을 수 없다.

한국 학부모의 높은 교육열은 그동안 눈부신 경제성장의 기본적 밑바탕이 되어 왔다. 앞으로도 국가발전의 원동력을 인적자원에서 찾을 수밖에 없는 것이 우리의 현실이다. 하지만 오늘날 한국의 교육은 대학입시 위주의 경직된 공교육이 우리의 미래를 짊어질 학생들의 창의력을 키우기는커녕 오히려 위축시키고 있다. 또한, 공교육시장이 정부의 각종 규제로 학부모와 학생들의 교육수요를 충족시키지 못하기 때문에 사교육시장이 비정상적으로 비대해지고 있으며 이에 따른 학부모의 사교육비 부담 역시 만만치 않은 것이 오늘의 현실이다.

디지털혁명으로 인한 전자상거래의 등장, 금융시장의 세계화 등은 경제운용에서 정부의 개입보다는 시장의 원리, 그리고 정부공무원의 관리능력보다는 기업가정신이 우선시되는 환경을 조성하고 있다. 이는 복지와 형평추구라는 명분으로 정부개입을 선호하는 이른바 '진보세력'의 퇴조를 초래하였고 시장과 자유민주주의를 철학적 기반으로 하는 이른바 '보수주의'가 선진국에서 새로운 시대적 대세로 자리잡아 가는 계기를 마련해 주었다.

이러한 인식을 바탕으로 영국의 노동당은 1997년 블레어 총리가 집권하면서 시장원리와 세계화를 기정사실로 인정하는 기든스의 이른바 '제3의 길'[1] 이론을 받아들여 기존의 정책을 시대적 추세에 좀더 부합하는 방향으로 전환한 바 있다. 브라질에서도 골수좌파인 룰라는 대통령에 당선되면서 경제분야에서는 시장원리와 세계화를 그대로 받아들이는 정책을 펼쳐 국제적 신뢰를 획득하였고 이를 바탕으로 놀라운 경제적 성과를 올리고 있다.

김대중 정권의 실적

한국에서는 1997년 대선에서 김대중 후보가 대통령에 당선됨으로써 해방 이후 처음으로 좌파정권이 집권하는 기록을 세우게 되었다. 그러나 경제부문에서는 김대중 대통령 취임 당시 외환위기로 경제정책의 주도권이 국제통화기금(IMF)으로 넘어갔기 때문에 관치금융의 관행을 철폐하는 등 시장원리에 충실한 '우파적' 구조조정정책이 그 주류를 이루게 되었다.

이는 현재 브라질과 비슷한 상황으로 그 결과 역시 매우 성공적이어서 외환위기 이후 최단기간 내에 IMF의 비상관리체제에서 졸업하는 업적을 이루었다. 반면, 의료보험 등의 사회정책부문에서는 김대중 정권의 좌파성향이 그대로 노정되었으며 그 결과 의료보험재정의 급격한 악화와 이로 인한 의료보험료의 상승이라는 부작용 역시 초래되었다.

김대중 대통령이 좌파정권의 실력을 유감없이 발휘한 분야는 역시 '햇볕정책'으로 요약되는 대북정책이라 할 것이다. 김대중 대통령은 막대한 자금을 비밀리에 현대를 통해 북한에 전달함으로써 남북정상회담을 성사시켰고 그 후에도 금강산관광, 개성공단사업 등의 경제사업의 추진은 물론 식량, 비료 등 현물지원과 각종 행사를 명목으로 상당 수준의 현찰을 북한 김정일 정권에게 제공하였고 이러한 형태의 햇볕정책은 노무현 정권에서도 그대로 계승・발전되어 왔다.

세계적 대세에 정면으로 역행하는 대표적인 사례가 북한의 김정일 정권이라는 사실에는 대내외적으로 큰 이견이 없을 것이다. 세계적으로 민주화물결이 거세게 불고 있음에도 불구하고 김정일 정권은 전 주민의 성분을 분석하여 이른바 '적대계층'으로 분류된 주민들을 처형하거나 정치수용소로 보내는 등의 인권탄압을 서슴지 않고 있다. 전세계가 개방된 지구촌경제를 이루어 가는 데 반해, 북한은 낡은 사회주의 기획경제를 고집하면서 아직도 '자급자족형' 경제체제를 고수하고 있다. 세계 각국이 하나의 네트워크를 이루어 협조와 경쟁을 병행해 나가는 상황에서 북한은 폐쇄적 신분사회를 유지하면서 국제적으로 철저히 고립된 상태를 견지하고 있는 것이다.

특히, 이른바 '팍스 아메리카나(Pax Americana)'[2] 시대를 맞아 과거에는 미국과 대립적 관계를 유지해왔던 러시아 중국과 같은 강대국도 미국과의 관계개선을 위해 최선을 다하고 있는 데 반해, 북한의 김정일 정권은 핵무기를 개발하여 미국과 '벼랑 끝 외교'전술[3]을 구사하고 있다. 심지어는 위조지폐와 마약의 밀매도 서슴지 않고 자행함으로써 국제사회에서의 고립은 물론 '불량국가(rogue state)'[4]라는 악명을 얻고 있는 것이 오늘날 북한의 상황이다.

이러한 북한의 김정일 정권에 대해 한국정부는 무조건적인 경제지원을 해주고, 북한의 인권문제에는 절대적인 침묵을 지키고 있다. 심지어 핵개발 및 미사일 발사 등 국제안보에 심각한 악영향을 주는 사안이 발생하여도 한국정부는 북한의 '대변인' 같은 발언으로 일관하여 왔다. 흔히 '순천자(順天者)는 흥하고 역천자(逆天者)는 망한다'고 한다. 이런 시각에서 볼 때 북한의 김정일 정권이 몰락하는 것은 시간문제라고 할 수 있다.

그럼에도 불구하고 한국정부가 북한의 김정일 정권을 무조건 감싸기만 한다면 우리도 시대적 대세에 거스르는 행동을 하는 것으로서 그 대가 역시 상당할 것으로 생각된다. 대북정책으로 인해 한미동맹관계에 심각한 균열이 생기고 북한의 경제적 지원이 우리 경제에 부담이 되고 있다는 사실이 이를 잘 입증하고 있다고 할 수 있다.

노무현 정권의 실적

경제와 외교정책에서는 정통적 보수노선을 펼친 김대중 대통령과는 달리, 외환위기가 완전히 수습된 이후에 집권한 노무현 대통령은 거의 모든 분야에서 좌파이념에 충실한 정책을 전개하려고 최선을 다하고 있다. 경제부문에서는 '가진 자'에게 세금을 많이 부과하기 위해 종합부동산세를 신설하였고 각종 부동산 관련 세금을 대폭 인상하였다. 2006년 연두기자회견에서 노무현 대통령은 '경제의 양극화' 문제를 제기하면서 복지지출 확대를 위한 추가적 조세부담이 불가피하다는 것과 고소득층이 이를 부담해야 할 것이라는 점을 강조하였다.

임기가 불과 1년 반 남은 시점에서 1천 100조 원의 재원을 필요로 하는 '비전 2030'을 발표하기도 하였다. 집권 초에는 노사분규 현장에 노동부 장관이 직접 개입하여 파업 중인 노조의 손을 들어 줌으로써 노조가 불법이라도 파업만 하면 득이 된다는 기대를 하게 만들었다. 이는 결국 불법 파업의 양산과 이로 인한 경제적 피해의 급증을 초래하였다. 교육에서도 평준화정책의 강화를 기회 있을 때마다 강조하고 있으며 심지어 여권 일각에서는 서울대 폐지론마저 심심치 않게 제기하였다.

노무현 정부의 좌파성향은 외교정책에서 그 절정을 이루고 있다고 해도 과언이 아니다. 북한이 6자회담을 거부하고 핵개발과 핵실험을 강행함은 물론 미사일 발사를 지속해도 노무현 정부는 이를 비난하기는커녕 북한 정부의 '대변인' 역할만을 충실히 수행하고 있다. 노무현 정부의 이러한 대북정책방향은 북한에 의한 대량학살무기 생산과 확산을 억제하는 것을 외교·안보분야의 최우선 순위로 하고 있는 미국 부시 행정부와의 마찰을 불가피하게 하였고 급기야 한미동맹관계의 근간이 흔들리는 상황에까지 이르게 되었다. 이 모든 것이 시대적 대세에 정면으로 거스르는 한국정부의 햇볕정책에 기인한다고 할 수 있을 것이다. 세계적 대세에 정면으로 역행하는 북한을 무조건 감싸고 도와줌으로써 국제사회에서 한국 역시 같은 부류로 인식되고 있는 것이다. 정말로 안타까운 일이 아닐 수 없다.

해방 이후 한국은 비록 많은 시행착오를 겪기는 하였지만 나름대로 세계적 추세에 맞추어 가려는 노력을 해 왔다고 할 수 있다. 경제부문에서 대내지향적 정책을 1960년대 초부터 대외지향적 정책으로 선회하였고 정부주도적 경제운용방식도 점차 시장중심적인 방향으로 전환시켜왔다. 특히, 1997년 말의 외환위기는 시장경제로의 전환을 앞당기는 전화위복의 계기가 되기도 하였다.

특히, 앞으로 상당기간 국가발전의 원동력이 될 정보통신(IT)분야에서 한국은 이미 선진강국의 수준에 도달하였다. 초고속 인터넷망 확보 1위, 휴대폰 보유율 1위 등의 객관적인 통계수치가 한국의 높은 IT 수준을 나타내고 있으며 삼성전자, LG전자 등은 세계적 IT회사로 확고한 자리매김을 하고 있다. 산업혁명이 한국에 오는데 150년이 걸려 35년 간의 일제지배, 남북분단, 6·25 전쟁 등의 국가적 고난을 겪었다. 그러나 현재 세계를 움직이는 디지털혁명은 불과 5년도 안 되어 한국에 왔고 이제는 많은 분야에서 한국이 세계를 선도하는 이른바 'IT강국'의 위치에까지 이르게 된 것이다.

그러나 최근의 대통령선거에서 좌파정권이 집권을 하고 집권 후 시대적 대세에 역행하는 좌파적 정책을 지속적으로 펼침으로써 경제 분야에서 어렵게 이룩한 성과가 서서히 허물어져가고 있으며 국제사회에서 한국의 지위도 흔들리는 안타까운 상황에 놓이게 되었다. 이제 시대 대세가 무엇인지를 다시 한번 점검하고 분야별로 전개해야 할 정책과 행동방침을 설정해 볼 시점이라고 생각된다.

제3장

미래경쟁력을 잃어가는 아이들[1]

높은 교육열, 낮은 효율성

대한민국이 1960년대 이후 '한강의 기적'을 이루고 이제는 경제협력개발기구(OECD) 회원국으로 국제사회에서 대접을 받게 된 힘의 기반은 한국인의 우수한 자질과 높은 교육열이라 할 수 있다. 시골부모가 전답과 소를 팔아 자식을 대학에 보냈다는 우골탑(牛骨塔)이라는 말이 잘 함축해주듯 한국인의 높은 교육열은 해방 이후 인적자원의 축적을 통해 고도성장을 달성하여 세계에서 가장 빠른 기간에 근대화를 이루게 한 원동력이 된 것이다. 1970년대 이후에는 미국 등 외국에서 교육을 받은 고급인력이 귀국하여 한국산업의 고도화에 크게 기여하였다.

이와 같이 한국경제발전의 원동력이었던 교육부문이, 다가오는 21

세기 디지털시대에 필요한 인재를 제대로 양성하고 있는가 하는 회의론이 최근 강하게 대두되고 있다. 한국의 교육부문은 효율성은 물론 형평성 측면에서도 실패하고 있다는 것이 대내외 전문가들의 공통된 의견이기 때문이다.

대학진학률은 세계 2위를 기록하고 있으나 대학교육의 적합성은 세계 50위, 교육경쟁력은 세계 47위에 불과한 것으로 IMD[2]는 평가하고 있다. 또한, 한국인들은 가계지출의 12%가량을 교육비로 쓰고 있다. 이는 다른 OECD 국가에 비해 두세 배에 해당하는 것으로 이 중 75%가 사교육비이다. 높은 교육비 지출에도 불구하고 국민들의 교육에 대한 만족도는 가히 최악이라고 할 수 있다. 한국사회의 행복도 조사에 의하면 교육은 한국인을 가장 불행하게 만드는 요인으로 지적되고 있으며 대다수 국민은 교육을 빈부격차보다도 더 큰 사회불안요인으로 생각하고 있다. 이러한 상황을 조전혁은 "현행 우리나라 교육시스템은 학생들에게는 시간낭비를, 부모들에게는 돈을 낭비하게 강요하는 '비효율의 극치'를 보여주고 있는 구조"라고 지적하고 있다.[3]

얼마 전 어느 TV홈쇼핑 채널에서 캐나다이민 상품판매에 수많은 사람들이 몰려 사회적인 관심사가 된 적이 있다. 이때 충격적인 것은 이민을 원하는 사람의 상당수가 30대 부부였다는 사실이었다. 이제 사회생활을 막 시작한 젊은 부부들이 외국으로 이민가기를 원하는 것이다. 가장 주된 이유는 자녀들의 교육을 우리나라에서 시키고 싶지 않다는 것이었다. 우리 교육문제의 심각성을 단적으로 보여주는 사례라고 생각된다.

내가 2000년 국회의원직을 그만두고 2년 간 스탠퍼드대학 초빙연구원으로 있을 때 이른바 '기러기 아빠'가 된 사람을 여럿 만났다. 이들은 대부분 우리나라에서 성공적으로 벤처기업을 하는 젊은 기업인들로 부인이 자녀들을 데리고 실리콘밸리에 살고 있기 때문에 자신은 서울과 샌프란시스코를 왔다 갔다 하는 '기러기'신세가 된 사람들이다. 이 중 상당수는 아예 실리콘밸리에 지사나 독립법인을 차려 미국방문을 비즈니스와 연결하여 해외여행의 '생산성'을 높이기도 하였다.

이 가족들의 공통점은 미국에 온 자녀들이 처음 1년 정도는 적응하는 데 다소의 어려움을 겪으나 그 기간이 지나면 모두 미국 학교생활을 너무 좋아한다는 것이다. 그렇기 때문에 경제적인 이유로 자녀들을 우리나라로 데려가려 하면 자녀 자신들이 극구 반대하는 경우를 여러 번 보았다. 과외수업과 대학입시 준비에 시달리지 않고 자신의 취향과 능력대로 공부하면 되는 미국의 교육풍토에 익숙해지면, 우리나라로 돌아가는 것이 이들에게는 마치 지옥으로 가는 것 같이 느껴지는 것이었다.

요즈음은 아무 연고도 없는 외국에 어린 자녀들을 보내 유학시키는 가정도 많다. 미국은 물론 영국, 캐나다, 호주, 뉴질랜드 등 특히 영어권 선진국에는 이러한 우리나라 학생들을 상대로 하숙업을 하는 교민도 제법 많다고 한다. 비록 조기유학을 보내지 않더라도 우리나라에서 고등학교를 졸업하고 국내대학 대신 미국 등 외국대학으로 직접 유학을 보내는 경우도 최근 부쩍 늘어나고 있다. 외국 시민권자에게만 입학자격이 부여되는 국내 소재 외국인학교 입학경쟁률은 매년 치열해지고 있다. 심지어 우리나라 고등학교를 졸업하고 SAT 등 대학수학 능력 평가시험을 보아 미국의 저명한 대학에 입학하는 사례도 급격히 늘고 있다. 최근 이러한 학생들을 위한 각종 학원이 나날이 번창하는 것은 말할 것도 없다.

우리나라와 같이 사교육이 성행하는 나라는 아마 전세계에 없을 것이다. 사교육비가 공교육비를 훨씬 능가하는 수준에 이르렀고 중산층 가계의 상당수는 가계지출의 20% 이상을 사교육비에 지출하고 있다. 2005년의 경우 사교육비 부담은 무려 27조 원에 이른 것으로 추정되고 있다.[4] 최근 한국교육개발원 조사에 의하면 2003년 현재 사교육을 받는 학생비율은 서울이 75.8%로 가장 높으나 읍·면지역 역시 62.1%로 상당한 수준이다. 사교육은 이제 전국적인 현상으로 매년 심화되고 있는 것이다.

교육이 양극화의 원인

한국의 교육은 효율성 측면뿐 아니라 형평성 측면에서도 실패하였다. 서울대 사회과학연구소는 고소득군 아버지를 둔 자녀의 서울대 진학률이 기타 소득군 그룹에 비해 1985년에는 불과 1.3배 높았으나 2000년에는 16.5배로 증가했다는 보고서를 발표했다. 사교육비의 비중이 높아지니 이를 감당할 수 없는 부모의 자녀들은 명문대에 가기가 더욱 어려워지는 것이다. 한국교육개발원 역시 『양극화 해소를 위한 교육부문의 과제와 대책』이라는 보고서에서 서울소재 4년제 대학 진학자, 지방소재 4년제 대학 진학자, 전문대 및 미진학자의 부모 평균소득은 2005년의 경우 각각 246만 원, 189만 원 및 131만 원이라고 발표하고 있다. 전통적으로 한국에서 사회계층의 벽을 허무는 원동력이 되어온 교육이 공교육의 기능상실과 과중한 사교육으로 인해 이제는 '부익부빈익빈 악순환'의 중심적 고리로 변해버린 것이다.

한국의 교육은 그 내용면에서도 크게 실패하고 있음을 지적하지 않을 수 없다. 21세기 디지털시대의 경쟁력의 원천은 창의력이다. 전세계가 하나의 지구촌이 되어 시장에서의 경쟁이 심해지고 새로운 혁신 없이는 사업에서 성공할 수 없는 오늘의 현실에서 단순히 남의 것을 베끼는 것만으로 성공하기는 불가능하기 때문이다. 그래서 세계적 기업들은 창의력을 갖춘 인재들을 찾고 있으며 이러한 인재를 양성하기 위해 세계 각국의 교육기관들이 치열한 경쟁을 하고 있다. 그러나 한국은 이러한 경쟁에서도 크게 밀리고 있다. 한국의 낡은 입시제도는 학생들을 초등학교 시절부터 암기 위주의 주입식 교육에서 헤어나지 못하게 함으로써 창의력을 개발하기는커녕 이미 가지고 있는 것도 쇠퇴시키는 결과를 초래하고 있다. 또한, 한국에서 서울대 등 명문대학에 입학하는 것이 '하늘에 별 따기'만큼 어려운 데 반해 한국 대학 중 세계 100대 대학으로 평가받는 곳은 하나도 없다. 그러니 많은 부모들이 자녀들을 아예 외국 명문대학에 보내려 하는 것이다.

나 역시 미국에서 학부 4년 대학원 4년의 유학경험을 통해 창의력면에서 한국교육의 맹점을 실감하였다. 주입식 교육에 익숙해 있던 나는 교수의 지식을 전수받는 과정이라 할 수 있는 학과목 수강에서는 미국학생보다 월등한 성과를 보였으나 나 스스로 새로운 것을 만들어야 하는 논문작성 과정에서는 동료 미국학생에 비해 많은 어려움을 겪었던 일이 생각난다. 이는 나 이외에도 다른 한국 유학생들이 겪는 공통된 경험으로 그 많은 유학생 중 세계적인 학자가 된 사람은 극히 드물다는 사실이 이를 잘 입증해 준다고 생각한다.

반시장적 교육정책

이와 같이 우리나라 교육정책이 참담할 정도로 실패한 것은 정책추진과정에서 시장원리가 철저히 무시되었다는 사실에 기인한다. 또한 교육정책이 반시장적인 방향으로 흐른 것은 교육행정 당국의 관료주의, 교수와 교사들의 집단이기주의 그리고 국민들의 막연한 평등의식의 합작품이라고 할 수 있을 것이다. 특히, 좌파 진보정권의 출범 이후에는 집권층의 팽배한 교육사회주의 역시 상황을 더욱 악화시키는 촉매제가 되었다.

우리나라 교육문제의 근원은 잘못된 대학입시제도에 있다. 그리고 입시제도의 첫 번째 문제는 교육부가 임의적으로 정한 하나의 잣대로 전국의 학생들을 평가하고 그 결과로 대학진학이 결정된다는 모순에 기인한다. 세상에는 수많은 전공분야가 있고 디지털화와 세계화가 될수록 전공분야의 다양성은 증가하고 있다. 인간의 능력과 재능 역시 천차만별이고 백인백색이다. 이런 상황에서 수학능력시험이라는 인위적인 잣대로 전국의 학생을 숫자화하여 석차순으로 줄을 세운다는 것은 있을 수 없는 일이다. 그런데 우리는 이런 일을 지난 수십 년 간 반복해서 해 오고 있으며 이를 근본적으로 개선할 생각을 하지 않는다.

선진국에서도 우리와 같은 수능시험은 있으나 이는 어디까지나 대학이 학생을 평가하는 하나의 잣대에 불과하지, 우리와 같이 이것 하나를 학생평가의 절대적 기준으로 사용하지는 않는다. 우리나라에서는 수능성적이 일류대학에 들어가는 지름길이기 때문에 여기에서 높은 점수를 받기 위해 각종 학원에 등록하게 되고 심지어 수능시험에서 '비법'을 가르쳐 주는 이른바 고액의 '족집게 과외'까지 등장하는 사태가 벌어지고 있는 것이다.

이 문제의 해결방안은 대학이 학생선발기준을 다양화하는 것이다. 예를 들어, 세계 최고의 경쟁력을 자랑하는 미국 대학의 경우 대학의 입학위원회는 우리의 수능시험에 해당하는 SAT성적은 물론 학생의 학교성적, 사회봉사 등의 과외활동을 종합적으로 심의하여 신입생을 선발한다. 그렇기 때문에 평균학교성적은 다소 뒤떨어져도 수학, 글짓기 등 특정 분야에서 뛰어난 자질을 가진 학생은 일류대학에 입학할 수 있다. 학교마다 선발기준이 다르기 때문에 이른바 이류대학에서 밀려난 학생이 일류대학에 입학하는 경우도 생긴다. 사립대학의 경우 대학에 대한 애정, 재정지원능력 등도 학생선발의 기준이 되기 때문에 집안이 대대로 특정 사립대학 출신인 경우 또는 그 대학에 부모가 재정적으로 후원을 많이 한 학생은 신입생 선발과정에서 유리하다. 우리나라에서 논란이 되고 있는 '기여금 입학제'가 미국 사립대학에서는 묵시적으로 이루어지고 있는 것이다. 결론적으로 말해, 미국에서는 실로 다양한 기준으로 대학이 학생을 선발하고 있는 것이다.

우리나라 대학은 왜 그렇게 하지 못하는가? 그 이유는 다양한 기준이 적용되고 주관적인 판단에 의해 합격자를 결정하는 경우 그 공정성을 신뢰하지 못하기 때문이다. 교육행정 당국은 대학을 신뢰하지 못하고 대학은 입시행정 담당자를 믿지 못하는 것이다. 그래서 악순환의 고리는 끊어지지 않고 오늘날까지도 이어지고 있는 것이다.

진보정권이 들어서면서 이러한 상황은 더욱 악화되고 있다. 그 대표적인 사례가 고교등급제에 대한 정부와 대학 간의 논쟁이다. 교육사회주의 논리에 빠진 노무현 정부의 교육행정 당국과 전교조를 포함한 좌파 시민단체들은 고등학교 간 학력격차를 인정하자는 고교등급제를 '인권침해'라고 주장하면서 이를 입시사정에 반영하려는 일부대학을 격렬하게 비난한다. 그러나 실상은 정반대이다. 최근 김성인의 분석[5]에 의하면 전국 1,847개 고등학교 중 수능성적 상위 10%에 한 명도 포함되지 않은 학교가 무려 827개나 되는 반면, 재학생 전원이 수능성적 상위 10% 이내에 들어 있는 학교가 세 곳인 것으로 나타났다. 이러한 상황에서 학교 간 학력차를 입시사정에 반영하지 않는다면 학력수준이 높은 학교에 다니는 학생들의 인권을 유린하는 것이 되는 것이다.

최근 OECD의 조사결과에 의하면 한국학생의 수학(修學)능력은 OECD 국가 중 상위권에 속하나 학생들의 공부호감도는 최하위인 것으로 나타났다. 입시만을 위한 공부로 수학능력은 높으나 그 과정에서 학생들은 공부혐오감을 갖게 되는 것이다.

현행 대학입시의 두 번째 문제는 대학이 학생을 학과별로 모집하기 때문에 전공분야가 무엇을 공부하는 것인지도 모르는 상태에서 전공을 결정한다는 사실이다. 수능시험성적이 신입생 선정의 가장 중요한 잣대가 되는 현행제도에서는 수능시험결과가 학생의 전공을 좌우하는 경우가 많다. 전공보다는 학교이름이 중요하다고 생각하는 우리나라 현실에서 수능시험결과가 학생이 어느 학과에 가야 하는가를 결정하기 때문이다. 정말로 어처구니없는 일이 아닐 수 없다.

미국에서는 대학생들이 2학년 2학기에 전공을 결정한다. 적어도 자신이 원하는 전공분야에서 원론 정도의 과목은 수강해 보고 전공을 정하기 때문에 나중에 후회할 가능성이 상대적으로 적은 것이다. 사람이 자신이 일생동안 종사해야 하는 전공분야를 정하는 것은 매우 중요한 일이다. 전공선택의 첫 번째 기준은 자신이 좋아해야 하는 것이고, 두 번째 기준은 자신이 비교우위가 있어 잘 할 수 있는 것이며, 세 번째 기준은 전공분야의 장래성이 될 것이다. 이러한 결정을 전공분야가 무엇인지 잘 알지도 못하는 상태에서 한다는 것은 개인은 물론 국가적으로도 큰 문제가 아닐 수 없는 것이다.

우리나라에서 단과대학 단위로 신입생 선발을 하지 않고 과단위로 하는 것은 교수와 대학행정 당국의 집단이기주의에 기인한다. 대학단위로 학생을 선발하여 나중에 전공을 선택하게 하면 과별로 수요를 예측하기가 어려워 이른바 비인기분야는 학생 수가 줄어 교수가 남아도는 상태가 되고 인기분야는 학생들이 몰려 교수와 부대시설이 모자라는 상황을 우려하기 때문이다. 이를 뒤집어 해석하면 현재 우리나라 대학의 전공분야 분포는 학생들의 실제수요와 관계없이 대학당국이 일방적으로 결정했다는 것이다. 소비자의 수요는 아랑곳하지 않고 정부가 알아서 물건을 생산하여 소비자에게 배급해 주는 사회주의 기획경제와 같은 행위를 우리 대학들이 하고 있는 것이다.

1970년대 중반 고교입시제도가 전면적으로 폐지되면서 고교평준화는 우리 교육정책의 기본골격이 되었고 이는 중등교육의 하향평준화를 초래했다는 비판에도 불구하고 현재까지 그 명맥을 유지하고 있다. 일부 지방에는 평준화원칙이 적용되지 않는 지역이 있고 대도시에서도 이른바 '특목고'를 신설하여 평준화정책이 적용되지 않는 '치외법권지대'를 만들어 놓기도 하였다.

대표적인 자유주의경제학자인 애덤 스미스도 교육을 공공재분야로 분류하였기 때문에 교육문제를 모두 시장원리로만 해결하려는 것은 무리임에 틀림없다. 그러나 애덤 스미스가 지적한 공공재로서의 교육은 민주국가에서 모든 국민이 받아야 하는 기초교육에 해당한다. 대학교육마저도 공공재로 생각하여 정부가 모든 것을 주관하는 나라는 세계에서 대한민국밖에 없다.

나는 2002년부터 명지대학교 교수로 재직하면서 교육부의 막강한 힘을 절실히 느낄 수 있었다. 사립대학의 경우도 교수로 임용되기 위해서는 교육부장관의 최종결재가 있어야 한다. 수도권대학의 정원은 동결되었기 때문에 정원증가는 불가능하며 기존정원 내에서는 전공분야별 정원을 조정할 수 있다. 그러나 이것도 쉬운 일이 아니다. 정원이 축소되는 분야의 교수들이 극심하게 반대하기 때문이다.

신규학과의 신설은 당연히 교육부의 승인을 받아야 하고 분소의 설치도 교육부 승인사항으로 그나마 독립된 빌딩을 소유하지 않으면 가능하지 않다. 그러나 서울과 같은 대도시에서 분소설치가 필요한 곳에 독립된 빌딩을 소유하는 것은 여간 어려운 일이 아니다. 이 외에도 대학행정과 관련하여 중요한 사항은 거의 교육부의 허가 또는 신고가 필요하기 때문에 교육부의 로비는 대학행정 책임자의 중요한 임무가 되고 있다. 최근 교육부출신 고위관리가 대학의 총장 또는 부총장으로 선임되는 이유가 바로 여기에 있는 것이다.

교육규제의 과감한 철폐

이제 대학행정과 관련한 교육부의 통제를 과감히 철폐하여야 한다. 그렇게 하면 대학교육의 질이 떨어질 것이라는 교육행정 당국의 걱정은 부질없는 것이라고 생각한다. 그 이유는 이제 대학정원이 대학진학희망 학생 수를 상회하는 시대가 시작되었기 때문이다. 벌써 지방대학들은 정원을 채우기 어려워 야단이다. 과거 공급자 우선시대였던 대학교육이 수요자 우선시대로 바뀌고 있다는 것을 의미한다. 그렇게 되면 공급자인 대학은 수요자의 유치를 위해 치열한 경쟁을 해야 하기 때문에 교육부 관리들의 감시 없이도 대학교육의 질은 시장원리에 의해 개선될 수밖에 없을 것이다.

이와 같이 대학행정은 대학자율에 맡기는 것과 동시에 초·중등교육행정은 과감히 지방자치단체로 이관하여야 한다. 앞에서 언급한 고교평준화 문제도 전국단위로 해결하려 할 것이 아니라 지방자치단체

단위로 자율적으로 결정하는 것이 바람직할 것이다. 초·중등교육 행정의 지방분권화는 여러 가지 이점이 있을 것이다. 우선, 지방정부 간의 경쟁은 교육의 질을 높이는 계기가 될 것이다. 우리나라 유권자의 가장 큰 관심은 교육에 있기 때문에 직접선거로 선출된 지방자치단체장들은 자신들의 관할지역에서 교육의 질을 높이기 위해 최선을 다할 것이기 때문이다. 이런 시각에서 현재 간선제인 교육감 선출방식도 선진국에서와 같이 지방자치단체장과 러닝메이트를 이루어 직접선거에 의해 선출되도록 하여야 할 것이다.

둘째, 지방정부가 교육비를 지원할 수 있게 되면 교육재정상태가 개선되고 이로 인한 교육의 질적인 개선이 이루어질 수 있을 것이다. 선진국을 보면 거의 모든 나라에서 초·중등교육은 지방자치단체의 가장 중요한 임무이며 지방세 중 재산세의 상당부분이 교육비로 사용되고 있다. 그러나 우리나라는 초·중등교육의 권한과 재정 부담이 모두 중앙정부의 책임으로 되어 있다. 나는 국회에서 이를 바꾸어 보려고 관련법 개정을 시도해 본 적이 있다. 그러나 교육부와 행정자치부 모두 반대하여 나의 노력은 미세한 부분을 수정하는 것으로 그칠 수밖에 없었다. 이제 더욱 근본적인 개혁이 이루어져야 할 시점이라고 판단된다. 우리의 교육문제가 젊은 부부들이 우리나라를 떠나고 싶어할 정도로 심각해졌기 때문이다.

셋째, 교육행정의 지방분권화는 주민의 수요에 맞는 다양한 교육 서비스를 제공할 수 있는 계기가 될 것이다. 서울과 같은 대도시와 농촌의 교육수요는 많이 다를 수밖에 없다. 같은 서울이라고 하더라도 교육수요는 소득수준에 따라 차이가 날 수밖에 없다. 그러나 우리의 현행 교육시스템은 이들에게 교육부가 임의적으로 정한 하나의 교육서비스만 제공하고 있는 것이다. 당연히 모두가 다 만족하지 못하게 되고 이러한 경직된 교육제도로 인해 공교육에서 충족되지 못한 교육수요를 사교육시장에서 그것도 모자라 외국교육시장에서 충족시키고 있는 것이 오늘날 우리 교육의 현실인 것이다.

교육부의 기능을 전면적으로 개편하여 대학교육 행정은 대학자율에 맡기고 초·중등교육 행정은 과감히 지방자치단체에 위임하는 것이 교육문제의 근본적인 해결책이 될 것이다. 우리나라에서 교육개혁의 첫걸음은 '교육부의 해체'라는 말이 바로 이런 이유에서 나온 것이라고 생각한다. 그러나 실제로 교육부를 없애라는 것이 아니라 교육부의 기능을 재정비하여 교육부는 종합적인 교육정책 추진전략을 세워서 중앙정부의 교육예산을 이러한 전략에 맞는 방향으로 배정하는 일에 전념하고 구체적인 행정규제는 학교당국의 자율에 맡기거나 지방자치단체로 과감히 위임하라는 것이다.

이러한 근본적인 개혁 없이는 우리나라의 공교육은 갈수록 시장수요와는 거리가 먼 서비스를 제공함으로써 소비자인 국민으로부터 완전히 외면당하는 참담한 상황이 도래하게 될 것이다. 그러면 우리의 사교육시장만 북한과 같은 통제경제체제에서의 암시장과 같이 나날이 번창하는 사태가 발생하게 될 것이다. 그리고 이에 실망한 사람들의 이민행렬은 더욱 길어질 것이다.

제4장

정부가 부추기는 양극화 사회

양극화의 심화

노무현 정부가 출범하면서 양극화문제가 정권차원에서 제기되기 시작하였다. '서민의 대통령'을 약속한 노무현 정권은 취임 초부터 기업가보다는 근로자를, 대기업보다는 중소기업을, 고임금 근로자보다는 저임금 근로자를, 서울과 수도권보다는 지방을 중시하는 정책을 펴겠다고 공언해왔다. 이에 더해, 이제까지 한국사회를 이끌어 온 보수계층을 부패세력으로 몰면서 자신을 지지하는 좌파 진보세력을 참신한 세력으로 부각시키는 데에 심혈을 기울여 왔다.

이런 과정에서 한나라당은 물론 서울 강남지역과 주민들을 '공공의 적'으로 매도하였고 친북적 대북정책의 추진에서도 이를 반대하는 보수세력을 평화를 반대하는 '전쟁세력'으로 몰아붙였다. 대한민국 역사상 노무현 정권과 같이 집권세력이 자신들을 지지하는 세력과 이에 반대하는 세력으로 사회를 양극화시키는 데에 앞장 선 경우는 없을 것이다.

노무현 대통령은 2005년 신년 연설을 통해 우리사회의 양극화 문제를 제기하였고 이의 해소에 국정의 역점을 두겠다고 약속하였다. 양극화문제의 해결책으로 성장보다는 분배문제에 역점을 두어야 함을 강조하면서 이를 위해서는 사회복지 등의 분야에서 정부와 재정의 역할이 강화되어야 함을 역설하였다. 이에 필요한 재정지원은 우리사회에서 상대적으로 소득이 높은 계층이 부담해야 한다고 하면서 종합부동산세를 신설하고 성장보다는 분배를 강조하는 장기계획인 '비전 2030'을 임기가 얼마 남지 않은 시점인 2006년 8월에 발표하였다.

양극화문제 해결에 앞장서겠다는 노무현 대통령의 약속에도 불구하고 우리사회의 양극화 문제는 노무현 대통령 재임 중 오히려 악화된 것으로 나타나고 있다. 삼성경제연구소의 조사결과[1]에 의하면 소득양극화지수는 1997년을 100으로 볼 때 1998년에는 외환위기로 인해 112로 급격히 악화되었다가 경기회복으로 다시 점차 개선되어 2002년에는 109이었다. 그리고 노무현 대통령 집권 이후 계속 악화되어 2005년에는 113을 보이고 있다.

하위소득층의 비율은 1997년의 21.8%에서 2000년에는 23.2%, 2005년에는 23.5%로 점차 증가하였으며 중산층의 비율은 같은 기간 64.8%에서 61.9%, 59.5%로 지속적인 하락세를 보이는 것으로 조사되었다. 반면, 상위소득층의 비율은 같은 기간에 13.4%에서 14.9% 그리고 17.1%로 꾸준한 상승세를 보이고 있다. 지난 10년 간 형평을 중시하는 진보정권에서 소득분배구조가 악화되고 중산층이 위축되는 소득양극화현상이 오히려 심화된 것이다.

김대중 정권에서 소득양극화가 심화된 것은 외환위기에 기인하기 때문에 김대중 정권과는 무관하다고 할 수 있으며 김대중 정권은 당시 외환위기로 경제정책의 주도권을 IMF에 넘겨주었고 그 결과 임기 중 좌파성향의 분배정책보다는 우파성향의 성장정책을 추진한 것이 사실이다. 그러나 외환위기가 수습된 후 집권한 노무현 대통령은 좌파 고유의 분배우선정책을 추진하였고 이 기간에 소득분배가 악화되고 양극화는 더욱 심화된 것이다.

양극화의 원인

그 이유는 소득양극화의 원인을 역사적으로 분석해 보면 쉽게 알 수 있다. 민승규[2]는 지난 몇십 년 간 한국에서 소득양극화는 경기변동과 매우 밀접한 상관관계가 있는 것으로 분석하고 있다. 다시 말해, 소득양극화는 고(高)성장기에는 개선되고 경기침체기에는 악화되었다는 것이다. 성장률이 급속히 하락한 외환위기 과정에서 소득양극화가 악화되었다가 그 후 경기가 회복되자 양극화 지수가 개선되었다는 사실이 이를 잘 입증해 준다고 할 수 있다.

소득양극화는 특히 내수경기에 매우 민감하게 반응하는 것으로 나타나고 있다. 노무현 정권기간에 소득양극화가 악화된 것은 이 기간 중 수출은 그런대로 호조를 보였으나 내수경기가 매우 침체된 데에 그 원인이 있는 것이다. 내수경기는 무엇보다도 건설경기에 큰 영향을 받는다는 사실을 감안하면 노무현 정권에서 양극화를 막기 위해 강도 높게 추진된 규제일변도의 부동산대책이 소득양극화를 크게 부추긴 것이다. 좌파정부의 전유물이라 할 수 있는 반시장적 정책이 경제성장에 걸림돌이 됨은 물론 좌파정권이 지향하는 분배문제 해결에도 오히려 역작용을 한다는 사실을 우리는 노무현 정권의 좌파적 실험을 통해 잘 알 수 있게 되었다.

좌파진영은 한국에서 소득양극화의 근본원인이 1960년대 이후 추진된 불균형 성장전략의 결과이며 특히, 외환위기 이후 IMF가 권고한 신자유주의적 구조조정정책이 최근 우리사회의 양극화현상을 악화시킨 주범이라고 그 동안 지속적으로 주장하여왔다. 그러나 앞에서 제시된 실증적 연구자료는 이와 정반대이다. 외환위기 과정에서 양극화가 악화된 것은 경기침체이지 신자유주의적 경제정책이 아니었다. 또한, 신자유주의적 경제정책을 혐오하는 노무현 정권의 경제정책은 경기부진과 내수침체를 가져왔고 이는 노무현 정권에서 양극화가 심화된 근본적인 원인이 된 것이다.

소득분배의 추이

1960년대 이후 고도성장을 위해 선성장·후분배정책을 추진했기 때문에 우리나라의 분배상태가 나쁘다는 좌파진영의 주장 역시 실증적 연구결과에 의해 사실이 아니라는 것이 입증된 바 있다. 1960년대 고도성장시기에 한국의 소득분배상태는 오히려 개선된 것으로 나타나고 있다.[3] 당시 경제발전이 주로 노동집약적인 수출산업의 신장에 기인하였기 때문에 고도성장의 과실이 고용증대와 임금인상을 통해 근로계층에게 전달되었기 때문이다. 1970년대에 접어들어 경제정책의 역점을 자본집약도가 높은 중화학공업의 육성에 두었다. 그 결과 근로자 간의 임금격차가 확대되었고 소득분배도 다소 악화된 것으로 분석되고 있다.

1980년대에 들어와 안정화시책의 추진으로 소득분배가 다시 개선되기 시작하였으나 1990년대 이후 급속히 진전된 세계화와 디지털화는 이러한 물결을 타는 계층과 그렇지 못한 계층 간의 소득격차를 다시 악화시키는 결과를 초래하고 있다. 특히, 외환위기 이후 강도 높은 구조정책의 추진으로 경쟁력을 회복한 대기업들은 급성장한 반면, 중국 등 우리보다 임금수준이 현저히 낮은 신흥개도국과의 경쟁에서 애로를 겪고 있는 중소기업들은 부진상태를 면하지 못하고 있는 것이 오늘의 현실이다. 이런 관점에서 볼 때, 소득양극화의 근본적인 개선책은 좌파 진보정권이 추진하려는 분배정책보다는 취약한 부문의 경쟁력을 강화시키는 정책이 되어야 하는 것이다.

한국의 소득분배상태를 국제적으로 비교해 보면 소득불균등수준을 나타내는 지니계수는 한국(2000년)이 0.358로 미국(2000년)의 0.368과 비슷하나, 오랜 고강도의 복지정책을 추진한 독일(1994년)의 0.261,

스웨덴(1995년)의 0.221보다는 높은 것이 사실이다. 그러나 한국의 소득분배상태는 오랫동안 대내지향적 경제정책을 추진해 온 러시아(1995년)의 0.447, 멕시코(1998년)의 0.494보다는 훨씬 양호한 것으로 분석되고 있다. 한국의 분배구조가 심각하게 나쁘다는 좌파진영의 고정된 인식 역시 사실과 다른 것이다.

소득분배와 경제성장

노벨 경제학상을 받은 쿠즈넷[4]은 경제개발 초기에는 경제가 성장하면서 소득분배는 악화되나 경제가 성숙단계에 이르면 성장을 하면서도 소득분배가 다시 개선된다는 가설을 발표하였다. 그 후 50여 년이 지난 오늘날까지도 소득분배와 성장 간의 관계를 두고 논란이 계속되고 있다. 경제개발 초기에는 물적 자원이 경제발전을 주도하기 때문에 저축성향이 상대적으로 높은 고소득층의 소득이 늘어나야 경제성장이 가능하지만 경제가 성숙단계에 진입하면 인적자원이 경제성장의 원동력이 되기 때문에 오히려 고른 소득분배가 인적자원의 축적을 가능하게 한다는 것이 쿠즈넷 가설(Kuznets Hypothesis)의 내용이다.

그러나 쿠즈넷 가설은 그 후 많은 실증적 연구에 의해 사실과 다른 것으로 입증되고 있다. 한국의 발전사례가 대표적인 반증자료이다. 이미 지적한 대로 한국에서는 고도성장이 이루어 진 1960년대 소득분배가 오히려 개선된 것으로 나타났고 저축률도 소득계층별로 큰 차이가 없다는 것이 서상목의 연구결과[5]이다. 쿠즈넷 교수가 경제개발 초기에 소득분배가 나빠지는 경향이 있다는 결론을 얻게 된 것은 그가 대내지향적 정책으로 성장과정에서 분배가 나빠진 남미국가들의 자료를 많이 활용했기 때문이다.

그러나 대외지향적 정책으로 수출산업을 육성하여 경제성장을 한 한국, 대만 등의 경제개발 사례는 경제개발 초기에도 소득분배를 악화시키지 않으면서 고도성장을 달성할 수 있음을 잘 보여주고 있다. 한국의 진보세력이 성장과 분배개선을 동시에 이룩한 한국의 사례를 외면한 채 고도성장을 하면 분배는 으레 나빠진다는 남미국가들의 경험을 바탕으로 개발된 이론에 기초하여 정책을 수립하려는 것은 안타까운 일이 아닐 수 없다.

나는 스탠퍼드 대학원에서 경제성장과 소득분배 문제를 분석한 논문을 써 경제학 박사학위를 취득한 후 세계은행에 경제조사역으로 첫 직장생활을 하였다. 처음에는 연구부서에서 소득분배 연구를 수행하였으나 얼마 후 인도, 파키스탄, 방글라데시, 스리랑카 등 남아시아 국가의 경제정책을 연구하고 개선책을 해당 정부에 건의하는 남아시아 지역부서에서 근무하게 되었다. 이 국가들의 공통점은 개발 초기에 인도의 네루 등 정치지도자들이 사회주의에 심취하여 사회주의 기획경제를 경제발전 모델로 선택한 것이다. 그래서 그들은 대기업을 국유화하였고 의료와 교육 등을 무상으로 전국민에게 제공하였다.

그러나 이러한 사회주의 경제발전 모델이 완전 실패로 돌아갔다는 사실을 나는 현장에서 확인할 수 있었다. 국유화된 기업은 비능률과 비리의 온상이 되었고 무상으로 제공된 교육과 의료서비스는 국가재정을 파탄으로 몰아갔다. 결국, 이 국가들은 저성장과 빈곤의 악순환에서 벗어나지 못하였고 사회주의가 기치로 내세운 형평은 모든 국민을 골고루 못살게 만든 결과를 초래하게 된 것이다.

나는 이 정부들의 정책당국자에게 한국식 시장경제를 바탕으로 한 대외지향적 경제발전전략을 권고하였으나 사회주의 사고방식에 젖은 이들은 나의 정책건의를 쉽게 받아들이지 못하였다. 그 후 30년이 지난 요즈음 인도가 시장경제 발전모델을 받아들였고 미국의 실리콘밸리의 첨단기업과 분업형태를 이루면서 눈부시게 발전하고 있음을 지켜보면서 시장경제의 위력을 새삼 실감하고 있다.

이러한 실증적 자료를 종합하여 볼 때, 한국에서 분배를 개선하고 양극화를 해소하기 위한 대책은 취약부문의 경쟁력을 강화하여 성장잠재력을 복원시키는 데에 역점을 두어야 한다는 결론을 얻게 된다. 그럼에도 불구하고, '성장보다는 분배', '효율보다는 형평'이라는 이분법적 사고방식에서 벗어나지 못하고 있는 한국의 좌파세력들은 '가진 자'의 것을 세금의 형태로 빼앗아 이를 '못 가진 자'에게 복지정책이라는 미명하에 재분배하여야 한다고 생각하고 있으며 노무현 정권은 이의 실천을 정권의 최우선순위로 삼아 추진하고 있는 것이다.

진보정권이 추진한 햇볕정책은 한국사회를 '보수'와 '진보'로 양극화시켰고, '강남 죽이기' 차원에서 노무현 정권이 추진한 종합부동산세와 재산세 공동과세는 한국사회를 다시 소수의 '가진 자'와 다수의 '못 가진 자'로 양극화시키고 있다. 양극화문제를 해소하는 데 앞장서야 할 정부가 양극화를 부추기고 있는 것이 오늘의 한국 현실인 것이다.

제5장

'공공의 적'이 된 강남

급부상한 강남

강남은 대한민국 근대화의 상징이다. 1960년대 이후 한국의 고도 성장으로 서울은 급팽창하게 되었고 그 지리적 영역을 한강 이남으로 확대하지 않을 수 없었다. 무계획적으로 도시의 팽창이 이루어진 강북과는 달리 강남은 서울시의 도시계획에 의해 환경친화적으로 개발되었다. 그래서 압구정동 현대아파트 등 한강변에 건설된 아파트는 성공한 샐러리맨의 '드림 하우스'가 되었고 많은 기업은 테헤란로를 중심으로 자신의 사옥을 신축하기에 이르렀다.

강변지역에서 시작된 아파트 건설은 강남 전역으로 확산되었고 삼성동에 무역센터가 건설되고 한국전력, 포스코 등 굴지의 기업이 강남에 사옥을 지으면서 강남은 고급주거지는 물론 새로운 비즈니스의 중심지로 부상하게 되었다.

강남과 같이 고급 아파트와 사무용빌딩이 혼재하여 있는 곳은 세계적으로도 그 유례를 찾기 어렵다. 예를 들어, 뉴욕의 경우 고급 아파트는 파크 애비뉴(Park Avenue)에 집중되어 있고 사무용 빌딩은 월가(Wall Street)에 몰려 있다. 그러나 강남에는 최고의 직장과 주거지가 한군데 집결되어 있는 것이다. 직장과 주거지가 한 지역에 있다는 사실은 주택과 사무실의 가치를 더욱 상승시켜 이제 강남은 최고급 주택과 사무실이 있는 명실공히 대한민국 '부의 상징'이 되어버렸다.

강남구, 서초구, 송파구로 이루어진 강남은 대한민국 유명인사의 거주지로도 잘 알려져 있다. 2003년 기준으로 어느 언론사 인명사전에 등재된 유력인사 8만 5천 명 중 55%가 강남에 주소지를 두는 것으로 나타났다고 한다.[1] 흔히 강남지역에는 부모로부터 많은 유산을 받았거나 부동산 투자에 능한 사람들이 다수를 이룬다고 생각하나 실상은 전혀 다르다.

강남주민의 분포를 살펴보면 대대로 이곳에서 살아온 '원주민'이 소수를 이루고 대다수는 자신의 분야에서 나름대로 성공을 하여 강남에 자신의 '드림 하우스'를 마련하였다. 나도 후자의 경우로 1970년대 말 당시 해외에서 유치한 고급인력에게 특별분양을 해 준 압구정동 한양아파트 35평형을 분양받아 강남사람이 되었다. 그 후 1980년대 초 여유자금을 보태어 강변에 위치한 현대아파트 50평형으로 이사하였다. 당시에는 4천여 만 원에 불과했던 이 아파트가 지금은 10억 원이 훨씬 넘는다고 한다.

　대다수 강남사람 역시 나와 같이 상대적으로 생활여건이 양호한 이곳에 '드림 하우스'를 마련하여 오랫동안 살아오고 있는 것이다. 이들은 재벌 2세도 아니고 부동산 투기꾼은 더욱 아니다. 김상헌2)은 "강남 부자들의 공통점은 성실함으로 성공의 기초를 닦았다는 것이다. 강남에는 명품족이 많다. 그러나 대다수 강남부자들은 상상을 초월할 정도로 검소하고 합리적인 소비습관을 지니고 있다"라고 기술하고 있다.

신정치 1번지

　강남주민의 특징은 학력과 소득수준이 높고 언제나 새로운 것을 추구하면서도 과격한 것을 싫어하는 '온건개혁주의자'라는 것이다. 강남을 흔히 '신정치 1번지'라고 한다. 이는 강남주민의 투표성향을 보면 한국정치의 미래를 알 수 있다는 의미이다.

　강남은 과거 군사정권시대에는 야당 성향이 매우 강한 지역이었다. 군사정권의 권위주의와 정치적 독재를 거부하는 것이 학력과 소득수준이 높은 강남사람의 정치성향이었기 때문이다. 김영삼 문민정부 시절에는 강남이 잠시 여당 성향을 보였으나 1997년 대선에서 좌파성향의 김대중 정권이 집권하면서 강남은 다시 야당지역으로 바뀌었다. 개혁은 원하나 어설픈 사회주의를 표방하면서 시장경제체제를 바꾸어 보려는 한국의 진보세력은 거부하는 것이다.

　나는 김영삼 정권이 출범한 직후인 1993년 7월 당시 신한국당 강남갑 지구당 위원장직을 맡게 되었다. 현역 국회의원은 국민당의 김동길 의원이었으며 여당의원들이 연거푸 패배하여 나로서는 매우 어려운 지역구를 맡게 된 것이다. 12대 총선에서 여당인 민정당의 이태섭 후보가 야당인 신민당의 김형래 후보와 민한당의 이중재 후보에게 패배하였다. 그리고 13대 총선에서는 여당인 민정당의 정희경 후보가 야당인 민주당의 황병태 후보에게 졌으며 14대 총선에서는 여당인 민자당의 황병태 후보가 야당인 국민당의 김동길 후보에게 패배하였다.

여기에서 재미있는 사실은 황병태 후보가 13대 총선에서는 야당으로 출마하여 당선되었으나 14대 총선에서는 여당으로 출마하여 패배한 것이다. 이는 강남 유권자들이 노태우 총재의 민정당을 군사정권의 후예로 여겨 13대 총선에서 야당인 민주당 후보를 선택하였으나, 3당합당으로 탄생한 민자당 역시 군사정권과 인연이 있다고 간주하여 여당이 된 황병태 후보보다는 당시 참신한 야당으로 부각한 국민당의 김동길 후보를 선호하였기 때문이다.

어려운 여건에서 여당인 신한국당의 지구당 위원장이 된 나는 열심히 지역주민들과 대화를 나누면서 지역에 나를 알리려는 노력을 하였다. 1995년 실시된 지방자치선거에서 강남에서 의외의 결과가 나왔다. 신한국당이 서울 전역에서 광역단체장, 기초단체장 그리고 광역의회의원 선거에서 참패한 상황에서 강남갑 지역에서는 기초단체장과 광역의원 모두가 당선된 것이다.

이러한 결과는 나와 신한국당 후보자들이 열심히 선거운동을 한데에도 기인하겠지만 이보다 더 근본적인 이유는 강남지역 유권자의 인식이 크게 바뀌었기 때문이었다. 3당 합당으로 탄생한 민자당에는 다소의 거부감이 있었던 강남 주민들이 김영삼 대통령의 문민정부가 출범하면서 당명을 바꾼 신한국당에는 우호적인 태도를 보인 것이다. 평생을 민주화에 몸 바친 김영삼 대통령의 당선으로 여당인 신한국당이 군사독재의 멍에로부터 벗어났다고 생각한 것이다.

이러한 변화는 내가 후보로 출마한 1996년의 15대 총선에서 다시 한번 사실로 입증되었다. 당시 여당인 신한국당의 강남갑 후보로 출마한 나는 4만 3,437표를 얻어 2위인 민주당 홍성우 후보의 2만 3,465표보다 무려 2만 표를 더 얻는 압승을 거두었다. 그러나 1997년 대선에서 내가 적극적으로 지원한 한나라당의 이회창 후보가 국민회의의 김대중 후보에게 패배한 후 김대중 정권의 검찰은 패자인 이회창 후보의 대선자금을 집중적으로 수사하였고 나는 이른바 '세풍사건'의 정치적 책임을 지고 2000년 국회의원직을 사퇴하였다.

2000년 김대중 정권 출범 이후 실시된 16대 총선에서 한나라당 최병렬 후보는 압승을 거두었고 이러한 전통은 2004년 노무현 정권에서 실시된 17대 총선과 지방자치선거에서도 되풀이되었다. 강남 유권자들의 정치성향이 체제부정적 진보세력을 거부하고 보수성향을 띠게 된 것이다.

나는 얼마 전 강남 뉴라이트가 주최하는 토론회에 참석하여 뉴라이트의 정신이 바로 강남의 정신이라는 주제발표를 한 적이 있다. 뉴라이트가 종래의 '올드라이트'와 다른 것은 후자는 독재정치와 정부주도적 경제운용에서 벗어나지 못하였으나 전자는 자유민주주의와 시장경제를 기본이념으로 한다는 것이다. 그러면서 뉴라이트는 한국의 좌파세력이 지향하는 어설픈 사회주의와 비민주적 행태를 비판한다.

앞에서 설명한 대로 강남주민의 정치성향이 정치적 독재와 정부주도 경제로 요약되는 군사정권에 비판적이면서 동시에 시장경제 체제를 바꾸어보려는 좌파세력도 부정하는 것이기 때문에 강남주민의 정신이 뉴라이트 정신과 일치하는 것이다.

한국사회의 미래상

강남은 대한민국이 그 동안 이룬 근대화의 상징일 뿐만 아니라 한국사회의 미래상이기도 하다. 오늘 강남의 표준이 10년 후 한국의 표준이 될 것이기 때문이다. 예를 들어, 1970년대부터 강남에 지어진 아파트는 그 후 서울전역과 전국으로 확산되어 강남 아파트는 이미 대한민국 아파트의 표준이 되어버렸다.

이 밖에도 강남은 새로운 문화를 만들어 가고 있다. 미국에서 뉴욕이 새로운 문화를 창출하는 곳이라면 한국에서는 강남이 문화 1번지이다. 청담동에는 유명화랑의 집결지가 되었고 패션디자이너들과 사진작가의 주요활동 무대 역시 강남이다. 영화사를 비롯해 많은 엔터테인먼트 업체도 강남에 사무실을 두고 있다. 압구정동 거리는 행동양식은 물론 음식, 의상 등의 부문에서 첨단을 지향하는 많은 젊은이의 집합지가 된 지 오래이다. 압구정동에서 유행하는 패션과 음식문화는 서울의 다른 지역과 전국의 대도시로 급속히 확산되고 있다.

이러한 현상은 비단 젊은이들에게만 한정되는 것이 아니다. 최근 '강남엄마 따라하기'라는 TV연속극이 나올 정도로 강남의 교육열과 생활문화는 대한민국 엄마들의 상징이 되어가고 있는 것이다. 강남 대치동은 유명학원의 집결지가 되었고 심지어 방학기간에는 해외 유학생들도 이곳에 와서 특별 수업을 받을 정도이다.

이런 관점에서 강남주민의 정치성향도 얼마 안 있어 대한민국의 표준이 될 가능성이 높다. 세계화와 디지털혁명의 물결이 전세계를 휩쓸면서 보수적 가치관이라 할 수 있는 자유민주주의와 시장경제가 세계적인 추세로 자리를 잡아가고 있기 때문이다.

불행히도 한반도에서 남쪽에는 시대착오적 진보정권이 집권하였고 북쪽에는 시대적 추세에 정면으로 역행하는 김정일 정권이 아직도 건재하고 있다. 그러나 대세를 역행하기 어렵다는 측면에서 대한민국에서도 자유민주주의와 시장경제를 표방하는 정치세력이 집권할 날이 멀지 않으며 북한의 김정일 정권도 내부모순으로 멀지 않아 붕괴의 길로 접어들 것으로 생각한다. 그렇게 되면 뉴라이트 정신으로 요약되는 강남주민의 정치적 입장이 대한민국과 한반도 전역으로 확산될 수 있을 것이다.

'공공의 적'

강남지역의 이러한 긍정적 특성에도 불구하고 노무현 정권이 출범하면서 강남이 '공공의 적'으로 전락하게 되었다. 노무현 대통령은

2004년 8월 "강남사람과 아침 점심을 먹고 차를 마시고는 분권적 균형발전 정책이 나올 수 없다"라고 선언하면서 강남에 대한 적개심을 숨김없이 털어 놓았다. 노 대통령은 또 "서울대에 다니는 것 자체가 기회인 사회에서 강남학생이 서울대생의 60%나 되는 것은 문제"라는 발언을 했으나 실제는 12%에 불과한 것으로 알려지고 있다.

이러한 대통령의 뜻을 따라 노무현 정부의 고위정책담당자들은 '강남 죽이기' 차원의 정책들을 부동산과 세제분야에서 쏟아내기 시작하였다. 규제일변도의 부동산 대책도 강남의 아파트값 인상을 억제하겠다는 생각에서 비롯되었고 종합부동산세, 재산세의 조기현실화 등 이른바 '세금폭탄'도 강남사람을 괴롭히겠다는 의도로 고안되었다. 이에 더해, 전세계적으로 그 유래가 없는 재산세 공동과세안을 마련하여 강남구 재정을 고의적으로 취약하게 만들어 강남주민의 복지수준을 떨어뜨리고 강남구청을 서울시와 중앙정부에 재정적으로 의존하게 만들었다. 노무현 정권의 '강남 죽이기' 프로젝트가 상당히 성공을 거둔 셈이다.

이와 같이 정권차원에서 특정지역을 발전시키지는 못할망정 이의 발전을 고의적으로 막고 주민을 세금폭탄으로 괴롭히는 사례는 역사적으로 드문 일이 아닐 수 없다.

그러면 노무현 정권은 왜 '강남 죽이기' 정책에 열을 올리는 것인가? 그것은 노무현 정권이 자신들의 역사적 임무가 대한민국에서 좌파세력이 정치는 물론 경제, 사회, 교육, 문화 등 거의 모든 분야에서 뿌리내리게 하는 데 있는 것으로 인식하고 있기 때문이다. 이러한 자신들의 임무가 성공하려면 이런 의도를 근본적으로 반대하면서 사회 각 분야에서 지도적 위치에 있는 사람들을 몰락하게 하여야 할 것이다. 좌파정권의 입장에서는 이러한 세력들이 집단적으로 사는 곳이 바로 강남이며 그렇기 때문에 '강남 죽이기'는 노무현 좌파정권의 최우선순위 정책이 된 것이다.

얼마 전 '강남 죽이기'에 앞장 선 어느 청와대 수석비서관이 강남에 아파트를 마련하기 위해 거액의 은행대출 등 모든 수단을 동원한 사실이 언론에 크게 보도되었고 이로 인해 그는 공직에서 물러나고 말았다. 은행에서 대출을 받아 아파트를 마련한 것이 죄가 될 수 없으며 이러한 이유로 공직을 사퇴한다는 것 또한 말도 안 되는 것이다. 사회적 논쟁의 대상이 된 수석비서관도 다른 강남사람과 마찬가지로 생활여건이 상대적으로 우월한 강남지역에 자신의 '드림 하우스'를 가지려 한 것이다.

이 에피소드는 좌파세력들이 강남을 부도덕한 동네로 보는 것이 얼마나 모순된 일인가를 여실히 보여준 사례가 아닐 수 없다. 또한, 많은 좌파진영의 인사는 대외적으로는 친북·반미를 외치면서 자신은 자녀들을 미국에 유학 보내고 외국회사에 근무하게 하는 이중적인 행태를 보이고 있다. 이는 이 좌파인사들이 좌파이론을 입으로만 외치면서 실제로는 지극히 보수적인 행동에서 자신과 가족들의 행복을 추구하는 이중인격자임을 보여주고 있다.

좌파인사들은 대한민국의 정통성은 그 뿌리째 흔들어대면서 반인륜적 행위를 서슴지 않고 있는 북한의 김정일 정권에는 관용적 태도를 넘어 많은 애정을 보이고 있다. 그럼에도 불구하고 이들의 대다수는 북한과 같은 사회에서는 하루도 살지 못할 것이다. 자신들은 이미 대한민국에서의 부르주아적 생활환경에 익숙해졌기 때문이다.

북한의 김정일 정권 역시 한국의 좌파세력을 자신들의 궁극적 목표인 적화통일을 달성하기 위해 철저히 이용하고 있다. 그러나 막상 그들의 목표가 현실화되면 한국의 좌파세력은 김정일에 의해 우선 숙청의 대상이 될 가능성이 높다. 실제로 북베트남은 통일 후 자신들의 통일사업을 도왔던 베트콩 세력을 숙청하고 자신의 원수였던 미국과 수교함은 물론 외교적으로 친미정책노선을 견지하고 있다. 반골성향의 베트콩이 통일 후 집권에 걸림돌이 되고 세계의 유일한 초강대국인 미국과 우호적 관계를 갖는 것이 베트남 국익에 큰 도움이 되기 때문이다.

좌파세력의 반(反)강남정서 역시 어리석기 짝이 없는 짓이다. 강남은 이념과 출신지역과 아무 상관 없이 상대적으로 고가의 주택을 구입할 수 있는 사람이면 누구든지 살 수 있는 곳이다. 김대중 정권에서 많은 성공한 호남사람들이 강남으로 이사를 왔고 노무현 정권에서도 성공한 좌파인사들이 강남으로 거처를 옮겼다. 이는 강남지역의 생활여건이 양호하고 이 인사들이 강남의 상대적으로 비싼 주택가격을 경제적으로 감당할 수 있었기 때문이다. 우리의 좌파인사들이 반미를 외치면서 자식을 미국으로 유학 보내고 '강남 죽이기'를 떠들면서도 자신은 강남아파트를 사려고 노력하는 모순에서 하루 속히 벗어나 더욱 솔직하고 진솔한 태도로 행동해주기 바란다.

제6장

세금폭탄과 세금도둑

서울시의 재산세 빼앗아가기

노무현 정권의 '강남 죽이기' 프로젝트는 부동산관련 세제정책을 통해 구체화되었다. 무엇보다도 부동산 보유세가 대폭 강화되었고 재산세의 과표가 현실화되었으며 이에 더해 종합부동산세가 신설되었다. 이른바 '세금폭탄'이라는 것으로 2006년 5월 청와대 김병준 정책실장은 "오늘 신문에 종합부동산세가 여덟 배 올랐다며 '세금폭탄'이라고 하는데 아직 멀었다" "2009년 가면 25억 원짜리 집에 사는 분은 종부세만 연간 5천만 원을 내야 할 것"이라고 공언하였다.

강남에 대한 세금공세는 여기서 끝나지 않았다. 2007년 7월 국회는 재산세의 반을 서울시가 가져가는 '재산세 공동과세'안을 통과시켰으며 이로 인해 강남구청은 2010년 기준으로 연간 1,317억 원의 세수 감소로 심각한 재정난을 겪게 될 것이다. 강남주민은 '세금폭탄'을 맞고 강남구청은 '세금도둑'을 당하게 된 것이다.

사실 강남공격은 노무현 정권 출범 이전부터 서울시에 의해 시작되었다. 1995년 처음으로 실시된 지자제선거에서 서울에서는 민주당 조순 후보가 신한국당 정원식 후보를 압도적인 표차로 이기고 서울시장으로 당선되었다. 강남구와 서초구에서는 신한국당 후보가 구청장으로 당선됨으로써 처음으로 시장과 구청장의 당적이 서로 다른 상황을 맞게 되었던 것이다. 그러나 재정자립도가 100%에 가까운 강남구와 서초구는 많은 분야에서 서울시의 방침과는 다른 정책을 추구하였고 이를 민주당 소속의 조순 시장과 서울시 공무원들이 곱게 보았을리가 없다. 결국 서울시는 시세(市稅)인 담배소비세와 구세(區稅)인 재산세를 맞바꾸는 지방세법 개정안을 입법예고 절차도 거치지 않은 채차관회의를 전격적으로 통과시키는 '과업'을 이루었다.

당시 보건복지부 장관직을 맡고 있었던 나는 서울시의 기습적 공격을 어떻게 방어해야 하는가 고심하면서 이에 정면으로 승부하기로 하였다. 차관회의에서 만장일치로 통과된 지방세법 개정안을 국무회의에서 부결시키는 것이었다. 나는 재산세와 담배소비세를 맞바꾸는 안의 부당성을 당시 이홍구 국무총리에게 설명하면서 국무위원 중에서 내무부 관료를 오래 역임하여 지방세에 상당한 전문지식을 갖고 있는 최인기 농수산부 장관에게 도움을 청하였다. 지방세법 개정안을 처리하기 위해 열린 국무회의자리에서 최 장관은 지방세는 전세계적으로 기초자치단체 세목인데 이를 광역자치단체인 서울시가 가지고 가려는 것은 지방자치의 근본정신에 어긋난다는 논리로 지방세법 개정안에 반대의사를 표명하였다.

이어 발언권을 얻은 나는 최 장관의 이론적 근거에 전적으로 공감을 표시하면서 정치적으로도 강남구민과 서초구민은 지난 지자제선거에서 야당바람이 거센 가운데서도 신한국당을 적극적으로 지지해주었는데 야당 소속 조순 시장의 '강남 죽이기' 차원의 지방세법 개정안을 신한국당 정권이 그대로 수용하는 것은 있을 수 없는 일이라고 강조하였다. 결국, 최 장관과 나의 논리에 반대하는 국무위원이 한 사람도 없었기 때문에 재산세와 담배소비세를 맞바꾸는 지방세법 개정안은 국무회의에서 만장일치로 부결되었다. 조순 시장의 '강남 죽이기' 시도가 물거품이 된 것이다.

재산세가 기초자치단체의 기본적 세목으로 자리를 잡은 것은 나름대로 이유가 있다. 우선, 소득이 수반되지 않은 상태에서 세금이 부과되는 재산세는 소득이나 거래가 있는 상태에서 부과되는 소득세나 부가가치세에 비해 조세저항이 강하게 마련이다. 그래서 세계 거의 모든 국가에서 재산세는 이를 납부한 주민이 그 혜택을 직접 느낄 수 있는 기초자치단체의 세목으로 정해진 것이다.

이에 더해, 재산세 납부실적은 지역발전 정도와 직결되기 때문에 기초자치단체들은 재산세 수입증가를 위해 지역발전을 추진하려는 노력을 경쟁적으로 하게 된다. 결과적으로, 기초자치단체 세목으로서의 재산세는 지방자치원리는 물론 시장경제의 경쟁원리에도 부합하는 것이다. 따라서 이를 바꾸려는 시도는 서울시의 행정편의주의적 발상임은 물론 강남으로 대표되는 '특정지역 죽이기' 차원의 정책에 불과한 것이다.

기초자치단체 간 재정적 형평을 기하기 위해 지방세법 개정이 필요하다는 서울시의 주장 역시 말이 되지 않는다. 지방자치단체 간의 형평을 기한다면 광역지방정부 중 재정형편이 가장 좋은 서울시의 지방세 수입도 재정상태가 상대적으로 취약한 전라도, 강원도 등과 나누어야 할 것이다. 그러나 서울시는 자신의 수입은 다른 광역단체와 나누겠다고 하지 않고 서울시 기초자치단체 중 재정자립도가 높은 구의 재산세를 빼앗아가겠다는 주장만 펴고 있는 것이다.

이는 강남구 등 재정자립도가 높아 서울시의 통제에서 벗어나게 된 기초자치단체의 재정을 인위적으로 어렵게 하여 이들을 서울시에 재정적으로 의존하게 만들려는 의도라는 생각을 하지 않을 수 없다. 지방세와 관련하여 지방정부 간 형평논리를 확대한다면 지역 간 격차를 초래할 수밖에 없는 지방세를 모두 국세로 전환하고 중앙정부가 일정한 기준에 의해 이를 지방정부에 다시 나누어주어야 한다는 결론에 이르게 된다. 이는 결국, 지방자치제를 하지 말자는 것과 마찬가지인 것이다.

정부입법으로 지방세법 개정에 실패한 서울시는 김대중 정부가 들어서면서 의원입법의 형태로 재산세와 담배소비세를 맞바꾸는 노력을 다시 전개하였다. 김대중 대통령은 취임하자마자 협박과 회유를 통해 한나라당으로부터 '의원 빼내기'에 성공하여 국회에서 과반의석을 확보하였다. 이에 힘을 얻은 고건 서울시장은 당시 국민회의 소속인 이상수 의원과 추미애 의원을 앞장 세워 의원입법 형태로 지방세법 개정을 재시도하였다.

이를 어떻게 막아야 할까 고민한 나는 새로운 논리를 개발하여 국민회의 소속 강북지역 구청장들을 설득하기 시작하였다. 이들을 설득한 논리는 다음과 같다. 재산세는 시간이 갈수록 늘어나지만 담배소비세는 금연운동의 결과로 세수가 계속 감소하기 때문에 5~10년 후에는 강북지역의 구청들도 재산세가 담배소비세의 세수를 능가하는 상황을 맞게 된다는 것이다. 결국, 재산세와 담배소비세의 교환은 서울시에게는 득이 되나 모든 구청에게는 손해가 되는 것이다. 이러한 논리를 수긍한 국민회의 소속 구청장들은 서울시의 지방세법 개정안에 모두 반대하게 되었다. 그래서 내가 국회의원으로 재임한 2000년까지는 서울시가 자신의 배만 채우려는 지방세법 개정안은 현실화되지 못하였다.

규제일변도의 부동산정책

2003년 좌파성향의 노무현 정권이 들어서면서 '강남 죽이기'는 더욱 포괄적인 차원에서 진행되었다. 한국에서 부동산가격은 10년 정도의 주기를 가지고 폭등현상이 나타나는 특성이 있다.[1] 그 이유는 정부의 부동산정책이 장기적인 차원에서 원리·원칙에 의해 수립되기보다는 단기적 가격등락에 대증적으로 대응하는 형태로 추진되어 왔기 때문이다. 부동산가격이 급등하면 온갖 형태의 규제조치를 남발하는가

하면, 이로 인해 가격이 떨어지고 건설경기가 위축되면 경기부양 차원에서 각종 부양책을 쏟아내는 '온탕냉탕'식의 정책을 추진한 것이다.

노무현 정부도 바로 이런 함정에 빠진 것이고 정권의 좌파성향 때문에 정부의 개입 정도가 역대 어느 정권보다도 강했다는 것이 특징이라면 특징이라고 할 수 있다. 특히, 앞 장에서 지적한 대로 강남지역은 노무현 정부가 지향하는 가치관과 정면으로 상치되는 지역이기 때문에 강남지역 아파트의 가격폭등으로 시작된 '2003년 부동산 파동'에 노무현 정권은 상상을 초월하는 규제일변도 정책을 쏟아내게 된 것이다.

서울 강남권을 중심으로 아파트가격이 급등하고 있는 상황에서 집권한 노무현 대통령은 취임 초부터 "부동산 하나만은 반드시 잡겠습니다"라고 공언하였고, 2003년에는 '5·23 부동산가격안정대책'을 통해 수도권 투기과열지구를 지정하였고, '10·29 주택시장 안정종합대책'을 통해 종합부동산세 도입, 1가구 3주택자 양도세 중과방침 등을 발표하였다. 그 후 부동산시장이 다소 안정을 되찾았으나 판교 신도시 발표를 계기로 분당과 강남권의 아파트 가격이 다시 급등세를 보이자 2005년 정부는 서둘러 판교투기방지대책을 포함한 '2·17 수도권주택시장안정대책'을 내놓았다. 이어 1가구 2주택 양도세 실거래과세, 보유세 실효세율 단계적 인상, 재건축 기반 시설부담금 부과 등을 내용으로 하는 '5·4 부동산가격안정대책'을 발표하였다.

이에 더하여, 종합부동산세 대상을 6억 원 이상으로 확대, 주택공급 확대 등을 내용으로 하는 '8·31 서민주거안정과 부동산 투기억제를 위한 부동산제도개혁방안'을 서둘러 마련하였다. 이러한 강도 높은 대책에도 불구하고 부동산가격이 안정세를 찾지 못하자 정부는 2006 년 수도권 지역 주택공급을 촉진하는 내용의 '11·15 부동산시장안정 화방안'을 마련하였고, 2007년 민간 분양가 상한제 및 원가공개, 주택 담보대출 제한 등을 포함하는 '1·11 부동산시장 안정을 위한 제도개 편방안'을 발표하였다.

노무현 정부가 1년에도 몇 번씩 쏟아낸 부동산대책들은 아파트 분 양가를 통제하고, 재건축 요건을 강화하며, 주택담보대출을 어렵게 하 는 등의 규제중심적 대책이 주종을 이룬다. 더불어 재산세과표 조기현 실화, 종합부동산세 신설 등 이른바 '세금폭탄'을 통해 부동산 보유를 고통스럽게 만드는 대책을 그 주요 내용으로 하고 있다. 아파트 가격 의 급등이 기본적으로 공급부족에 기인한다는 비판이 일자 노무현 정 부는 판교 신도시 건설 등 시장보다는 정부주도의 주택공급 확대정책 도 내놓았다.

노무현 정부 부동산대책의 특징은 시장기능을 활용하기보다는 모 든 것을 정부가 좌지우지하겠다는 것이다. 나는 서울구치소에 있을 때 10·29 대책 수립과정을 지켜보면서 부동산시장을 시장으로 생각하지 않고 규제일변도 정책만으로 부동산 가격의 급등을 잡아보려는 것은 결국 실패할 수밖에 없을 것이라는 내용의 글을 매일경제신문에 기고 한 바 있다.[2] 이에 더해 나는 시장과 정부개입을 주제로 『시장을 이길 정부는 없다』[3]라는 책을 집필하여 이를 노무현 대통령에게도 보내주 었다. 그러나 노 대통령의 반응은 정반대였다. 2005년 5·4대책을 발 표하면서 "부동산대책에는 시장원리를 적용할 수 없다"라고 선언한 것이다.[4] 또한 노무현 대통령과 정책당국자들은 부동산 부문에서 시장원리의 적용을 주장하는 사람들은 부동산 투기꾼을 의도적으로 돕는 것이라고까지 매도하기도 하였다.

정권 차원의 '강남 죽이기'

노무현 정부 부동산정책의 두 번째 특징은 강남이라는 특정지역을 너무 의식하여 정책이 수립되었다는 것이다. 2003년 부동산 파동이 강남의 아파트 가격상승에서 시작되었으나 이를 강남지역의 문제로 보는 것은 잘못된 일이다. 10년 주기로 발생하는 부동산가격 급등을 분석해보면 강남 등 상대적으로 주거여건이 양호한 지역에서 가격상승이 시작되나 이는 점차 수도권 그리고 지방으로 확대된다는 것이다. 그래서 부동산 파동은 이를 전국적 현상의 시작으로 보고 이에 맞는 대응을 하여야 하는 것이다.

그런데 노무현 정부는 부동산문제를 강남의 문제로 규정하고 강남 주민을 부동산 투기의 주범으로 몰면서 '세금폭탄'이라는 카드를 뽑아든 것이다. 정부가 자신이 보호해야 하는 국민들을 상대로 '폭탄'을 떨어뜨리겠다는 것은 상식 이하의 짓이 틀림없다. 특히, 정부의 고위당국자가 '세금폭탄'은 이제부터 시작이라는 등의 협박성 발언으로 급격히 오른 세금을 내야 하는 주민들을 마치 적군 취급을 하는 것은 어느 나라에도 있을 수 없는 일이다.

그런데 이런 일이 대한민국에서 일어난 것은 좌파성향의 노무현 정권이 자유민주주의와 시장경제의 가치관을 갖고 각계각층에서 나름대로 성공하여 강남에 주택을 마련한 강남주민들을 경계와 타도의 대상으로 간주하고 있기 때문이다. 이는 좌파 노무현 정권의 한계를 여실히 보여주는 대목이라 하지 않을 수 없다.

강남이라는 특정지역과 그 지역 주민들을 질시하면서 내놓은 규제 일변도의 부동산대책이 성공할 리가 없다. 부동산 부문에서 노무현 정부의 성적표는 가히 낙제점이라 할 수 있다. 강남을 의식한 재건축 규제 강화는 이 지역의 주택공급 확대를 더욱 어렵게 하였다. 실거래가격을 반영한 양도소득세 부과로 매물이 줄어들자 강남지역의 부동산가격은 정부가 대책을 내놓을 때마다 더욱 올라가는 기현상을 초래하였다.

노무현 정부는 몇 달이 멀다 하여 신도시 개발계획을 발표하였고 이를 위한 부지매입으로 정부는 수십 조 원에 달하는 보상금을 현금으로 지불하였다. 이렇게 풀린 돈은 다시 부동산 투기자금으로 돌아왔고 생활여건이 상대적으로 양호한 강남지역이 이들의 투자대상이 되었음은 물론이다. 강남의 아파트가격을 잡겠다는 노무현 정부의 반시장적 정책이 결국 강남의 아파트가격을 더욱 부추긴 것이다. 이를 두고 강남주민들이 노무현 대통령에게 감사해야 한다는 우스갯소리가 있을 정도이다.

균형개발을 강조한 노무현 정부는 온 국토를 개발대상으로 하여 '혁신도시', '기업도시' '행정복합도시' 등의 새로운 계획을 발표함으로써 전국적으로 땅값을 대폭 상승시켰다. 이에 더하여, 아파트 분양가의 통제 등 정부의 과다한 규제조치는 주택수요 감퇴와 건설경기의 위축을 초래하여 내수경기와 고용사정을 더욱 악화시키는 원인으로도 작용하였다. 주택가격이 오르면 건설경기라도 활성화되어야 하는데 노무현 정부는 주택과 땅값은 오르게 하면서 건설경기는 침체로 몰고 가는 희한한 '재주'를 보인 것이다.

세금폭탄

노무현 정부 부동산정책의 가장 큰 문제점은 주택을 소유한 주민의 세부담을 급격히 늘려놓은 것이다. 한국에서 부동산 관련 조세의 특징은 보유세가 상대적으로 낮은 반면 거래세는 매우 높다는 것이다. 2001년의 경우 GDP대비 부동산 보유세는 한국이 0.6%로 미국 3.1%, 일본 2.8%보다 낮은 것이 사실이다.[5] 그러나 부동산 거래세는 한국이 2.3%로 미국 0.05%, 일본 0.4%보다 월등히 높다. 결국, 보유세와 거래세를 합한 재산관련세의 GDP비율은 한국이 3.1%로 미국 3.1%, 일본 2.8%와 거의 같은 수준이다.

부동산 보유세가 낮다보니 필요 이상의 부동산을 보유하려는 수요를 부추기게 되는 반면, 부동산 거래세가 높기 때문에 한번 산 부동산은 가급적 팔지 않게 되는 것이다. 결국, 부동산수요는 늘고 공급은 줄어들어 부동산가격이 오르게 되는 것이다. 이런 관점에서 볼 때, 부동산관련 세제의 개편방향은 부동산 보유세는 높이고 거래세는 낮추는 것이 되어야 할 것이다.

그런데 노무현 정부의 부동산정책은 보유세와 거래세 모두를 대폭 올리는 것이었다. 재산세과표를 조기 현실화하고 종합부동산세를 신설함은 물론 1가구 다주택 보유자의 양도소득세를 대폭 강화하고 실거래가를 적용한 것이다. 부동산을 그냥 갖고 있으면 보유세 강화로 '세금폭탄'을 맞고 부동산을 팔아도 거래세 강화로 '세금폭탄'을 맞게 되는 것이다.

주택을 보유한 사람들은 어떻게 해도 '세금폭탄'을 피할 수 없으니 정책치고는 정말로 고약한 정책이 아닐 수 없다. 실제 강남지역의 대다수 주민들은 6억 원 이상 주택에 부과되는 종합부동산세와 높아진 재산세로 1년에 수천만 원의 보유세를 내야 하며 이것이 부담이 되어 아파트를 팔면 양도소득세 형태로 수억 원의 세금을 내야 한다. 이래저래 '세금폭탄'을 피할 수 없는 것이다.

노무현 정부 부동산정책의 목표가 가격안정 등 정책의 실효성을 높이는 것이 아니라 강남으로 대표되는 주민에게 '세금폭탄'이라는 고통을 주겠다는 것이라면 매우 '성공한 정책'이라고 하지 않을 수 없다. 노무현 대통령을 포함한 다수의 정책수립자가 자신들이 만든 부동산 정책이 성공하였다고 하는 이야기를 들으면서 실제로 노무현 정부의 의도가 부동산시장을 안정시키기보다는 '강남 죽이기'에 있었다는 생각을 하지 않을 수 없다. 정말로 이상한 정권이 아닐 수 없다.

국제적 비교에서 상대적으로 낮은 부동산보유세 강화를 위해 종합부동산세를 도입해야 한다는 주장 역시 문제점이 많다.

우선, 종합부동산세는 위헌성 문제를 야기하고 있다.[6] 종합부동산세는 종합합산과세를 받지 않는 다른 납세자에 비해 세법상 차별대우를 하는 것으로 '조세형평주의'에 위배된다. 또한, 종합부동산세는 국민의 재산권을 합리적 이유 없이 침해할 수 없다는 '국민의 재산권 보장원칙'에도 위배될 수 있다. 특히, 종합부동산세는 세율과 세부담이 지나치게 과중하여 '조세과잉금지원칙'과 조세부담의 총액이 기대가능 재산수익의 50%를 초과하면 안 된다는 '반액과세의 원칙'에도 위배된다는 것이 전문가들의 견해이다.

종합부동산세의 두 번째 문제는 이를 지방세로 하지 않고 국세화하였다는 사실이다. 부동산 보유세는 어느 나라에서나 지방세로 되어 있다. 특히, 지방재정이 매우 취약한 한국의 현실에서 당연히 지방세가 되어야 할 것을 중앙정부가 가지고 가는 것은 말도 되지 않는다. 그럼에도 불구하고 이를 국세화한 것은 지방세로 하면 강남과 같은 지역은 더욱 큰 혜택을 볼 것이라는 우려 때문이다.

예를 들어, 2006년 국세청은 강남구에서 종합부동산세로 3,180억 원을 거두어 이 중 불과 47억 원만을 지방교부세로 강남에 돌려주었다. 그러나 이런 논리를 적용하면 모든 기존의 지방세를 국세로 전환해야 하는 자가당착에 빠지게 된다. 강남을 지나치게 의식한 노무현 정권의 비뚤어진 시각이 조세체계의 심각한 왜곡을 초래한 것이다.

또한, 종합부동산세는 공급이 한정되어 있는 토지보다 공급이 얼마든지 늘 수 있는 주택에 중과를 한다는 모순을 안고 있다. 토지는 공급이 제한되어 있기 때문에 한국과 같이 국토가 좁은 나라에서는 어느 정도의 '토지공개념'이 적용되어야 한다는 논리가 성립될 수 있다. 그런데 투자만 이루어지면 얼마든지 공급이 늘어날 수 있는 주택에 특별히 중과세 한다는 것은 이치에 맞지 않는다.

이런 관점에서, 종합부동산세 도입 이전에 있었던 종합토지세는 나름대로 정당화될 수 있겠으나 종합토지세를 종합부동산세로 대체한 것은 개악임에 틀림없다. 노무현 정권이 이러한 실수를 범한 것은 부동산정책을 지나치게 강남이라는 특정지역을 의식하여 만들었기 때문이다. 정치적으로 혐오감을 갖고 있는 지역을 의식하다 보니 이 지역 주민에게 고통을 주는 것이면 조세원칙에 맞지 않는다고 해도 별 문제가 되지 않는다는 것이 노무현 정권의 생각인 것이다.

세금도둑

노무현 정권이 갖고 있는 강남에 대한 적개심은 2007년 7월 국회를 통과한 지방세법 개정안을 통해 그 절정에 이르게 된다. 이미 지적한 대로, 서울시는 강남으로부터 재산세를 빼앗아가려는 노력을 오랫동안 해왔다. 노무현 정권이 들어서면서 강남에 대한 부정적인 캠페인이 정권 차원에서 조직적으로 전개되었으며 TV 등 정부가 통제하는 대중매체는 이 과정에서 선봉장 역할을 담당하였다.

그 결과, 민심이 점차 반(反)강남으로 바뀌어가는 것을 감지한 서울시는 재산세를 시세(市稅)로 바꾸려는 시도를 하였고 이에 위협을 느낀 한나라당은 재산세의 절반을 서울시에 주는 지방세법 개정안을 한나라당 소속 김충환 의원이 발의하는 실수를 범하게 되었다. 결국, 오래 지속된 재산세 논란은 정부와 여당이 한나라당 안을 받아들이는 형태로 한나라당 소속의 오세훈 서울시장 재임 중 일단락된 것이다. 오랫동안 지켜온 재산세의 기본원칙이 이를 지켜야 하는 한나라당이 뒤집은 것이다.

이번에 통과된 지방세법 개정안은 종합부동산세와 마찬가지로 위헌소지를 안고 있다. 서울시 자치구에서만 사실상 재산과세권을 제한하는 것은 '조세평등주의원칙'에 어긋나고, 서울시 차원의 해결방안이 아닌 일부 구로부터 강제징수하는 방법으로 재정취약지역의 문제를 해결하려는 것은 '과잉금지원칙'에 위반되며, 지방자치 영역의 국가관여는 최소한 보충적으로 이루어져야 한다는 지방자치의 현대적 이념인 '보충의 원리'에 위배된다는 것이 헌법소원 전문가인 이석연 변호사의 견해이다.[7]

헌법재판소 재판관 출신인 김진우 변호사 역시 지방세법 개정안은 서울시의 조정교부금 5%만 인상하면 해결할 수 있는 문제를 재산세 공동과세안으로 해결하려는 것은 '과잉금지원칙'의 현저한 위반이고, 개정안은 해당 6개 구에 막대한 재정손실을 초래하여 구 주민전체의 행복추구권을 심각하게 침해하기 때문에 헌법상의 대원칙인 '비례의 원칙'의 현저한 위반이며, 자치단체 사이에 재정불균형은 서울시만의 문제가 아님에도 불구하고 이를 서울시에만 적용하는 것은 헌법상 '평등의 원칙'의 현저한 위반이라는 결론을 내리고 있다.[8] 실제로 서울시의 경우 강남구와 강북구 간의 재산세 격차는 13 : 1인데 반해, 충남 천안시와 계룡시와의 격차는 26 : 1, 서울시와 제주도와의 격차는 25 : 1에 이른다.

서울시가 시작한 '강남 죽이기'는 노무현 정권이 들어서면서 각종 매스컴을 동원하여 더욱 조직적으로 진행되었고 이는 부동산관련 세제의 개편으로 나타났다. 그 결과, 강남주민은 '세금폭탄'으로 고통을 받게 되었고 강남구청은 '세금도둑'을 맞아 정상적인 구 운영이 어렵게 되었다.

이 과정에서 사용된 핵심적인 무기인 종합부동산세와 재산세 공동 과세는 세계에서 그 유래를 찾을 수 없으며 위헌소지가 많은 악법임에도 불구하고 우파세력임을 표방하는 한나라당은 이를 막지 못하였고 사실상 적극적으로 저지하려는 노력도 전개하지 않았다. 이는 좌파의 논리와 홍보노력에 한국의 우파세력이 아직도 뚜렷한 철학을 정립하지 못하고 있으며 힘의 구사에도 좌파세력에게 밀리고 있다는 증거라 하지 않을 수 없다.

제2부

위기의 대한민국

제7장

흔들리는 국가경쟁력

샌드위치가 된 한국경제

내가 중국을 처음 방문한 것은 1988년 봄이었다. 상하이시가 주관하는 산업정책의 국제회의에서 한국의 산업정책 사례를 발표하기 위해서였다. 당시에는 한국과 국교관계가 수립되어있지 않았기 때문에 국회의원이 아니라 한국개발연구원의 자문위원 자격으로 중국에 입국하였다. 내가 놀란 것은 그 넓은 상하이에 국제수준의 호텔이 하나도 없었으며 공산통치 40여 년 간 마치 경제발전이 멈추기라도 한 것 같았고 공산통치 이전에 영국 등 서방국가들이 건설한 몇몇 건물이 대표적인 이정표가 되고 있었다.

회의장에서 나는 한국경제에 중국인들의 관심이 대단하다는 사실을 알게 되었다. 내 발표에 많은 중국인이 관심을 가짐은 물론 한국이 어떻게 수출산업을 일으키는 데 성공하였는지 자세히 알고자 나와 한국 대표단을 식사에 초대하려고 열을 올렸고 이러한 상황은 다음 방문지인 베이징에서도 마찬가지였다.

당시 중국의 정치지도자들은 한국의 박정희 대통령 공부에 열을 올리고 있다는 이야기도 안내원으로부터 들은 바 있다. 정치적으로는 독재를 하면서 민간기업의 수출활동을 통해 산업구조 고도화와 고속성장에 성공한 한국경제와 이의 주역인 박정희 대통령을 중국이 정치적으로는 공산주의 독재체제를 유지하면서 경제적으로는 개방을 추진하는 데 그 모델로 삼으려는 것이었다.

내가 중국을 다시 방문한 것은 1996년 여름이었다. 상하이를 방문한 나는 꿈인가 생시인가 할 정도로 불과 8년 사이에 눈부시게 발전한 상하이를 보면서 중국 개방정책의 성공을 실감할 수 있었다. 그 후 몇 번 더 상하이를 방문하였으나 갈 때마다 크게 달라지는 모습을 보면서 놀라운 경지를 지나 두렵기까지 하였다. 요즈음 중국을 방문하면 중국인들은 한국을 그렇게 부러운 존재로 보지 않음을 알 수 있으며 한국경제로부터 배우겠다는 열기도 찾아보기 힘들다. 1988년 이후 개방화 정책의 추진을 통한 중국경제의 눈부신 발전은 민주화과정에서 일어난 한국경제의 상대적 침체와 큰 대조를 이루고 있다.

사실, 한국이 노사분규 등으로 임금이 오르고 생산성이 제자리 걸음을 하는 동안 중국은 낮은 임금과 강한 정부의 지원으로 국제시장에서 한국상품을 밀어내는 데 성공한 것이다. 대부분의 노동집약적인 산업에서 한국과의 경쟁에서 이긴 중국은 최근에는 전자, 자동차, 철강, 심지어는 반도체분야에서도 한국을 추월하겠다는 야심찬 계획을 세우고 바짝 따라오고 있는 것이다.

나는 2000년 국회의원직을 사퇴하고 약 2년 간 모교인 스탠퍼드(Stanford)대학에서 초빙연구원 생활을 하였다. 이 기간 중 내가 발견한 것은 일개 대학에 불과한 스탠퍼드가 산실이 되어 실리콘밸리가 생성되었고 실리콘밸리가 제3의 산업혁명이라는 디지털혁명의 중심지가 됨으로써 디지털혁명은 미국의 경제를 절대부동의 경제강대국으로 만들었다는 사실이었다. 불과 15년 전만해도 일본에 비해 경쟁력이 뒤진다고 걱정을 하던 미국경제의 경쟁력이 스탠퍼드대학이 모태가 된 디지털기술혁명과 벤처기업정신으로 새로운 활력을 찾게 된 것이다.

이는 같은 기간 중 디지털혁명의 물결을 주도하는 데 실패한 일본경제가 지속적인 침체에서 벗어나지 못한 것과 극명한 대조를 이루고 있다. 결국, 한국경제는 낮은 임금과 강력한 정부의 지원으로 뒤에서 바짝 쫓아오는 중국과 디지털혁명에 힘입어 경쟁력의 범위를 확대해 가는 미국의 틈바구니에서 고전을 면치 못함으로써 국제경쟁력이 떨어지고 경제위기의 난국에 처하게 된 것이다.

국가경쟁력의 의미

지금과 같이 세계화가 보편화된 경제에서의 경쟁력이란 국제경쟁력을 의미하여 경쟁력은 작게는 기업에서 시작하여, 산업 더 나아가

국가 차원에서 평가할 수 있다. 따라서 국제경쟁력은 한 국민경제, 또는 특정산업이나 기업이 세계시장에서 경쟁할 수 있는 능력과 힘을 의미한다. 경쟁력 있는 기업이란 국내외 경쟁자에 비해 낮은 비용으로 우수한 품질의 상품과 서비스를 만들 수 있는 기업을 말하며 그러한 기업이 많을수록 그 기업이 속한 산업은 경쟁력이 높게 되고 그러한 산업이 많은 국가는 경쟁력을 갖게 되기 때문에 기업은 경쟁력의 기본 단위라고 할 수 있는 것이다.

국제경쟁력의 결정요인에 관한 인식은 경제학의 발전에 따라 지속적으로 발전·보완되어 왔다. 비교적 단순하고 널리 알려진 기술이 주종을 이루던 시대에는 노동력의 국제적 차이가 국제경쟁력의 근원이라고 파악하였다. 현대 자본주의경제학의 시조인 애덤 스미스(Adam Smith)는 절대적인 노동력의 차이에 기반을 둔 절대우위론을, 리카도(Ricardo)는 노동생산성의 상대적 차이를 강조하는 비교우위론을 주장하였다. 그 후 기술격차와 기업의 동태적 발전이 경쟁력의 결정에 중요한 역할을 하게 되자 동태적 비교우위론이 등장하였다.

1990년 마이클 포터(Michael Porter)가 국가경쟁력 개념을 도입하면서 산업을 둘러싸고 있는 외부여건이 경쟁력의 주요 결정요인으로 강조되었다. 포터는 여러 국가의 주력 산업의 특성을 분석하여 경쟁력에 영향을 미치는 요인을 외생요인과 내생요인으로 나누어 설명하고 있다. 전자는 기회와 정부의 역할로 구성되었으며 후자는 생산요소 조건, 기업의 전략, 조직 및 경쟁양상, 관련 및 지원산업, 수요조건 등으로 구성되어 있다. 이러한 요소는 개별적 또는 상호 연관된 하나의 종합적 시스템으로도 영향을 미치게 된다는 것이다.

최근 언론에 많이 보도되는 국가경쟁력 평가는 IMD가 182개의 경제·사회통계와 설문조사로 얻어진 106개의 평가기준으로 각국의 국가경쟁력을 평가하여 매년 발표하는 자료이다. 이에 더하여, 세계경제포럼(World Economic Forum)은 경제성과, 기술적 역량, 사회간접자본 등의 양적 변수와 59개국에서 4,000여 명을 대상으로 한 질적 자료를 사용하여 매년 약간 다른 방식으로 세계 각국의 국가경쟁력을 평가하여 발표한다.

한국 국가경쟁력의 현주소

그러면 과연 한국의 국가경쟁력은 어떤 수준에 있으며 어떻게 변화하고 있는가? 우선 외국기관의 평가를 살펴보기로 한다. IMD의 평가[1]에 의하면 한국의 국가경쟁력은 1997년 30위에서 3년 간 계속 하락하여 1999년에는 38위까지 갔으나 그 후 경제구조조정 정책의 결과 2000년과 2001년에는 49개국 중 29위로 다소 개선된 것으로 나타났다. 그러나 노무현 정부 출범 이후 반(反)시장적 정책의 추진으로 국가경쟁력이 계속 하락하여 2006년에는 다시 38위가 되었다.

IMD보고서에서 흥미로운 점은 평가기준 별로 국가순위를 보여주기 때문에 국가경쟁력 측면에서 한국의 강점과 약점을 동시에 파악할 수 있다는 것이다. 한국의 강점으로는 중등학교 진학률, 고등교육이수자 비율 등 비교적 높은 교육수준이 우선적으로 지적되고 있다. 그 다음으로는 GDP대비 정부부채, 법인세율 등 정부의 재정정책변수, 노동시간, 근면과 혁신을 중시하는 사회적 가치, 천 명 당 인터넷 사용자 수 등의 정보인프라 스트럭처 구축을 지적하고 있다. 반면, IMD가 지적하는 한국 국가경쟁력의 약점으로는 낙후된 정치시스템, 적대적 노사관계, 경영자의 낮은 신뢰성, 정부의 과도한 규제, 미흡한 대외개방, 사회수요에 제대로 대응하지 못하는 대학교육 내용 등이다.

외국기관의 평가를 종합하여 볼 때 한국의 국가경쟁력은 미국 등 선진국은 물론, 싱가포르, 대만, 홍콩 등의 경쟁국에 비해서도 낮은 것으로 평가되고 있다. 한국의 국가경쟁력이 이와 같이 낮게 평가되는 가장 중요한 요인은 정부의 규제와 간섭이 심하며 대외개방도가 낮다는 점이다. 이에 더하여, 기업경영 측면에서 투명성이 낮고 정경유착 등으로 인한 부패구조가 고착되어 있다는 사실도 한국경제의 대외신뢰도를 떨어뜨리는 결정적인 요인이 되고 있다. 특히, 노무현 정부 출범 이후 부동산 분야 등에서 추진되는 반(反)시장적 정책들은 한국의 국가경쟁력을 하락시키는 원인으로 지적되고 있다.

한국의 산업은 1960년대 이래 지난 40여 년 동안 눈부신 발전을 거듭하면서 시대별로는 새로운 주도산업이 출현하여 성장의 견인차 역할을 하였다. 1960년대에는 기술부족으로 섬유, 합판, 가발 등 저숙련 노동집약적 경공업을 수출산업으로 육성하였다. 1970년대에는 본격적인 중화학공업 육성정책으로 화학, 철강, 자동차, 조선 등의 분야에 대규모 투자가 추진되었다. 1980년대에는 산업합리화정책을 통한 투자조정을 추진한 결과 최근까지 전자, 조선, 철강, 자동차 등의 중화학공업 분야에서 상당 수준의 경쟁력이 확보되었으며, 1990년대 이후에는 정보통신분야의 부각과 더불어 반도체, 정보통신기기 등의 IT산업이 급부상하여 국제적인 경쟁력이 확보되었다. 그 결과, 한국의 주력산업은 적어도 외형면에서는 이미 선진국 수준에 근접하였다.

이러한 외형적 성장에도 불구하고 국제경쟁력 측면에서 한국 산업은 많은 취약점을 안고 있다. 품질 및 기술을 경쟁우위로 하는 상품에서는 미국, 일본, 독일, 이탈리아 등 선진국과의 격차가 여전하며 임금을 우위로 하는 상품에서는 중국, 태국, 말레이시아 등 신흥개발도상국에 밀리고 있는 것이다. 한국 등 개도국의 추격에 위협을 느낀 선진국은 기술보호주의와 반덤핑제소 등 각종 무역장벽을 통해 견제를 강화하는 반면, 중국 등 신흥개도국은 저임금에 기초한 수출주도 전략을 추진하여 한국의 수출시장을 잠식해 나가고 있다.

예를 들어, 지난 15년 간 미국, EU시장에서 중국과 동남아시아국가연합(ASEAN)의 시장점유율은 지속적으로 증가한 데 반해 한국은 정체 내지 감소 추세를 면치 못하고 있다. 이는 한국의 산업이 선진국에 밀리고 후발국에는 추격당하는 이른바 '넛 크래커' 상황에 처해 있음을 의미한다.[2]

한국경제연구원에 의하면 한국을 100으로 했을 때 중국의 기술력은 2002년에 72였으나 2006년에는 80으로 상승한 반면, 일본의 기술력은 2002년의 120에서 2006년에도 118로 한국과 일본 간의 기술력 격차는 크게 줄지 않은 것으로 조사되고 있다. 2006년 현재 전자, 조선, 철강 등 주요산업에서 한국과 중국의 기술격차도 3~5년 정도에 불과한 것으로 나타나고 있다.

한국의 국가경쟁력이 최근 하락하고 있다는 사실은 경제성장 실적에도 그대로 나타나고 있다. 2002년 이후 4년 간 세계경제는 4.7% 성장하였는데 이 기간 한국 경제는 3.9% 성장에 그쳤다. 고도성장으로 전세계의 이목을 끌어왔던 한국 경제가 세계경제의 평균성장률에도 못 미치는 성장을 했다는 것은 정말로 실망스러운 일이 아닐 수 없다. 한국 경제의 적신호는 여러 군데서 발견할 수 있다. 미래 성장률을 높이는데 절대적으로 필요한 기업의 설비투자가 노무현 정권 출범 이후 연 평균 1.8% 상승에 머물고 있다는 사실 역시 충격적이다.

그 이유는 한국의 기업경영 환경이 글로벌 경영에 매우 불리해지고 있기 때문이다. 그 첫 번째 이유는 노사불안이라는 것이 한국 기업인은 물론 한국에서 기업을 하는 외국기업인들의 공통된 견해이다. 이 외에도 고비용·저효율의 정부규제와 노무현 정권 출범 이후 고조되고 있는 반기업·반시장 정서와 이를 정치적으로 이용하려는 좌파 집권세력의 정치행태가 한국의 기업환경을 악화시킨 근본적 원인이라고 생각된다. 결국 정부의 정책과 철학이 국가경쟁력을 높이기도 하고 떨어뜨리기도 하는 것이다.

최근 정부의 종합적인 노력으로 국가경쟁력 강화에 성공한 사례로 아일랜드와 싱가포르 등을 지적하고 있다. 이러한 성공사례는 국가경쟁력 제고에 정부의 역할이 중요함을 보여주고 있다. 한국의 경우 1980년대 중반까지는 정부 차원의 국가경쟁력 강화노력이 체계적으로 이루어졌으나 민주화 이후 이러한 노력이 산발적으로 이루어짐으로써 큰 성과를 거두지 못하고 오랫동안 표류하여 왔다고 할 수 있다.

　지난 10년 진보정권의 집권기간을 살펴보면, 김대중 정권 초기에는 외환위기로 IMF에 의해 신(新)자유주의적 구조조정정책이 추진되어 국가경쟁력이 다소 개선되었으나 외환위기가 수습된 후에는 진보정권 특유의 반시장적 정책이 여러 분야에서 남발됨으로써 국가경쟁력의 하락을 초래하게 되었다. 특히 외환위기가 수습된 이후 출범한 노무현 정권은 반시장·반기업 정책을 추진하면서 이를 서민대중의 인기를 얻어보려는 수단으로 활용하려 함으로써 국가경쟁력을 급락시키는 결과를 초래한 것이다.

제8장

기업하기 어려운 나라[1]

기업환경의 최대 걸림돌

시장경제의 기본주체가 기업이기 때문에 기업하기 좋은 환경을 만드는 것이 경제정책의 핵심과제가 되는 것은 당연한 일이다. 그래서 세계 각국 정부는 기업하기 좋은 나라를 만드는 일에 국정운영의 최우선 순위를 두고 있다. 우리나라에서도 '기업하기 좋은 나라 만들기'는 1990년대 이후 역대정권이 내놓은 주요 정책공약사항이었다. 김영삼 정부는 범정부 차원의 '세계화위원회'를 발족시켜 운영하였고 '고비용·저효율'의 경제구조개선을 경제운용의 주요 목표로 삼았다. 외환위기 후 집권한 김대중 정권도 IMF가 권고한 각종 경제구조조정 사업을 추진하면서 기업환경 개선노력을 지속하였고 노무현 대통령도 '기업하기 좋은 나라'를 선거공약으로 내놓았다.

이렇듯 역대정부의 지속적인 노력에도 불구하고 우리나라의 기업활동 여건은 그리 좋은 것으로 평가되지 못하고 있다. IMD가 '기업하기 좋은 아시아 국가'를 비교 평가한 보고서에서 우리나라는 12개국 중 9위를 차지하였다. 주한 미상공회의소(Amcham)도 홍콩, 싱가포르, 상하이, 도쿄와 비교해서 우리의 기업환경을 최하위로 평가하고 있다. 세계적인 경영컨설팅회사인 AT커니가 세계 1,000개 대기업 경영진에게 가장 투자하고 싶은 나라를 묻는 설문조사에서 우리나라는 18위로 나타났다. 1위인 중국은 물론 3위 멕시코, 6위 인도, 9위 브라질, 13위 체코가 우리를 앞질렀다.

우리나라의 기업환경이 나쁘다고 평가되는 이유 중 첫 번째가 노사문제이다. 조선일보가 125명의 국내거주 외국기업 CEO를 대상으로 조사한 결과에 의하면 최근 우리경제에서 가장 악화된 분야가 노사관계라는 것이 응답자의 79%였다. 그런 이유로 이들 외국기업 CEO의 70%는 한국투자를 검토 중인 다국적기업에게 이를 말리겠다고 응답했다. 매우 충격적인 일이 아닐 수 없다.

IMD는 한국의 노사관계분야 국가경쟁력을 2003년부터 2006년까지 4년 연속 61개국 중 꼴찌인 61위로 평가하고 있다. 2003년 이전에는 독일이 항상 꼴찌였는데 노무현 정부 출범 이후는 한국이 독일을 제친 것이다.

우리나라에서 노사분규가 기업경영에 큰 압박요인이 되고 있다는 사실은 몇 가지 관련통계를 통해서도 잘 알 수 있다. 예를 들어, 1998

~2000년에 근로자 1,000명 당 파업으로 인한 연평균 근로손실 일수는 우리나라가 124일로 일본의 1.4일, 독일의 1.1일보다 100배 이상이고 영국의 14.1일, 미국의 70.4일 보다도 훨씬 많다. 노사분규로 국가경쟁력이 약화되고 있다는 증거인 것이다.

이러한 상황은 노무현 정부가 출범하면서 더욱 나빠졌다. 노무현 후보는 2002년 대선에서 "한국노조는 사용자에 비해 힘이 약하다"고 말했다. 김대중 정부와 노무현 정부의 친노 노동정책의 악영향은 노사분규 자료에 잘 나타나 있다. 김영삼 정부 마지막 해인 1997년의 경우에는 노사분규 78건, 노사분규 참가자 수 4만 3,000명, 근로손실일수 44만 4,000일이었다. 그런데 이는 김대중 정부에서 증가하여 노무현 정부에 이르러 2004년에는 노사분규 발생 462건, 노사분규 참가자수 18만 4,000명, 근로손실일수 119만 8,000일을 기록하였다.

노사분규만 많은 것이 아니라 노사분규의 20% 이상이 불법파업이다. 파업시 폭력, 파괴행위, 직장점거, 조업방해, 출입문 봉쇄 등 불법행위가 잦고, 파업종료 후 임금보전, 면책요구 등의 사례가 빈번히 발생하고 있다. 이러한 관행은 노사분규가 상대적으로 많은 영국, 미국 등의 선진국에서도 상상하기 어려운 일이다. 이러한 과격한 노사분규 현장을 경험한 외국기업 CEO가 우리나라에서 철수할 것을 검토하는 것은 어쩌면 당연한 일이라 할 수 있다. 결국 노사분규는 우리나라를 기업하기 좋은 나라로 만드는 데 최대의 걸림돌이 되고 있는 것이다.

노동운동의 역사

우리나라 노사분규의 근본적인 문제는 분규가 이념갈등의 성격을 띠는 경우가 많아 정상적인 노사협상으로 해결되지 않고 과격한 행동으로 발전하여 정부의 개입을 불가피하게 한다는 데 있다. 그 원인을 알기 위해서는 먼저 우리나라 노동운동의 역사를 살펴볼 필요가 있다.

우리나라 노동운동의 시작은 일제 식민지 치하에서였다. 당시 일본 자본가와 한국 노동자 사이의 노사관계는 민족대결의 양상을 띠었으며 반민족적인 저항운동의 성격이 강하였다. 또한 당시 노동운동 지도자들은 마르크스의 계급투쟁 이론에 심취하였고 사용자를 교섭의 대상보다는 투쟁의 대상으로 인식하였다. 이러한 역사적인 배경은 해방 이후에도 우리 노동운동의 대립적 성격을 설명하는 요인이 되고 있다.

해방되면서 이들은 우리나라 최초의 노동조합인 조선노동조합 전국평의회(전평)를 결성하였고 이는 좌파성격이 강한 집단이었다. 우파정치세력의 지원을 받아 1947년 결성된 한국노총은 얼마 안 있어 그 규모와 세력 면에서 전평을 압도하였다. 그러나 한국노총은 집권 정치세력의 비호를 받아왔기 때문에 언제나 '어용'이라는 비난을 피할 수 없었다.

당시 이승만 정권은 한국노총을 통해 노동운동이 과격한 방향으로 진전되는 것을 억제하는 대신 1950년 노동조합법, 노동쟁의조정법과 함께 선진국 수준의 근로기준법을 제정하였다. 그러나 당시 우리기업의 여건은 근로기준법에 제시된 근로조건을 충족시키기 어려웠고 이는 최근까지도 많은 노사분규의 원인이 되고 있다.

1960년대 초 박정희 정권이 들어서면서 정부의 노동정책은 더욱 확실한 성격을 띠게 된다. 경제발전과 사회안정을 위해 과격한 노동운동은 공권력을 동원해서라도 억제하고 그 대신 노동기준은 가급적 근로자의 복지를 지켜주겠다는 것이었다. 이러한 노동정책의 기조는 1987년 6·29 민주화선언이 있기까지 지속되었다. 1961년 기업단위 노조를 산별 노조로 개편하였고 1962년 노동조합법을 개정하여 노조의 정치활동과 복수노조 설립을 금지하였다. 쟁위 행위의 사전 적법여부 심사를 의무화하였고 1971년 유신체제 돌입을 계기로 단체행동뿐만 아니라 단체교섭도 주무관청의 조정대상이 되었다.

1970년대 후반에는 정부의 탄압적인 노동정책에 노동자들의 반발이 표출되기 시작하였다. 1979년 YH무역 여성근로자들의 야당당사 점거사건이 그 대표적인 사례이다. 이러한 노동자의 저항은 당시 반독재투쟁과 맥을 같이 하였다.

전두환 정권에서도 기본적으로 경제우선원칙에 의해 노동조합의 활동을 억제하는 정책기조는 그대로 유지되었다. 제3자 개입을 금지하였고 노사평화유지에 도움을 주기 위해 사내 '노사위원회' 설치를 의무화하였고 산별 노조체제를 다시 기업별 체제로 전환하였다. 정부의 억압적인 노동정책에 반대하는 노동세력의 활동은 계속되었고 이들은 반독재투쟁을 하는 정치세력과 긴밀한 유대관계를 유지하면서 때로는 공동투쟁전선을 형성하기도 하였다.

1987년 6·29 민주화선언은 우리나라 노동운동사에 큰 획을 긋는 중대한 사건이었다. 6·29 선언 이후 종래의 사용자 지배적인 권위주의 노사관계는 급속하게 붕괴되었고 노동운동이 활기를 띠게 되었기 때문이다. 노동조합의 수는 6 · 29 선언 당시 2,742개에서 1989년에는 7,883개로 급증하였고 노동조합원수도 크게 늘었다. 노사분규 발생건 수도 1980년 206건에서 1987년 3,749건으로 급증하였고 이런 상태는 1989년까지 지속되었다. 그러나 1990년부터는 노사분규도 감소하였고 노동조합의 조직화도 크게 둔화되기 시작하여 노사관계도 전반적인 안정기조를 유지하였다.

이 과정에서 중요한 사건은 이른바 '민주노동운동' 진영이 1995년 민주노총을 설립하면서 제도권으로 진입하였고 한국노동운동의 중심세력으로 부상한 사실이다. 민주노총은 1996년 김영삼 정부의 노사관계개혁위원회와 1998년 김대중 정부의 노사정위원회에 대표가 참석하여 노동자 총연합단체로서의 역할을 하였다. 1997년 3월 노동법 개정으로 상급단체의 복수노조가 허용됨으로써 1999년 정부로부터 정식인가도 받게 되었다.

민주노총의 지도층은 크게 두 부류로 구성되어 있다. 한 부류는 1970년대 중반 이후 노동운동에 뛰어든 좌파성향의 대학출신 노동운동가이며, 다른 한 부류는 6 · 29 민주화선언 이후 현장근로자 가운데에서 성장한 노동조합 지도자그룹이다. 따라서 한국노총에 비해 민주노총은 좌파 이념적 성향이 강하다고 할 수 있으며 그런 의미에서 건국 초기 전평의 좌파전통이 민주노총으로 이어지게 되었다고도 할 수 있다.

우리나라 노동분야는 1997년을 전후하여 다시 한번 큰 변화를 겪게 된다. 김영삼 정부는 1996년 4월 '신 노사관계정책'을 발표하고 '노사개혁위원회'를 발족시켰다. 노사개혁위원회 건의를 바탕으로 마련한 노동관련법 개정안이 그 해 12월 말 여당 단독으로 통과되었으나 정리 해고 조항과 관련하여 노동계의 강한 반발에 부딪혀 1997년 3월 이의 시행을 2년 간 유예하는 법개정을 하게 된다. 당시 법개정에서는 노조의 정치참여 금지조항과 제3자 개입금지 규정의 삭제, 복수노조 허용 등 노동계의 요구사항이 대폭 수용됨과 동시에 변형근로시간제 도입, 2002년부터 노조전임자제도 금지 등 사용자측의 요구도 반영되었다. 그 동안 노사 당사자들은 물론 전문가들과 국제노동기구(ILO) 등이 문제점으로 지적한 사항이 대부분 법개정 과정에서 반영된 것이다.

1998년 2월 출범한 김대중 정부는 노동계, 기업계, 정부, 전문가 등으로 '노사정위원회'를 발족시켰고 노사정위원회는 시행이 유보된 정리해고제의 즉각적인 실시와 공무원의 단결권 보장에 합의를 보았다. 당시 김대중 정부는 노사정위원회를 '사회적 조합주의(societal corporatism)'에 근거하여 국가운영의 주요의제를 다루는 사회적 협의기구로 인식하였던 것이 사실이다.

그러나 노사정위원회가 설립 초기에는 정리해고제의 즉각 실시 등에 합의하는 등 순항하였으나 경제위기 상황이 해소되면서 주요 정책사항의 합의도출에 실패하였고 심지어는 민주노총이 참여를 거부하는 등 파행적인 운영을 하게 되었다. 이런 와중에서도 1999년 1월 전교조가 인정되었고 2001년에는 전임자 임금지급 금지 및 복수노조 허용 등이 5년 간 추가유예 되는 등 노동계의 요구사항을 잇따라 받아들임으로써 1997년 노동법개정 당시의 균형적 입법취지가 다소 퇴색되기도

하였다.

1987년 이후의 노사관계는 개발연대의 권위주의 저항과 신노사관계의 창출을 위한 모색의 시기였다고 할 수 있다. 무엇보다도, 노동권의 괄목할 만한 신장이 이루어졌고 노동계의 위상과 역할 역시 크게 증가하였다. 또한 노동관계법이 국제적인 규범에 맞는 방향으로 개정되는 전기도 마련되었다. 그러나 아직도 우리의 노사관계는 안정적인 상황에 이르지 못하고 있다. 합리적인 교섭문화가 정착되지 못하고 첨예한 대립관계가 지속되고 있기 때문이다.

노무현 정부 출범 후에도 공무원노조의 단체행동권이 허용되고 주5일제 근무가 법제화되는 등 노동계의 요구를 대폭 수용하는 방향으로 법제도의 개편이 이루어졌다. 노무현 정부 출범 초기에 촉발된 한국중공업, 화물연대 등의 노동쟁의 과정에서 정부가 성급하게 개입하여 노조측의 요구를 들어주는 방향으로 분쟁해결을 유도한 것이 계기가 되어 노동정책에 대한 재계의 불만이 고조되고 있다. 노사분규 과정에서 친노(親勞) 성향의 정부개입은 노조에게 노사협상에서 강경자세를 견지하게 하여 노사분규가 오히려 증가하는 결과를 초래하였다.

경직된 노동시장

OECD는 한국을 고용보호가 매우 심한 나라로 평가하고 있다. 특히, 정규직의 경우 OECD 27개국 중 두 번째로 강한 보호를 해주는 것으로 조사되고 있다. 이와 같이 정규직 보호가 강하기 때문에 많은 기업이 비정규직을 선호하게 되었고 노무현 정부는 비정규직 문제를 핵심적 정책과제로 다루었다. 2004년 5월 공공부문 비정규직 근로자 23만 4,000명 가운데 13만 7,000명을 상용직으로 전환하였고, 2006년 8월에는 '공공부문 비정규직 종합대책'을 발표하였다.

이어서 2006년 11월에는 비정규직의 차별금지, 기간제 및 단시간 근로 남용제한, 불법 파견 제재 등을 담은 비정규직 관련법을 국회에서 통과시켰다. 이 법안에 의하면 비정규직이 2년 근무하게 되면 자동적으로 정규직으로 전환된다. 이를 피하기 위해 기업들은 2년 이전에 비정규직을 해고하는 사례가 빈번히 발생하여 많은 노사분규의 새로운 불씨가 되고 있다. 결국, 노무현 정부는 정규직에 이어 비정규직마저 지나치게 보호장치를 마련함으로써 노동시장의 경직성을 더욱 높이고 기업하기 어려운 환경을 만드는 데 앞장서게 된 것이다.

세계경제 상황이 크게 바뀌고 있다. 세계화시대를 맞아 국경 없는 무한경쟁시대가 도래하였고 기업 간 경쟁도 치열해지고 있다. 혁신과 기업가정신이 경제발전의 원동력으로 인식되면서 생산기술과 생산방식의 변화 적응력은 기업사활의 중요한 변수로 작용하게 되었다.

이러한 세계경제 여건 속에서 우리경제는 매우 어려운 입장이다. 중국 등 신흥개도국들이 저임금을 바탕으로 수출증진에 국력을 집중시키고 있고, 미국 등 선진국은 첨단기술 분야에서의 우위로 비교우위 영역을 확대하고 있어 우리나라는 그야말로 샌드위치 신세가 된 것이다. 1960년대 초 이후 지속된 고성장·저실업의 시대는 막을 내렸고 이제는 우리가 열심히 노력해야 간신히 중성장·중실업의 상태를 유

지할 수 있게 되었다. 1987년 이후 지속된 민주화 과정에서 노동계의
요구사항은 거의 모두 법제화되었고 우리나라 노조는 세계 어느 나라
보다 막강한 힘을 과시하고 있다.

이런 상황에서 정부는 노동계가 약자이기 때문에 무조건 보호해야
한다는 인식에서 완전히 탈피해야 한다. 노사분쟁 과정에 정부가 개입
하여 노동계의 손을 들어줄 필요가 없는 것이다. 정부는 공정한 법 집
행자의 역할만 충실히 수행하고 분쟁사항은 노사 간에 해결하도록 해
야 할 것이다. 또한, 근로자의 지나친 보호보다는 노동시장의 유연성
을 높이는 방향으로 정책이 추진되어야 할 것이다.

과다한 정부규제

한국에서 기업하기가 어려운 두 번째 이유는 지나친 정부의 기업활
동 규제이다. 세계은행이 발표한[2] 한국의 기업활동 규제수준은 2007년
의 경우 175개국 중 30위로 전년의 23위보다 하락하였다. 아시아 주요
경쟁국인 싱가포르는 1위이고, 홍콩은 4위이며 태국도 우리보다 높은
15위다. 한국에서 가장 문제가 있는 분야는 창업부문으로 2007년 순위
는 110위로 전년보다 9계단이 떨어졌다. 중국, 인도, 베트남은 물론 동
유럽국가들과 러시아도 기업환경지표가 개선되고 있는데 한국의 상황
은 악화되고 있는 것이다.

노무현 정부는 2004년 '규제개혁기획단'을 출범시켰으나 실제로 개
선된 것은 별로 없다. 경제부처의 규제등록 건수는 2002년 7,824건에

서 2006년에는 8,084건으로 노무현 정권 기간에 오히려 증가하였다. 앞에서 언급한 세계은행의 기업활동 규제수준 국제순위도 2004년 이후 계속 23위를 유지하다가 최근에는 오히려 30위로 하락하였다. 또한, 창업에 필요한 절차가 한국은 10단계로 OECD 평균치 6단계보다 훨씬 많으며 소요시간도 한국이 17일로 OECD 평균 15일보다 많다.

우리나라에만 있는 기업규제도 많다. 그 대표적인 경우가 쟁점이 되고 있는 '출자총액제한제도' 이다. 출자는 기업고유의 전략인데 이를 법으로 규제를 하는 것은 시대착오적인 발상이다. 금융회사 보유계열사 주식의 의결권 제한도 한국에서만 있는 제도로서 이 규제가 외국기업에는 적용되지 않기 때문에 한국기업의 '역차별규제'라는 비판을 면할 길이 없다.

노무현 정부와 같은 좌파·진보정권에서 기업규제 완화가 어려운 이유는 좌파정부는 기본적으로 시장을 신뢰하지 않으며 큰 정부를 선호하기 때문이다. 그래서 좌파정권들은 선거 때에는 기업인의 지지를 얻기 위해 '기업하기 좋은 환경' 구축을 약속하지만 집권한 후에 각종 기업 규제를 오히려 확대해가는 것이 한국뿐 아니라 외국에서도 흔히 일어나는 일인 것이다. 선거 때 유권자들의 더욱 현명한 판단이 필요하다는 생각을 하지 않을 수 없다.

제9장

국가정체성의 위기

적화세력의 부상

1998년 진보세력의 집권 이후 가장 큰 변화는 대한민국의 정체성과 정통성이 집권세력에 의해 체계적으로 훼손되어가고 있다는 사실이다. 김대중 정권에서는 해방 직후 좌파 노동조합인 전평의 전통을 이어 받은 민주노총의 활동이 활성화되었고 교육분야에서는 좌파성향이 뚜렷한 전교조의 활동이 합법화되었다.

노무현 정권으로 이어지면서 민주노총과 전교조는 각각 노동과 교육분야에서 주도권을 장악하였다. 국민의 혈세로 과거사위원회와 각종 국가위원회를 좌파성향의 인사들로 구성·운영하여 '역사 뒤집기' 노력을 정부차원에서 체계적으로 추진하기에 이르렀다. 이런 와중에서 '송두율 사건', '강정구 파문' 등이 발생하였고 집권세력은 대한민국의 정통성을 부정하는 이들을 온몸을 던져 방호하는 모습을 서슴지 않았다.

김성욱[1]은 대한민국 내 적화세력의 7대 본산으로 민주주의민족통일전국연합(전국연합), 범민련 남측본부, 범청학련 남측본부와 한총련, 통일연대, 전국농민회총연맹(전농), 전교조 그리고 민주노총을 지적하고 있다.

이 중 가장 중심이 되는 조직이 전국연합이라고 한다. 1983년 설립되어 좌파운동의 기본축 역할을 해 온 민주통일민중운동연합(민통연)이 1989년 전국민족민주연합(전민련)으로 그리고 1991년에는 전국연합으로 명칭을 바꾸면서 국가보안법 철폐—주한미군 철수—연방제 통일 등을 내세워 대한민국의 기존질서를 해체하는 정책노선을 지속적으로 추구하여 왔다. 전국연합은 미군 장갑차 사건, 노무현 대통령 탄핵, 미군기지 평택 이전, 한미FTA 등 주요 현안이 있을 때마다 범국민대책위(범대위)를 조직하여 대규모 집회를 주도하여 왔다.

또한, 전국연합은 한총련, 전농 등을 부문단체로 분류하면서 필요에 따라 자신들과 생각을 같이하는 민주노동당, 민주노총, 전교조는 물론 환경운동연합 등 재야 시민단체들과 공동행동을 모색하고 있다. 전국연합 간부들은 진보정권 출범 이후 국회의원, 청와대 비서관 등 공직자로 변신하여 국정에 막강한 영향력을 행사하고 있다.

범민련 남측본부, 범청학련 남측본부 그리고 한총련 모두 전국연합과 마찬가지로 국보법 철폐—주한미군 철수—연방제 통일을 주장하는 민족해방(NL)계열 단체로 알려져 있다. 차이가 있다면 이 단체들은 사법부에서 이적(利敵)단체로 판정받을만큼 좀 더 급진적인 성격을 띠고 있다는 것이다. 이들은 한결같이 김정일을 "한국을 미국의 구속에서 해방시켜 7,000만 전체를 하나로 재결합하는 민족지도자"로 칭송하고 있다. 남한은 "날로 노동자, 농민 등 기층민중들이 살기 어려운 사회"로 묘사하면서 미국을 "우리 민족의 주권을 유린하고 죽음으로 몰아넣는 침략자"로 규정하고 있다.2)

전국연합, 한총련, 민노당, 민주노총, 전농 등 47개 단체들이 참여한 통일연대는 맥아더동상 파괴운동을 전개하였고, 2005년 9월에는 북한 조선노동당 외곽단체들과 공동으로 '미군강점 60년, 미군철수 남북해외 공동성명서'를 발표하였다.3)

전농은 표면적으로는 농산물 수입 개방을 반대하는 농민들의 이익집단형태를 띠고 있다. 그러나 이들은 전국연합과 같은 이념노선을 공유하면서 이들의 지휘 아래 여의도 전국농민대회, 홍콩 반(反)WTO 집회 등을 주도하였다. 이러한 사실은 전농의 "우리 농민이 가장 먼저 주한미군 철수, 미국 반대의 깃발을 높이 들고 투쟁의 선봉에 설 것이다", "주한미군의 철수가 통일농업 실현을 위한 사전 단계"라는 구호에서 적나라하게 드러나고 있다.4)

교원의 노동조합 형태를 띠고 있는 전교조 역시 전국연합과 노선을 같이하고 있다. "외세에 반대하여 민족 대단결을 통해 우리 역사의 주인으로 살아온 민족문화와 역사를 학습하고 교육할 것이다", "북의 핵무장은 미국의 북에 대한 군사적 도발을 근본적으로 차단할 것이다", "6·15 선언의 이행에 걸림돌이 되고 있는 주한미군 철수와 국가보안법을 철폐시키는 투쟁에 적극 나서야 한다" 등 전교조의 주장이 이러한 사실을 뒷받침하고 있다.

전교조의 문제는 이들이 다음 세대를 짊어질 어린 학생을 현장에서 가르치는 교사로 구성되어 있다는 사실이다. 전교조 교사들은 교육 현장에서 통일캠프, 통일문예 보급 등 다양한 방법을 동원하여 학생들에게 이데올로기적 '반미주의'를 가르치고 있는 것이다.

내가 2000년에 국회의원직을 사퇴하고 2년 간 모교인 스탠퍼드대학에서 연구생활을 하던 때의 일이다. 어느 날 샌프란시스코 총영사를 만났는데 그는 나에게 걱정거리를 털어 놓았다. 서울 강남의 어느 초등학교 학생들이 샌프란시스코 근교의 미국 초등학교 학생들에게 편지를 보냈고 학교측은 이를 번역해달라고 총영사관에 의뢰하였는데 그 내용을 보니 하도 기가 막혀 그대로 전해주어야 할지 고민이라는 것이다. 당시 최대 현안인 미국의 9·11 테러사건에 대해 이는 미국이 그 동안 이슬람교도들에게 잘못을 많이 하여 발생한 사건이라는 요지의 편지가 다수였기 때문이었다. 대다수 강남 학부모들이 보수성향임을 감안할 때 미국에 대한 학생들의 편향된 인식은 전교조로 대표되는 교사들의 좌파적 교육의 결과라는 생각을 하지 않을 수 없었다.

민주노총은 2006년 4월 14만 명의 전국공무원노조를 산하단체로 받아들임으로써 총조합원 80만 명의 국내 최대 노동단체가 되었다. 총조합원 78만 명의 한국노총을 제친 것이다. 민주노총은 상근자 500여 명, 전임자 2,500여 명이 있으며 연간 예산이 60억 원을 초과하는 막강한 조직이다. 민주노총은 민족해방(NL)보다 다소 온건한 민중민주(PD) 계열의 단체로 분류되나 기본노선은 다른 재야단체와 마찬가지로 친북(親北)·반미(反美)성향을 분명히 하고 있다. 민주노총은 각종 교육자료에서 "자본주의는 필연적으로 붕괴될 수밖에 없으며 새로운 경제제도로 대체될 수밖에 없다", "전쟁을 도발하는 것은 미국이며, 북의 핵무장은 미국 침략에 대응하기 위한 자위수단"이라고 주장하고 있다.[5]

1980년대 주사파운동을 하였던 북한민주화포럼 이동호 사무총장은 좌파의 활동을 다음과 같이 설명하고 있다. "좌파는 유사한 단체들을 여럿 만들어 산개전(散開戰)을 벌리다가 혁명의 대치기 또는 고양기에 달하였다고 판단될 때 대동단결하여 통일전선체를 구성하게 된다. 이때 비합법조직(지하조직)을 지도부로 하고 있는 반(半)합법조직을 합법영역으로 끌어내 새로운 지도부를 구성하고, 기존 합법조직을 강화해 이 지도부와 연결시키게 된다. 반(半)합법조직이라 할 수 있는 통일연대, 민중연대를 중심으로 '단일연합전선체'를 구성하면서, 합법영역에 있는 민주노동당을 강화시킨 후 이 두 조직을 연결시키겠다는 운동권의 주장은 혁명이론의 충실한 이행이라고 할 수 있다."[6] 이는 현 상황에 대한 상당히 설득력 있는 해석이 아닐 수 없다.

과거사위원회의 역사뒤집기

노무현 정권이 들어서면서 좌파세력은 청와대를 포함한 권력의 핵심부로 침투하였고 이들은 권력을 활용한 한국사회의 좌경화 노력을 체계적으로 진행하여 왔다. 그 대표적인 사례가 정부 주요부서에 설치된 과거사위원회와 국가인권위원회 등 각종 국가위원회의 설립 및 운영이다.

2005년 12월에 발족한 '진실·화해를 위한 과거사정리위원회'(진실·화해위)는 전국연합의 간부 출신인 송기인 신부를 위원장으로 위원들의 대다수가 좌파 성향의 인사들로 구성되어 있다. 진실·화해위는 각종 과거사위원회의 본부격으로서 한국현대사를 좌파의 시각에서 다시 쓰는 역할을 하고 있다.

송기인 위원장과 대다수의 위원들은 미군철수와 국보법 폐지를 주장하면서 송두율 석방운동에 앞장 서 온 인사들이다. 진실·화해위가 우선 조사대상으로 다루는 사건의 90% 이상이 6·25 전쟁 등 한국근대사에서 좌익들이 입은 피해를 진상·규명하는 것으로 되어 있다. 2006년의 경우 진실·화해위의 예산은 110억 원이었으며 국방부, 국정원, 경찰청 등 정부 내 각종 과거사위원회의 총예산은 1,800억 원에 달하였다.[7]

다른 과거사위원회의 인원구성과 운영형태 역시 진실·화해위와 다를 바 없다. 2004년 구성된 국정원 산하 과거사위원회의 민간위원 10명 중 9명이 국보법 폐지 및 송두율 석방운동을 벌여 온 인물들이다. 국무총리 직속의 '동학농민혁명참여자명예회복위원회' 역시 참여한 사학자 중 상당수가 반미·친북 성향의 인사들이다.

이외에도 '국가인권위원회'는 국가보안법 폐지 권고안을 발표하고 이라크인의 인권문제를 들어 이라크 전쟁 반대입장을 표명하면서 북한의 인권문제에는 침묵을 유지하는 이중적인 행태를 보이고 있다. '민주화보상심의위원회'는 대한민국 체제를 부정하는 인사들을 '민주화운동 관련자'로 분류하는가 하면, 1979년 검거된 공산혁명 조직을 민주화운동으로 인정하기도 하였다.[8]

해방전후사의 조직적 왜곡

지난 10년 동안 좌파정권의 집권은 대한민국의 정통성은 부정하면서 북한정권의 정통성은 오히려 옹호하는 세력들에게 자신들의 왜곡된 역사관을 국가정책으로 채택하게 하고 이를 어린 학생들을 가르치는 교과서에 반영시키는 기회를 마련해 주었다. 좌파인사의 교과서라고 할 수 있는 1979년에 발간된 '해방전후사의 인식'[9]에 표출된 편향된 소수지식인의 역사인식이 이제는 대한민국 집권세력의 지배 이데올로기가 된 것이다. 정말로 기가 찬 일이 아닐 수 없다.

최근 좌파 지식인들의 편향된 역사관을 비판하는 우파 지식인 이영훈[10]은 이 좌파민족주의자들의 주장을 다음과 같이 요약하고 있다. "첫째, 한국사회는 미국제국주의 지배하의 식민지이다. 둘째, 남한에서 자본주의가 발달했다고 하나 민족분열이 고정화되고 자립적 민족경제의 기본이 파괴되었다면 반(半)봉건상태를 벗어났다고 할 수 없다. 셋째, 이러한 남한 사회의 변혁을 위해서는 '민족 전체적' 시각이 요구된다. 즉, 제국주의 지배에서 벗어난 '민주기지'인 북한으로부터 변혁역량을 적절히 고려할 필요가 있다. 넷째, 이 점은 남한 사회의 변혁운동이 한국전쟁을 전후한 혁명운동의 전통 위에 있음을 의미한다. 다섯째, 이에 북한 사회주의의 건설과정의 철학적 기초가 된 주체사상을 남한 변혁을 위한 사상적 기초로 삼아야 한다. 여섯째, 이러한 역사적 전제에서 남한에서의 변혁운동은 프롤레타리아트 독재의 제1단계로서 노동계급의 헤게모니가 관철되는 '인민민주주의혁명' 이다."

이에 더해 이영훈은 해방 전후사를 다음과 같은 시각에서 재인식해야 한다고 주장하고 있다. "첫째는 해방전후사의 전반을 차지하고 있는 식민지 시기를 조선의 전통문명과 일본을 통해 들어온 서유럽 기원의 근대문명이 상호 융합하는 시대로, 지금까지도 이어지고 있는 그 과정의 초기단계로 조망할 필요가 있다." "둘째는 해방, 점령, 분단, 건국, 전쟁, 복구, 한미동맹, 4·19로까지 가파르게 전개된 해방전후사의 후반을 나라 세우기의 관점에서 이해하고 평가할 필요가 있다."

대한민국의 정통성을 그 뿌리째 흔들어 놓은 김대중 정권과 노무현 정권 모두 국민의 자유선거에 의해 집권하였다. 그러나 당시 국민들은 자신들이 어떠한 선택을 하는지 잘 모르는 상황에서 투표에 참여하였다. 1997년 대선에서 김대중 후보는 자신의 '좌파 성향'을 숨기기 위해 당시 보수세력의 상징적 인물인 김종필 총재, 박태준 회장 등과 정치적 연대를 구사하였고 선거전에서도 자신의 좌파 성향을 철저히 숨겼다.

2002년 대선에서도 노무현 후보는 한국자본주의의 대표적 인사라 할 수 있는 정몽준 의원과 연대를 하였고 1997년 대선에서와 같이 자신의 좌파 성향을 완벽하게 감추었다. 노무현 후보의 경제공약은 고도 경제성장을 이루고 한국을 동아시아 허브로 발전시켜나간다는 전형적인 보수성향의 정책들로 도배하였다. 김대중 후보는 집권 후 자신의 대표적 정책으로 추진한 '햇볕정책'을 선거기간 중에는 전면에 내세우지 않았고 노무현 후보 역시 집권 후 자신의 대표적 정책인 '역사 다시 쓰기'를 언급조차 하지 않았다.

후보와 정당이 집권 후 추진할 정책들을 분명히 국민에게 알리고 국민들은 이를 바탕으로 정치적 선택을 하는 선진국과는 너무나 다른 모습이 아닐 수 없다. 2007년 대선에서도 비슷한 현상이 일어나고 있다. 후보가 자신의 정책을 국민들에게 알리기보다는 상대방 후보의 약점 캐내기에 열중하는 모습을 보면서 우리는 언제나 제대로 된 민주주의를 할 수 있을 것인지 하는 의구심을 갖지 않을 수 없다.

제10장

무너지는 한미동맹

한미동맹은 한국외교의 기본축

남과 북이 대치하는 상황에서 한미동맹이 대한민국 안보에 기초가 된다는 사실은 전문가가 아니더라도 쉽게 알 수 있다. 미군은 6 · 25 전쟁에 참여하여 대한민국을 공산화의 위협으로부터 보호해 주었고 1953년 10월 한미 간 '상호방위협정' 체결 이후 상당 규모의 미군이 한국에 주둔함으로써 한반도에서 전쟁을 억지하는 역할을 충실히 수행하여 왔다. 그 결과 한국은 국방비를 적정수준에서 유지하면서 1960년대 이후에는 경제개발에 전념하여 눈부신 경제성장을 이룩할 수 있었다.

한미동맹 체결 50여 년 후인 현재의 시점에서도 주한미군으로 상징되는 한미동맹관계는 '대북억지력'을 확보하는 기본적인 수단이 되고 있다. 첨단기술과 장비로 무장된 주한미군의 정보수집 능력과 공군 및 해군력은 한국군의 전투능력을 상호 보완하는 역할을 충실히 수행하고 있다. 특히, 소련의 붕괴와 디지털 첨단기술의 등장으로 미국의 군사력이 전세계를 압도하고 있는 현재의 상황에서 대한민국이 세계 유일의 초강대국으로 부상한 미국과 군사적 동맹관계를 유지한다는 것은 미사일과 핵무기로 대한민국과 미국을 상대로 벼랑 끝 외교를 전개하고 있는 북한에 대한 매우 효율적인 방어수단이 되고 있다.

국제관계 전문가들은 이구동성으로 "미국 중심의 단극(單極)체제는 당분간 지속될 것이며, 다른 국가들은 미국의 지도력에 따를 수밖에 없음을 강조한다.[1] 미국의 단극체제에서 세계질서는 안정적으로 유지될 것으로 전망된다. 특히, 미국은 국제문제를 해결함에 있어 책임 및 비용분담을 강조함으로써, 과거의 패권국가들과 같이 과도한 공공재 지출로 인한 패권의 쇠퇴도 기대하기 어려울 것"[2]이라는 것이 전문가의 공통된 의견이다.

세계 각국의 국력을 예측하여 세계 패권국가의 변천을 전망한 이대우의 연구결과[3] 역시 2020년까지 미국의 패권에 도전할 수 있는 국가는 없는 것으로 분석하고 있다. 뿐만 아니라, 2020년 한국의 국력은 미국의 10.4%, 중국의 16.4%, 일본의 29.3%로 추정되어 한국이 미국을 비롯한 주변 강대국과 국력 및 군사력면에서 결코 동등할 수 없음을 보여주고 있다.

이를 바탕으로 이대우는 "적어도 2020년까지 중국이 미국에 도전할 가능성이 매우 낮은 상황에서 한미동맹을 약화시키고 독자적인 외교노선을 걷는 것은 지혜롭지 못하다고 판단된다. 중·일 갈등의 틈에서 한미동맹에 편승하여 중국과 일본의 지역패권국 등장을 동시에 억제하는 것이 전략적 선택이라고 판단된다"는 결론을 내리고 있다.

김대중 정권은 대외적으로는 한미동맹을 강조하였다. 그러나 햇볕정책으로 요약되는 대북 유화정책을 추진함으로써 대북 강경정책을 고집한 미국의 부시 행정부와 심각한 갈등을 초래한 것이 사실이다. 그래도 김대중 정권 기간에는 미국과의 동맹관계가 무너지지 않도록 하는 노력을 경주했다고 할 수 있다. 이는 김대중 대통령이 오랜 경험을 통해 미국의 중요성을 나름대로 인지하고 있었기 때문으로 판단된다.

위험한 균형자역할론

그러나 노무현 정권이 출범하면서 한미동맹을 기본축으로 하는 대한민국의 외교전략은 그 근본부터 흔들리기 시작하였다. 선거기간에도 미국에 가본 적이 없다는 사실을 강조한 노무현 후보는 급기야 미군 장갑차 사건을 계기로 촛불집회 등을 통해 국민의 반미감정을 자극하였고 이에 힘입어 대선을 승리로 이끌었다. 이러한 노무현 대통령이 집권 후 외교정책을 한미동맹을 무너뜨리는 방향으로 전개한 것은 어쩌면 당연한 일인지도 모르겠다.

노무현 대통령은 2005년 3월 육군3사관학교 졸업식 연설에서 "이제 우리는 한반도뿐만 아니라 동북아시아의 평화와 번영을 위한 균형자 역할을 해나갈 것"이라며, "따질 것은 따지고 협력할 것은 협력하면서 주권국가로서의 당연한 권한과 책임을 다해 나가고자 한다"고 밝혔다. 그는 이어 "앞으로 우리가 어떤 선택을 하느냐에 따라 동북아의 세력판도는 달라질 것"이라고 선언하였다.

이는 그 동안 한미동맹을 바탕으로 긴밀한 한·미·일 공조체제를 유지하고 이와 병행하여 중국 및 러시아와 경제 등의 분야에서 협력관계를 유지한다는 종래 한국의 외교노선을 근본적으로 수정해 보겠다는 선언인 것이다. 그간의 한·미·일 남방 3각동맹과 북·중·러 북방 3각동맹 구도에서 벗어나 한국이 미·일 남방동맹과 중·러 북방동맹 사이에서 중간자 역할을 하겠다는 것이다.

이러한 노무현 대통령의 선언은 외교정책상 심각한 문제를 야기하게 된다. 우선, 한국이 무슨 이유에서 자유민주주의와 시장경제를 기본으로 하는 남방동맹에서 벗어나려고 하는지 그 이유를 알 수 없다. 세계화와 디지털혁명의 결과 자유시장경제가 전세계적 이데올로기로 확산되고 있는 현상황에서 대한민국이 이로부터 벗어나려고 하는 것은 자살행위나 마찬가지이기 때문이다. 또한, 앞에서 지적한 대로 미국의 패권이 앞으로 상당기간 유지될 것이 확실한 상황에서 미국과의 동맹을 우리가 앞장 서 무너뜨리려는 것은 결코 대한민국의 국익에 도움이 될 수 없다. 결국, 노무현 대통령의 '동북아 균형자' 선언은 이론적으로나 국익 측면에서나 잘못된 것이 분명한 것이다.

이에 더해, '균형자 역할'은 우리가 일방적으로 선언해서 될 수 있

는 것이 아니라 타국에서 인정해야 가능한 것이다. 뿐만 아니라 대한
민국이 우리보다 국력이 훨씬 강한 미국·일본과 중국·러시아 사이
에서 균형자 역할을 담당한다는 것은 현실적으로 불가능한 일이다. 한
국이 굳이 균형자 역할을 한다고 하면 미국과 중국 사이에서가 아니라
동아시아에서 지역적 패권을 경쟁하는 일본과 중국 사이에서 균형자
역할을 하는 것이 바람직할 것이다. 그러나 이 역시 한미동맹이 굳건
해야만 한국이 미국의 힘을 빌려 일본과 중국의 균형자 역할을 할 수
있지 한국 혼자만의 힘으로는 불가능한 일이다.

　결국, 노무현 대통령의 균형자 선언은 미국에게 한국이 한미동맹
에서 벗어나려 한다는 인상을 갖게 하였고 일본, 중국, 러시아에게는
한국이 국제정치의 기본도 모르는 풋내기라는 생각을 갖게 한 것이다.

미국의 신(新)동맹론과 전시작전권 이양

　한미동맹관계에 악영향을 미친 두 번째 사건은 노무현 정부의 전
시작전권 한국군 이양요구이다.

　한미동맹은 전형적인 비대칭동맹이다. 비대칭동맹은 강대국과 약
소국 간의 동맹관계에서 나타나는 것으로 불평등한 의무와 기대를 수
반하는 것이 특징이다. 한미동맹의 경우, 한국은 이로부터 안보이익을
확보하는 반면, 그 대가로 우리의 대외적인 정치·군사적 자율성이 감
소되는 것을 감수해야 한다. 노무현 대통령은 2005년 9월 전시작전권
을 분리하여 한국군의 작전권은 한국에 돌려주어야 한다는 요구를 미

국에 전달하였다. 미국은 한국이 원하면 한국군의 전시작전권을 언제라도 한국에 돌려주겠다고 하였고 한미군사 당국은 2012년 4월까지 이를 추진하기로 2006년 7월 합의하였다.

언뜻 한국군의 전시작전권은 당연히 한국에 있어야 한다고 생각할 수 있으나 좀 더 깊게 헤아려 보면 한국군의 작전권 이양은 한미연합사의 실제적 해체를 의미하며 이는 전시 군사력의 심대한 약화를 가져올 것이다. 예를 들어, 제2차 세계대전에서 독일의 나치정권을 무너뜨리려는 연합군의 작전권이 미국과 영국으로 양분되었다면 연합군이 과연 전쟁을 효율적으로 수행하여 최종 승리를 쟁취할 수 있었겠는가? 작전권이 나라별로 분산된 상태에서 연합군의 승리는 매우 어려웠을 것이다.

그럼에도 불구하고 한국은 왜 이 문제를 제기했고 미국은 왜 그 요구를 수용했을까? 전자에 대한 답은 노무현 정권의 좌파성향이다. 이들은 대한민국의 국익보다는 미국의 지배로부터 벗어나야 한다는 좌파 이데올로기의 함정에서 벗어나지 못하고 있으며 이를 겁 없이 국정운영에 반영하고 있는 것이다. 미국이 한국의 요구를 들어준 것은 한편으로는 이를 거절하여 한국 내에서 반미감정을 야기하는 것을 피하고, 다른 한편으로는 이를 계기로 미국에 우호적이지 않은 한국으로부터 떠나려는 생각이 있기 때문이다.

대다수의 한국인들은 미국이 한미동맹을 맺은 것은 이것이 미국의 국익에 절실히 필요하기 때문이라고 생각한다. 물론 미국이 한미동맹이 자신의 국익에 도움이 된다고 생각하고 있지만 한미동맹이 미국의 생존에 절대적으로 필요한 요소는 아니라는 것이 미국의 시각이다. 실제로 지난 1세기 간 한미관계를 살펴보면 미국은 한국에 큰 관심을 갖고 있지 않다는 사실을 발견할 수 있다.

1892년 5월 조선과 미국은 수호통상조약을 체결하였으나 미국은 조선과의 양자관계에 별 관심이 없었다. 오히려 미국은 일본과 1905년 비밀리에 맺은 합의각서를 통해 미국의 필리핀 침략인정과 일본의 대한제국에 대한 종주권 인정을 교환하였다. 그 후 제2차 세계대전에서 승리한 미국은 일본의 항복문제 처리를 위해 한반도 문제에 개입하게 되었다. 이때 소련은 자신도 승전국이라는 명분을 내세워 일본을 미국과 같이 분할점령하자고 제안했으나 일본의 중요성을 인식한 미국은 이를 거절하고 그 대신 38선으로 한반도를 분할점령하기로 소련과 합의하였다.

그 후에도 미국은 아시아정책에서 일본과 중국에 초점을 두면서 1949년 6월 소수의 군사고문단을 제외하고 미군을 한반도로부터 철수시켰다. 이에 더해, 1950년 1월에는 에치슨 국무장관이 "한국은 미국의 방위선 밖에 있다"는 발언을 하여 북한과 소련에게 남침을 하여도 미국이 참전하지 않을 것이라는 착각을 하게 하였다. 결국, 미국의 한반도 무관심은 일본의 식민지 통치는 물론 해방 후 분단과 6·25 전쟁을 촉발하는 결과마저 초래한 것이다.

그러나 6·25 전쟁은 미국에게 한반도의 중요성을 새롭게 인식시키는 계기가 되었으며 그 결과 한미동맹관계도 형성되었다. 한미동맹관계가 확립된 이후에도 미국은 냉전체제가 다소 완화될 때마다 주한

미군의 감축을 지속적으로 추진하여 왔다. 현재는 북한의 핵개발로 한반도에서 군사적 긴장감이 고조되어 있기 때문에 주한미군의 철수를 고려하지 않고 있으나 북한 핵문제가 어느 정도 해결되면 미국은 언제든지 한국에서 군대를 철수할 준비가 되어 있다고 보아야 할 것이다.

미국은 소련과의 냉전에서 승리한 이후 군사전략 전반에서의 변환을 모색하고 있으며 이는 동맹전략과 외교관계의 변환으로 이어지고 있다. 군사변환전략의 핵심은 디지털시대를 맞아 '머물며 싸우는 것이 아니라 싸우기 위해 움직인다'는 원칙을 적용하여 더욱 신축적인 해외주둔군의 재배치계획을 수립하는 것이다.

동맹전략에도 동맹상대국의 선정기준으로 미국의 해외주둔군을 원하고 이들을 대접해줌은 물론 이들을 자유롭게 이동·배치하는 것을 도와주는 국가를 우선하고 있다. 이런 기준에서 보면, 반미감정이 팽배하고 전시작전권을 돌려달라고 요구하는 한국은 동맹국 선정 우선순위에서 밀리지 않을 수 없다. 미국이 한국의 전시작전권 환수요구에 흔쾌히 응한 것은 한국이 원치 않으면 한미동맹관계를 적절한 시점에서 청산해도 괜찮다는 의사표명이라고 할 수 있다.

이는 한미동맹이 안보의 기본축이 되어야 하는 한국의 입장에서는 매우 심각한 일이 아닐 수 없다. 그러나 친북·반미를 주장해 온 좌파정권은 대한민국의 국익에 정면으로 배치되는 한미동맹의 붕괴를 오히려 촉진하는 조치를 체계적으로 취해 온 것이다.

한미 갈등의 원인

지난 반세기 동안 나름대로 순조롭게 유지되어 온 한미동맹관계가 실질적으로 붕괴되기 시작한 것은 김대중 정권이 추진한 대북 유화정책에 대한 한미 간 심각한 시각 차이에서 비롯한다는 것이 미국측 전문가들의 공통된 의견이다. 예를 들어, 미국기업연구소(AEI)의 에버스타트 연구위원은 "한미동맹의 심각성은 햇볕정책에서 시작됐고 그것을 계승한 현정부로 이어졌다"고 하였고, 핼핀 미의회 전문위원은 "북한이 느끼는 위협만 정당하고 9·11 테러 후 미국이 느끼는 위협을 인정하지 않는다면 동맹의 미래를 재고할 수밖에 없다"고 말하고 있다.

미국은 북한의 김정일 정권을 기본적으로 '불량정권'으로 보고 이러한 정권은 궁극적으로 붕괴되는 것이 바람직하다고 생각하고 있다. 그러나 김대중, 노무현으로 이어지는 한국의 좌파정권은 북한의 김정일 정권을 '가까운 동지'로 간주하고 이를 경제적 그리고 정치적으로 도와주어 붕괴되지 않도록 최선을 다해야 한다고 생각한다. 이와 같이 한국과 미국 정부의 대북시각이 정반대이기 때문에 대북정책에 관해 계속 이견을 보일 수밖에 없는 것이다.

정부가 큰 영향력을 미치는 공중파 방송매체는 대북정책에 대한 한미 간의 이견을 국민들의 반미감정을 촉발시키는 계기로 활용하여 왔다. 그 결과, 한국에서 좌파정권이 집권한 이후 한국인의 반미감정은 계속 고조되어 온 것으로 나타나고 있다. 어느 외국전문기관의 조사⁴⁾결과에 의하면 미국에 긍정적인 비율은 한국이 53%로 필리핀의

90%, 일본 72%, 베트남 71%보다 현저히 낮다. 미국의 도움으로 6·25 전쟁에서 공산화를 막았고 그 후 눈부신 경제발전을 이룩한 한국이 오랫동안 미국과 전쟁을 치른 베트남보다 반미감정이 높다는 것은 쉽게 이해하기 어려운 대목이 아닐 수 없다.

한국에서의 반미감정은 종교적인 문제가 주원인인 중동국가와는 달리 별다른 객관적 이유를 찾기 어렵다는 특징이 있다. 예를 들어, 기독교는 한국에서 대표적인 종교로 성장하고 있으며 영어를 포함한 미국문화는 아무런 거부감 없이 한국인에게 급속히 확산되고 있다. 자유민주주의와 시장자본주의 역시 한국에서 정치 및 경제부문에서 지배적 가치관으로 정착되었으며 한국기업은 미국이 주도하는 세계화 과정에 적극 참여하여 IT부문 등에서 눈부신 성과를 거두고 있다.

결국 한국에서의 반미감정은 정치적 이유에 기인하는 것이다. 민주화 이전 좌파 세력들은 미국이 마치 한국에서 독재정권을 비호하는 것 같이 매도하여 반미감정을 조장하였다. 민주화 이후에는 미국의 패권주의에 저항하는 형태로 반미감정이 좌파세력들에 의해 조직적으로 확산되고 있다. 2002년 대선 직전에 발생한 '미군 장갑차 사건'이 그 대표적인 사례라 할 수 있으며 최근에는 한미 FTA 반대투쟁 역시 반미감정을 촉발시키는 기회로 활용되고 있다.

결론적으로, 한국에서의 반미감정은 좌파세력에 의한 의도적인 노력의 결과라고 할 수 있다. 공중파 방송매체가 좌파의 손아귀로 들어간 지난 10년 간 한국에서 반미감정이 고조된 것은 국민이 좌파세력의 집권을 허용한 것에 대한 당연한 결과인 것이다.

제11장

좌파세력의 수장 김대중 대통령

김대중 대통령의 대북관

대한민국에서 좌파의 수장이 김대중 대통령이라는 사실에 이의를 다는 사람은 별로 없을 것 같다. 김대중 대통령은 야당정치인 시절에는 언제나 '색깔 논쟁'에서 자유스럽지 못하였다. 이에서 벗어나기 위해 1997년 대선에서 보수인사인 김종필 총재와 연대를 구축하였고 선거 과정에서도 자신의 진보성향을 감추기 위해 최선을 다하였다.

집권 직후에는 사상 초유의 외환위기를 맞아 경제정책의 주도권이 IMF로 넘어갔고 그 결과 IMF가 건의한 신자유주의적 경제구조조정정책을 추진하지 않을 수 없었다. 그래서 김대중 정권 기간에 추진된 경제정책은 진보보다는 보수성향이 강하였고 외환위기를 조기에 졸업하는 등 그 성과도 국제적으로 인정받는 수준이 되었다.

그러나 김대중 대통령의 진보성향은 '햇볕정책'으로 집약되는 대북정책과 의료보험 등 사회정책에 그대로 반영되었다. 그 중에서도 반미·친북 좌파세력의 강력한 지지를 받았으나 보수세력으로부터 강한 거부감을 불러일으킨 햇볕정책은 대한민국의 정책이 자신의 정체성을 스스로 훼손하는 반면, 북한 정권의 도덕성과 정당성은 오히려 높여주는 방향으로 선회하는 전환점이 되었다.

김대중 대통령은 오래 전부터 분명한 대북관을 갖고 있는 정치인이다. 냉전체제가 한반도를 지배하던 시대인 1971년에 김대중 대통령은 북한과 단순한 협력이 아닌 하나의 국가로 통합을 목표로 하는 '3단계 통일론'을 제창한 바 있다. 그의 3단계 통일론은 남북연합의 1단계, 연방정부의 2단계 그리고 완전통일의 3단계로 구성되어 있다. 이는 언뜻 보면 북한이 줄기차게 주장한 '고려민주연방공화국(고려연방) 통일방안'과 노태우 대통령이 제시한 '한민족공동체 통일방안'의 중간적 형태를 띠고 있다고 할 수 있다.

한민족공동체 통일방안은 교류와 협력의 1단계와 남북연합의 2단계를 거쳐 완전통일의 3단계로 진입한다. 여기에서 핵심인 남북연합은 남북한의 정상이 정례적으로 만나는 남북정상회의가 중심이 되어 정상회의에서 합의된 사항이 남북각료회의에서 구체화되는 형태를 띠고 있다. 이외에도 남북연합의 대의기구로 100명 내외로 쌍방을 대표하는 동수의 국회의원으로 남북평의회를 구성하고 남북연합의 실무적 업무를 담당하는 공동사무처를 설치한다는 것이다.

반면, 북한의 고려연방 통일방안은 남과 북이 같은 수의 대표들과 적당한 수의 해외동포 대표들로 최고민족연방회의를 구성하고 그 밑에 연방상설위원회를 조직하여 남과 북의 지역 정부들을 지도하고 국가의 전반적인 사업을 관할하도록 되어 있다. 이와 동시에 남북연합군을 구성하여 조국의 방위문제를 다룬다는 것이다. 북한은 고려연방의 전제조건으로 남한의 민주화, 반공법 및 국보법 폐지 그리고 주한 미군의 철수를 주장하여 왔다. [1)]

　　남한의 통일방안이 교류와 협력을 상당 기간 한 후 정치적 통합을 모색해 보자는 것인데 반해, 북한은 정치적 통합을 먼저 한 후 각종 교류를 하자는 것으로 그 추진 방법이 전혀 다르다. 남한은 상당기간 교류와 협력이 이루어지면 북한사회가 개방되어 궁극적으로 자유민주주의 시장경제 체제로 통일이 이루어질 수 있을 것이라는 생각이다. 반면, 북한은 주한 미군 철수, 보안법 철폐 등을 통해 남한의 보수세력을 무력화시킨 후 북한식의 적화통일을 추진하겠다는 복안인 것이다. 이와 같이 통일국가의 형태와 그 과정의 구상이 전혀 다르기 때문에 남북한 간 통일논의는 김대중 정권 출범 이전까지는 별 진전을 보지 못하였다.

　　김대중 대통령의 3단계 통일방안은 교류·협력의 1단계 없이 남북연합의 정치적 통합을 추진하여 이를 연방정부의 2단계, 완전통일의 3단계로 발전시키자는 것으로 그 접근방식이 노태우 대통령의 한민족공동체 통일방안보다는 북한의 고려연방제 통일방안에 더 가깝다고 할 수 있다. 2000년 6월 남북정상회담에서 김대중 대통령과 김정일 위원장이 '낮은 단계의 연방제' 안에 합의한 것은 김대중 대통령과 김정일 위원장의 통일에 대한 시각이 크게 다르지 않기 때문인 것이다. 사실 북한은 남북정상회담에서 합의한 낮은 단계의 연방제 안은 하나의 민족, 하나의 국가, 두 개 제도, 두 개 정부의 원칙에 기초한 북한의 연방제 통일안과 거의 같은 것으로 해석하고 있다.[2]

김대중 대통령은 남북정상회담 5주년을 기념하는 행사에 참석하여 이제는 남과 북이 정치적으로 연합을 선언하는 것을 추진할 필요가 있다는 발언을 한 바 있다. 또한, 김대중 정권 후반에 이르러 당시 여당이었던 국민회의 의원들이 통일헌법의 연구를 활발히 진행시켰으며 대선을 불과 1~2년 앞둔 시점에서 주요 보수 언론사 사주를 구속시키기도 하였다.

나는 이를 지켜보면서 김대중 대통령이 김정일 위원장과 정상회담을 다시 한번 추진하여 남북연합에 합의하고 새로운 통일헌법을 마련하는 구상을 하고 있다는 생각을 한 적이 있다. 그러나 김대중 대통령의 이러한 야심찬 구상은 미국에서 보수 성향이 강한 부시 정권이 출범하면서 미국의 대북정책 기조가 강경으로 선회하였고 김대중 대통령의 햇볕정책에 제동을 걸면서 무산되었다.

김대중 대통령과 좌파 진보세력들이 가까운 시일 내에 남북연합 또는 낮은 단계의 연방 형태의 남북 간 정치적 통합을 구상하고 있다면 이들이 생각하고 있는 통일한국의 정치체제는 무엇일 것인가 궁금해하지 않을 수 없다. 북한이 자유민주주의 시장경제체제를 수용할 수 없고 그렇다고 한국이 북한의 공산주의를 받아들일 수 없다는 현실을 감안할 때 좌파세력이 구상하는 통일한국은 아마도 서구형의 사회주의 모델일 수도 있다. 현재 남한과 북한의 중간지대에서 통일한국의 정치체제가 결정되어야 한다는 생각일 것이다.

그러나 이 역시 현실성이 없기는 마찬가지이다. 주체사상과 선군(先軍)정치로 정치적 생명을 간신히 유지하고 있는 북한의 김정일 정권이 오랜 민주주의 경험을 바탕으로 발전된 서유럽의 사회주의 모델을 통일한국의 정치체제로 받아들일 수 없기 때문이다. 또한, 서유럽식 사회주의는 경제효율성 측면에서 이미 실패한 체제로 평가받고 있는 현상황에서 이를 통일한국의 모델로 삼을 이유가 없다.

지난 몇십 년 간 분단국가가 통일을 한 경우 두 개 체제 중 하나로 통일이 되었지 그 중간 형태로 통일이 된 경우는 하나도 없었다. 예를 들어, 독일은 서독의 자유시장경제체제로 동독이 흡수통일되었고, 베트남은 북베트남의 공산주의 체제로 남베트남이 무력통일되었다. 예멘은 처음에는 국가정상 간에 합의가 이루어졌으나 지켜지지 않아 결국 군사력에 의해 사회주의 체제의 남예멘이 자유시장경제체제의 북예멘으로 흡수되었다.[3]

실패한 햇볕정책

김대중 대통령의 햇볕정책은 강풍보다는 따뜻한 햇볕이 외투를 벗기는 데 더 효과적이라는 이솝우화에 논리적 근거를 두고 있다. 그러나 이제까지의 실적을 살펴보면 한국의 '퍼주기식' 대북지원에도 불구하고 북한은 외투를 벗기는커녕 체제붕괴를 막기 위해 외투의 깃을 더욱 세우고 있다. 북한의 인권침해 상황은 날로 악화되고 있으며 경제분야에서 중국식 개방정책도 추진되지 않고 있다. 오히려 한국이 햇볕정책을 추진하면서 북한에 대한 경각심이 낮아져 군사분야에서 주적(主敵)개념이 무너지는 등 우리 스스로 외투를 벗어버리는 기현상이 일어나고 있다.

김대중 대통령의 햇볕정책은 기본전제는 물론 추진방법과 추진결과 측면에서 완전히 실패한 정책이다.[4] 햇볕정책은 유럽통합의 기초를 이룬 기능주의에 그 이론적 근거를 두고 있다. 그러나 정치적으로 쉬운 부문부터 협력을 시작하자는 기능주의는 정치체제가 같은 유럽 국가들에게 적용가능한 이론으로 남한과 북한과 같이 서로 양립할 수 없는 정치체제를 가진 국가들 간에는 적용되지 않는다는 것이 전문가들의 공통된 견해이다.[5]

특히, 북한과 같은 전체주의 국가의 경우 햇볕정책과 같은 유화정책이 아무런 효과가 없다는 것이 역사적 교훈이다. 영국의 유화정책이 나치 독일을 더욱 강력하게 만들었으며 결국 연합군에 의한 군사작전으로 나치 독일을 무너뜨렸다. 공산주의 소련 역시 유화정책이 아니라 레이건 대통령의 강경정책으로 무너졌다는 사실이 이를 잘 입증해주고 있다. 외교는 힘의 바탕 위에서만 가능하다는 진리가 햇볕정책에도 그대로 적용되는 것이다.

추진방법에도 햇볕정책은 문제가 많다. 우선 햇볕정책에는 채찍이 없다. 상호주의가 전혀 적용되지 않는 햇볕정책으로는 북한의 변화를 유도할 수 없다. 서독은 동독에 경제지원을 하는 경우 동독시민의 서독방문을 허용해야 한다는 등의 개방정책의 추진을 지원조건으로 제시하였고 이를 관철시켰다. 그 결과 많은 동독국민이 서독의 경제사회 발전상을 알게 되었고 이는 서독이 동독을 흡수통일할 수 있었던 기본 여건이 되었다. 그러나 한국의 햇볕정책은 엄청난 규모의 경제지원을 하고도 북한측에 아무 것도 요구하지 않기 때문에 북한이 자신의 체제유지에 걸림돌이 되는 개방조치를 취하지 않는 결과를 가져왔다.

추진성과 측면에서도 햇볕정책은 북한의 개혁·개방을 유도하지 못함은 물론이고 군사적 긴장도 완화하지 못하였다. 오히려 북한은 핵실험을 강행하여 한반도에서 새로운 긴장을 조성하였다. 햇볕정책의 가장 큰 부작용은 이로 인해 한국 내에서 좌파와 우파 간의 갈등이 고조되고 있으며 대북정책의 추진목표와 방법상의 이견으로 인해 한국 안보의 기본이라 할 수 있는 한미동맹관계마저 붕괴의 위기로 치닫고 있는 것이다. 북한을 개혁·개방의 길로 유도하려는 햇볕정책의 목표는 달성하지 못한 채 이로 인한 부작용만 양산되고 있는 실정인 것이다.

결국, 햇볕정책은 이 땅에 친북 좌파세력에게 활동명분을 제공해주고 북한 김정일 정권의 수명연장은 물론 핵실험 등으로 국제사회에서 영향력을 높여준 반면, 한국 내 우파세력은 정부를 불신하고 그로 인해 남남갈등이 유발되고 한국사회의 응집력을 크게 떨어뜨렸다. 또한, 한미동맹의 약화, 한미일 공조체제의 붕괴 등으로 안보측면에서의 국력도 크게 저하시키는 결과를 초래하였다. 이러한 결과의 책임은 좌파세력의 수장으로 햇볕정책을 몰아부친 김대중 대통령이 져야 할 것이다.

김대중 대통령의 정체

　김대중 대통령이 한국의 국력에 치명적 타격을 주면서 북한의 김정일 정권의 대내외적 영향력만 높여주는 햇볕정책의 정당성을 지금도 고집하는 이유는 한국의 좌파세력이 보안법 폐지―주한미군 철수―연방제 추진 등에 있어 친북·반미성향을 보이는 것과 맥을 같이 한다고 생각한다. 비록 김대중 대통령이 자신이 야당 정치인 시절 미국의 도움을 많이 받았기 때문에 표면적으로는 친미적인 입장을 견지하나 실제로는 다른 좌파인사들처럼 결정적인 순간에는 반미적 태도를 갖고 있다는 것을 의미한다.

　실제로 2006년 10월 북한이 핵실험을 강행하였을 때 노무현 대통령은 10월 9일 오후 기자회견에서 "한국정부도 이 마당에 와서 포용정책을 계속해서 주장하기는 어려운 문제 아니겠습니까? 효율성이 더 있다고 주장하기도 어렵지 않겠습니까? 이와 같은 상황에도 불구하고 지난 날처럼 모든 것을 인내하고 양보하고 북한이 어떤 일을 하든 간에 다 수용하고, 이렇게는 해나갈 수 없게 된 것 아닙니까?"라고 말하면서 대북정책 노선의 수정을 시사하였다.

　그러나 김대중 대통령은 10월 11일 전남대 강의에서 "북한의 핵보유를 악의적으로 무시하고, 압박과 경제제재를 계속하면 북한의 도발을 조장하는 결과가 될 것입니다. 대북 포용정책을 그만두어야 한다는 해괴한 이론이 돌아다닙니다. 북한 핵실험의 이유는 햇볕정책이 아닌 미국이 못살게 굴고 길을 열어 주지 않고 있기 때문입니다"라고 하면서 노무현 대통령의 발언을 꾸짖었고 노무현 대통령은 이를 즉각 수용하여 햇볕정책의 수정가능성을 철회하였다. 이는 김대중 대통령이야말로 한국에서 좌파의 실질적인 수장이라는 사실을 국민 모두에게 확실히 각인 시켜준 계기가 되었다.

김대중 대통령은 야당시절 색깔 논쟁이 있을 때마다 자신의 좌파성향을 철저히 부인하여 왔다. 그러나 김대중 대통령은 집권기간 중 햇볕정책을 최대 역점사업으로 추진하였고 퇴임 후에도 대북 유화정책이 유지되도록 최선을 다해 왔다. 집권기간 중 서해교전 사태가 발생하였을 때에도 김대중 대통령은 사망한 군인들의 영결식에는 참석치도 않으면서 북한의 도발이 계획적인 것이 아니고 우발적인 것이라는 발언을 대내외적으로 서슴지 않고 함으로써 북한 김정일 정권의 대변인 역할을 자임하였다.

김대중 대통령은 자신에 대한 색깔공방이 있을 때마다 자신이 좌파철학을 갖고 있다는 사실을 철저히 부인해 왔다. 그러나 대통령으로서 그리고 퇴임 후 그의 북한 핵실험에 대한 발언과 행동은 좌파철학을 갖지않은 인사로서는 상상할 수 없는 일을 서슴지 않고 함으로써 그가 결국 철저한 좌파인물임을 입증했다고 생각한다.

조갑제[6]는 그의 저서에서 김대중 대통령이 해방 직후 좌익정당인 신민당 목포시당 조직부장 및 공산계열 행동조직인 민청의 목포시지부 부위원장으로 활동하였고, 이철 의원의 검찰 진술서에서 "김대중이 나에게 프롤레타리아 혁명을 같이 하자고 설득했다"는 발언과 황장엽 당서기의 "김일성이 김대중에게 두 군데로 돈을 주었다고 말했다"라는 증언 등을 근거로 김대중은 "대통령이 되자 본색을 드러내 김정일 정권에 이롭고 대한민국에 불리한 일들만 골라서 했다"라고 결론짓고 있다.

실제로 김대중 대통령은 야당 총재시절 불법으로 방북한 서경원 의원으로부터 김일성 주석이 준 만 달러를 받은 것이 검찰수사로 확인된 바 있다. 김대중 대통령의 정체(正體)는 쉽게 풀기 어려운 난제임에 틀림없다.

제12장

한반도의 재앙 김정일 정권

'대폭풍'이 몰려오는가

세계적 미래학자 앨빈 토플러(Alvin Toffler)는 북한이 핵무기로 세계를 시끄럽게 한 2006년 초에 한반도에 삼각파도로 큰 재앙을 일으키는 '대폭풍(perfect storm)'이 몰려올 것이라고 예고한 바 있다. 북한의 핵무기와 미사일을 무기로 한 벼랑 끝 외교, 미국 부시 행정부의 김정일 정권에 대한 적개심 그리고 한국 노무현 정부의 외교적 무능 등의 삼각파도가 한반도에서 거대한 재앙을 일으킬 수 있다는 것이었다.

북한의 핵무기 개발은 역사가 매우 길다. 북한은 1960년대 초부터 소련의 도움으로 원자력발전소 건설 몇 전문가 양성을 추진하여 왔다. 이와 병행하여 북한은 비밀리에 군사적 목적의 핵개발을 시도하여 왔으며 1982년 미국의 첩보위성에 의해 영변의 비밀 핵시설이 처음으로 발견되었다. 1990년대에 들어와 소련과의 원자력발전소 사업은 중단되었으나 북한은 핵무기 개발노력을 비밀리에 지속하여 왔다.

그럼에도 불구하고 북한은 핵개발의 국제사회 비난을 피하기 위해 1992년 한국 정부와 '남북기본합의서'와 '한반도비핵화선언'에 합의하였다. 북한이 한국과 국제사회를 기만하고 있다는 사실이 미국의 첩보활동으로 다시 드러나면서 1993년 1차 핵위기가 발생하였고 북한과 미국 간 오랜 협상 끝에 1994년 제네바에서 북미합의가 이루어졌다. 핵 동결을 조건으로 미국에 의한 연 50만 톤의 중유 공급과 2기의 2MW 경수로 원자력발전소 건설을 약속하였다. 한국은 경수로발전소 건설비의 90%를 부담하기로 하였다.

제네바 합의 중 미국측의 약속은 거의 이행되었으나 북한은 국제원자력기구(IAEA)의 사찰약속을 지키지 않았고 비밀리에 농축우라늄 사업을 진행시킴으로써 제네바 약속을 어긴 것이다. 2002년 북한을 방문한 미국 켈리(Kelly) 국무차관보에게 북한은 농축우라늄프로그램의 존재를 시인함으로써 2차 핵위기가 발생하였다. 2차 핵위기 해결과정의 차이점은 미국이 북한과 단독으로 협상을 하지 않고 중국, 일본, 러시아와 한국을 포함한 6자회담의 틀 속에서 북한과의 협상이 진행되고 있다는 것이다. 이 과정에서 중국이 의장국으로 핵심적 역할을 수행하고 있다.

6자회담은 지난 4년 간 지속되었지만 이렇다 할 만한 성과를 거두지 못하다가 최근 영변 핵시설 불능화에 합의하는 성과를 거두기도 하였다. 그러나 핵문제 해결에 관한 북한과 미국의 입장이 근본적으로 다른 상황에서 이러한 합의가 과연 지켜지고 다음 단계로 발전할 가능성에 대해서는 회의적인 견해가 우세하다.

북한은 핵무기 개발을 정권의 생존전략 차원에서 추진하고 있어 이를 쉽게 포기할 수가 없다. 북한의 기존 재래식 무기는 이제 '골동품'이 되어 버린 현상황에서 미사일과 핵무기만이 북한의 체제를 보장해 주는 수단이라고 김정일 정권은 굳게 믿고 있기 때문이다. 물론, 중국과 같이 개혁·개방의 길을 택해 경제발전을 도모할 수 있으나 개혁과 개방이 김정일 정권의 체제유지에 위협이라고 생각하기 때문에 북한 주민의 복리보다는 자신들의 안위를 중요시 여기는 김정일 정권이 이 길을 택하기는 매우 어려운 것이다.

미국의 입장에서 보면 북한의 핵무기 개발은 반드시 저지해야 하는 외교·안보정책상의 최우선 과제이다. 미국은 9·11 사태 이후 외교와 안보정책의 최우선순위를 북한과 같은 '불량국가(rogue state)'에 의한 대량학살무기 개발의 억제에 두고 있다. 북한의 핵무기 개발은 이를 미국에 직접 공격무기로 사용될 가능성이 있음은 물론이고 핵무기를 알카에다 등 미국을 적대시하는 테러단체에 팔아넘길 수 있기 때문에 미국의 국가안보에 직접적인 위협으로 간주하고 있다.

북한은 핵무기 개발을 포기할 수 없고 미국은 이를 절대로 수용할 수 없는 상황에서 햇볕정책으로 요약되는 한국정부의 어정쩡한 태도는 사태를 더욱 악화시키고 있는 것이다. 북한의 핵무기가 기본적으로 대한민국의 안보에 치명적인 위협요인이 됨에도 불구하고 한국의 진보정권은 북한의 핵무기 개발에 대해 확고한 입장을 보이지 않고 있다.

북한이 핵실험을 실시한 직후 한국 좌파세력의 수장인 김대중 대통령은 핵실험은 북한의 책임이 아니라 대북 강경노선을 고수한 미국 부시 행정부의 책임이라고 언급하였고 이는 노무현 정부의 기본입장이 되었다. 이에 더해, 당시 집권 여당의 김근태 대표는 금강산과 개성공단을 방문하여 관계자들을 격려함으로써 북한 김정일 정권에게 힘을 실어주려는 노력을 경주하였다. 이러한 상황에서 북한이 자신의 생존수단으로 간주되는 핵무기의 포기를 기대하는 것은 어리석은 일이 아닐 수 없다.

심각한 북한상황

최근에는 미국의 대북정책이 다소 신축적인 방향으로 선회되었고 북한도 이에 우호적인 반응을 보이고 있으며 남북정상회담도 성사되어 한반도에서의 긴장감이 다소 완화된 것이 사실이나 북한의 과거행태로 미루어 언제 입장을 바꾸어 한반도에서 다시 긴장이 고조될 지 모를 일이다. 현 상황의 심각성을 알기 위해서는 북한의 실태와 김정일 정권이 어떻게 권력을 유지하고 있는가에 대한 이해가 선행되어야 한다.

북한의 김정일 정권은 김일성의 유훈(遺勳)통치와 군대가 모든 것에 우선하는 선군(先軍)정치에 의해 유지되고 있다. 북한의 정치체제는 공산당 독재체제와 더불어 북한 특유의 주체사상에 입각한 유일지배체제라고 할 수 있다. 김일성의 주체사상[1]은 1950년대 반대파를 숙청하기 위한 수단으로 개발되어 그 후 유일지배체제를 확립하여 김일성의 절대독재는 물론 김정일 세습체제마저도 정당화시키는 수단으로 활용되어 왔다. 김일성 '유훈사상 10대 원칙[2]'은 모세의 십계명보다도 강하고 강압적인 내용으로 구성되어 있으며 권력의 세습화도 정당화하고 있다.

김일성 사후에는 선군정치론을 개발하여 군대를 통한 통치체제를 확립하였다. 공산당에 의한 독재로도 부족하여 군대에 의한 비상계엄체제로 정권을 유지하고 있는 것이 북한의 현실이다. 이는 역으로 군대로 체제를 유지해야 할 정도로 김정일 정권의 권력기반은 취약하기 때문에 북한이 중국과 같은 개혁·개방의 길을 갈 수 없음을 의미하는 것이다.

이런 정치적 상황에서 북한 주민의 인권상황은 실로 심각하다. 정권유지를 위해 인권탄압을 가할 수밖에 없는 것이 북한의 실상인 것이다. 북한은 1966년 전주민을 3계층 51분류로 성분 분석하여 적대계층 중 6천 명을 처형하고 나머지 7만 명은 특별관리구역에 수용하여 왔다. 이곳 수용자의 생활실상은 매우 처절한 것으로 알려지고 있으며 이들은 정상적인 재판절차 없이 처형되거나 심지어는 생체실험의 대상이 되고 있다는 것이 탈북자의 증언이다.

북한의 심각한 인권상황은 이미 국제적 쟁점으로 부상하여 미국 의회는 물론 UN도 북한 인권상황에 대한 강력한 결의안을 거의 연례적으로 채택하고 있다. 그러나 한국의 진보정권은 북한의 심각한 인권상황을 의도적으로 회피하고 UN결의안 채택과정에서 불참 또는 기권하는 등의 비굴한 자세를 견지하여 왔다.

북한의 경제상황이 매우 심각하다는 사실 역시 이미 잘 알려져 있다. 1990년대 초 소련이 붕괴되면서 북한경제는 심각한 상황에 직면하였고 연이은 기상상태의 악화는 1990년대 중반 100만 명 수준의 아사자를 발생시킨 것으로 집계되고 있다. 심각한 생필품 부족현상은 배급경제를 불가능하게 하였고 이를 극복하기 위해 2002년 7월 시장의 부분적 도입을 골자로 하는 '경제관리개선' 조치를 발표하였으나 생필품의 공급확대가 이루어지지 않은 상태에서 가격자율화조치는 가격의 급등만을 초래하게 되었다.

북한 경제난의 근본적인 원인은 외화부족으로 집약될 수 있으나 체제붕괴를 우려하여 중국식 개혁·개방을 하지 못하고 정반대로 미국을 상대로 핵무기와 미사일로 벼랑 끝 외교를 전개하고 있는 북한이 외화난을 해결할 수 있는 방법은 없다. 벼랑 끝 외교를 통한 협박과 공갈로 한국과 국제사회로부터 외화를 얻으려 하고 있지만 햇볕정책의 착각에 빠져 있는 한국을 제외하고는 북한에게 외화를 조건 없이 지원할 국가는 없는 것이다.

북한의 선택

이런 상황에서 북한의 선택은 무엇일까? 일단은 체제유지를 위해 중국식 개혁·개방은 피하면서 정권의 생존수단인 핵무기 역시 버틸 수 있을 때까지 버티자는 것인 것 같다. 북한 김정일 정권의 입장에서는 어쩌면 당연한 선택일지 모른다.

북한은 핵실험 강행 후 국제적으로 비난여론이 높아지고 UN에 의한 대북 제재조치가 취해지자 베이징 6자회담에 복귀하면서 충분한 경제적 지원이 이루어지면 핵문제 해결에 협조하겠다는 의지를 표명한 바 있다. 그러나 핵문제 해결에서 북한과 미국의 입장은 차이가 너무 크다. 미국은 북한 핵의 '완전하고 검증가능하며 돌이킬 수 없는 폐기(CVID)'를 강조하지만 북한은 1994년 제네바 북미합의 때와 같이 기존 연변핵시설의 동결만을 희망하고 있다. 제네바합의 때와 같이 북한의 기존 핵시설의 동결을 조건으로 한국과 국제사회로부터 상당한 수준의 경제적 반대급부를 원하고 있는 것이다.

그러나 이러한 희망사항이 미국과 국제사회로부터 받아들여지기는 어려울 것이다. 최근 6자회담에서 북한과 미국 간 영변 핵시설 불능화 합의는 미국이 원하는 목표를 위한 첫 단계에 불과하다. 북한이 이미 갖고 있는 핵무기와 농축우라늄 핵시설에 대해 북한은 아직 아무런 언급을 하지 않고 있다.

미국이 최근 대북 강경입장을 바꾸어 북한과 대화를 재개한 것은 2005년 11월 중간선거에서 집권 공화당이 상원과 하원선거에서 패배하고 대북정책에서 아무런 성과가 없다는 비판여론이 미국 내에서 높아지고 있기 때문이었다. 일단 북한과의 협상을 재개하여 비판의 소나기를 피해보자는 부시 행정부의 정치적 계산의 결과인 것이다. 그러나 미국의 대북한 정책노선이 근본적으로 바뀐 것은 절대 아니다. 보수성향의 공화당은 물론이고 진보성향의 민주당 역시 북한의 핵무기 보유는 절대로 허용해서는 안 된다는 입장을 견지하고 있기 때문이다.

예를 들어, 민주당 인사인 페리(Perry) 전 국방장관은 북한의 핵시설에 대한 선제공격을 주장한 바 있으며 2003년 대선과정에서도 케리(Kerry) 민주당 후보는 미국이 핵무기를 보유하지 않은 이라크보다 핵무기를 보유하고 있는 북한문제를 우선적으로 다루어야 한다는 입장을 표명한 바 있다.

결국, 북한의 김정일 정권이 핵을 완전히 포기하고 생존을 위해 중국처럼 경제부문에서 개혁과 개방의 길로 들어오지 않는 한 북한 핵문제는 한반도에서 '대폭풍'을 몰고 올 가능성이 높다. 이런 관점에서 핵무기로 미국과 세계를 상대로 벼랑 끝 외교를 구사하는 북한의 김정일 정권은 한반도의 재앙이 아닐 수 없다.

제3부

시장경제의 길

제13장

자유주의와 시장경제의 르네상스[1]

시장은 경제효율의 지름길

경제에서 가장 기본적이며 오래 된 개념이 시장이다. 시장은 인류가 공동생활을 시작하면서 존재하게 되었고 수만 년이 지난 오늘날에도 그 기능과 효용이 더욱 증가되고 있다. 시장이 경제에서 가장 핵심적 요인이 된 것은 시장은 경제효율의 지름길이기 때문이다.

애덤 스미스는 그의 저서 『국부론』에서 시장경제 효율성의 근거로 다음의 네 가지를 지적하고 있다. 첫째는, 분업을 통한 효율성의 향상이다. 그의 유명한 핀공장 사례는 분업을 통해 생산성이 얼마나 많이 증가할 수 있나를 보여주는 좋은 예이다. 핀공장에서 분업이 이루어지지 않으면 노동자 한 사람이 하루에 20개의 핀도 만들지 못하지만 공정별 분업이 이루어지면 한 노동자가 하루에 4,800개의 핀을 만들 수 있다는 것이다. 분업결과 노동생산성이 240배나 증가한 것이다.

둘째는, 사람은 자신을 위해서 일할 때 가장 열심히 한다는 것이다. 중국과 베트남의 경제개혁 과정에서 생산된 농산물을 농민에게 돌려주는 개혁조치를 취하자 생산성이 두 배로 증가했다는 사실이 이를 잘 입증해 주고 있다. 중국, 베트남 모두 투자를 필요로 하지 않는 농업개혁을 초기에 추진함으로써 개혁의 성과를 국민들이 피부로 느낄 수 있게 하였다. 이는 이 국가들에서 시장경제로 개혁이 성공을 거둔 매우 중요한 원인이 되었다.

셋째는, 개인이 정부보다 자신의 경제활동 정보를 많이 갖고 있기 때문에 시장경제의 효율이 높다는 것이다. 경제활동의 의사결정에서 중요한 것은 필요한 정보를 충분히 알고 있는가 하는 것이다. 정부보다 당사자가 필요한 정보를 더 많이 알고 있다는 것은 당연한 일이다.

넷째는, 시장에서 형성되는 가격은 사익과 공익을 조화시키는 기능을 하기 때문에 시장에서의 거래를 통해 경제 전체의 효율이 높아지는 결과를 초래한다는 것이다. 시장에서는 거래당사자들 모두에게 이익을 주는 자발적인 교환이 이루어지기 때문에 교환을 통해 사회전체의 이익이 증대되는 것이다. 오스트리아의 대표적인 자유시장 경제학자 하이에크[2]는 수요와 공급의 모든 정보는 종합적으로 시장에서 가격으로 집약되기 때문에 이 정보를 보고 경제주체들은 합리적으로 행동한다고 하였다. 사람이 원래 합리적으로 행동하는 것이 아니라 시장에서의 경쟁이 사람들에게 합리적으로 행동하게 강요한다는 것이다.

시장의 우월성은 유명한 프랑스혁명 당시의 일화를 통해서도 잘 알 수 있다. 프랑스혁명 때 로베스피에르(Robespierre)가 집권하였다. 그는 시민들의 인기를 얻기 위해 우유값을 강제로 반으로 내리면서 이를 어기는 사람은 단두대에서 처형하였다. 이로 인해 엄청난 손해를 본 많은 목축업자는 죽느니 차라리 사업을 포기하였다. 결국 공급이 반으로 줄어들어 우유 값은 폭등하였다.

로베스피에르 정권은 이 대책으로 젖소의 사료값을 강제로 반으로 내리게 하였고 이를 어기는 사람을 단두대에서 처형하였다. 많은 사료업자들은 죽느니 사료생산을 중단해 버렸다. 사료값은 다시 서너 배로 폭등하였고 그 결과 우유값은 처음보다 열 배로 뛰었다. 전에는 그나마 열 살 된 아이들까지는 먹일 수 있었던 우유를 이제는 갓난아이도 먹일 수 없게 된 것이다. 이는 시민폭동의 기폭제가 되었고 로베스피에르는 단두대에 끌려가게 되었다. 이때 파리의 주부들은 이렇게 외쳤다. "저기 더러운 최고가격이 가고 있다." 이 일화를 통해 우리는 정부정책이 시장원리에 어긋났을 때 어떤 결과를 가져오는지 잘 알 수 있다.

'신경제'시대의 도래

시장경제는 세계가 하나의 지구촌이 된 디지털사회가 되면서 그 위력을 더욱 발휘하고 있다. 디지털기술의 혁신으로 시작된 제3의 산업혁명은 경제는 물론 사회 모든 분야에서 변화의 속도를 가속화시키고 있다. 과거 10년에 일어날 수 있었던 일이 디지털시대에는 불과 1,

2년이 안 되어 발생하고 있는 것이다. 이러한 상황에서 정부가 모든 경제활동을 통제하는 기획경제는 그 기능을 상실할 수밖에 없다.

결국, 변화에 자동적으로 대응하는 메커니즘을 갖고 있는 시장경제가 디지털시대를 맞아 그 진가를 발휘하게 된 것이다. 20세기 말 디지털혁명이 시작되면서 사회주의 기획경제체제가 붕괴되고 실리콘밸리를 핵으로 하는 미국식 시장경제가 새로운 르네상스를 맞고 있는 이유가 바로 여기에 있다.

이에 더해, 디지털혁명과 이에 따른 세계화는 시장경제의 약점을 보완해주는 역할을 하고 있다. 불완전경쟁은 시장경제의 가장 큰 결함으로 지적되어 왔으며 이를 보완하기 위해 미국은 물론 한국 등 시장경제를 지향하고 있는 나라에서도 독과점행위에는 정부차원의 강력한 규제가 이루어지고 있다.

그러나 세계화는 세계를 하나의 시장으로 만들었고 디지털기술로 가능해진 인터넷과 전자상거래는 치열한 경쟁으로 효율이 극대화되는 시장을 '완전경쟁'상태로 만들고 있다. 공급자들은 전세계 시장을 상대로 치열한 경쟁을 해야 하는 반면, 소비자는 원하는 제품과 서비스정보를 쉽게 많이 얻을 수 있음은 물론 전세계 어느 공급자로부터도 직접 구매할 수 있게 된 것이다. 그 결과, 시장경제에서의 힘은 생산자에서 소비자로 옮겨가게 되었고 시장의 실패사례 역시 발생할 가능성이 크게 줄어든 것이다.

전자상거래의 등장은 중간상인의 역할을 축소시켜 유통비용이 크게 절감되고 있으며, 디지털기술이 모든 분야에 적용되어 노동생산성 역시 큰 폭으로 증가하고 있다. 이에 더해, 디지털기술의 발전과 자본시장의 개방화는 자본시장을 통합시켜 거액의 자금이 단기간에 국경을 넘나들 수 있게 함으로써 자본시장의 유연성과 효율성이 크게 높아지고 있다. 기업 간 경쟁의 심화는 강성노조의 힘도 약화시키는 결과를 초래하여 노동시장의 유연성 역시 개선되고 있다. 생산성이 증가하여 경제의 성장잠재력이 높아지는 이른바 '신경제'시대가 도래한 것이다.

시장의 원리를 알아야 성공한다

'순천자는 흥하고 역천자는 망한다'라는 말은 시장경제를 지배하는 첫 번째 원리라고 할 수 있다. 시장경제에서 하늘은 시장원리를 의미한다. 다시 말해, 시장경제에서는 시장원리에 순응하면 흥하고 시장원리에 역행하면 망하는 것이다.

이는 해방 이후 우리의 경제발전 과정에서도 그대로 입증되고 있다. 우리경제가 '한강의 기적'을 이룰 수 있었던 것은 1960년대 초 이후 대외지향적인 경제정책을 추진하면서 우리기업들이 세계시장에서 경쟁을 하고 그 과정에서 성공하였기 때문이다. 수출시장에서의 치열한 경쟁이 우리기업의 체질을 강하게 하였고, 이는 우리경제 발전의 원동력이 된 것이다. 또한 수출시장에서의 경쟁은 우리기업의 활동을 우리가 비교우위가 있는 분야에 집중하도록 만들었다.

1997년의 외환위기는 경제정책이 시장원리에 역행했을 때 어떤 결과를 초래하는가를 실감하는 계기가 되었다. 시장원리를 무시한 정책금융의 인위적인 배분과 수익성을 도외시한 재벌기업의 사업영역 확장은 우리경제의 국제경쟁력을 저하시켰고 이는 세계화의 거대한 물결 속에서 한국경제라는 선박이 좌초되는 결과를 가져왔다. 외환위기 이후 경제구조조정 정책의 추진으로 금융기관과 재벌기업의 행태는 시장원리를 존중하는 방향으로 크게 개선되었으나 우리사회에는 아직도 시장원리에 반하여 움직이는 부분이 많다.

노무현 정부의 부동산정책이 그 대표적 정책실패 사례가 될 것이다. 부동산을 경제의 중요한 시장으로 보고 부동산가격을 시장가격으로 인식하여 시장원리에 충실한 부동산대책을 마련하지 못하고, 강남이라는 특정지역의 아파트값이 올라가는 것을 불로소득으로 인한 빈부격차의 확대라는 관점에서 행정규제적이고 반시장적인 대책을 남발하였다. 이는 프랑스혁명 때 로베스피에르가 우유값을 행정규제로 잡으려다 가격이 폭등하여 자신이 단두대의 이슬로 사라진 일화와 흡사하다고 생각된다.

시장의 두 번째 원리는 정글의 '약육강식(弱肉强食)' 원리이다. 시장에서 강한 자는 계속 번성하고 약한 자는 도태된다. 세계화로 전세계가 하나의 시장이 된 지금은 세계에서 1등을 하지 못하면 살아남기 어렵게 되었다.

당대 최고의 경영자로 알려진 제너럴일렉트릭(GE)의 잭 웰치(Jack Welch) 회장은 회장 취임 즉시 GE가 취급하는 상품이나 서비스 중 세계시장에서 1, 2위를 하는 것을 제외한 모든 생산부서를 폐쇄시키는 파격적인 조치를 취해 GE의 경쟁력을 크게 높인 것으로 유명하다. 삼성전자의 성공사례도 마찬가지이다. 1997년 외환위기 직후 이건희 삼성그룹회장은 '일류가 아니면 살아남지 못한다'라는 캠페인을 전개하였고 그 후 삼성전자는 여러 분야에서 2, 3등보다는 몇몇 분야에서 세계 1등을 지향하고 있다.

시장의 세 번째 원리는 디지털시대를 맞아 시장이 세분화되고 있으며 새로운 제품 및 서비스의 출현으로 새로운 시장이 지속적으로 만들어지고 있다는 것이다. 그렇기 때문에 디지털시대의 기업들은 자신이 비교우위가 있는 시장을 선택하여 이를 집중적으로 공략하고 있다. 디지털시대의 기업들은 기술개발을 통해 새로운 제품을 만들어 내거나 제품 차별화로 새로운 시장을 만드는 작업을 지속적으로 하고 있는 것이다.

빌 게이츠(Bill Gates) 회장의 말이 생각난다. 코카콜라(Coca Cola)사는 하나의 제품으로 몇 십 년을 버티는데 자신의 마이크로소프트(Microsoft)사는 코카콜라 크기의 기업을 몇 년에 하나씩 새로 만들어 내야 살아남을 수 있다는 것이다. 디지털시대에 첨단기술 산업에서의 경쟁이 얼마나 치열한가를 단적으로 설명해주는 사례다.

국가경제의 운용도 마찬가지이다. 우리나라는, 기술력과 금융으로 세계경제의 주도권을 쥐고 있는 미국이나, 싼 노동력과 일사불란한 행정력으로 고도성장을 지속하는 중국을 그대로 모방할 수 없다. 우리의 비교우위가 무엇인가 면밀한 분석을 통해 우리경제의 상대적인 강점을 개발해 나가야 하는 것이다. 중간 규모의 기업이 '틈새시장'을 공략하듯 우리나라의 경제발전전략은 우리 나름대로의 '틈새전략'이 있어야 할 것이다.

시장원리의 바탕은 자유주의

시장경제의 사상적 바탕은 자유주의이다. 시장에서는 모든 사람의 자유로운 활동이 보장되어야 하기 때문이다. 따라서 시장경제가 뿌리를 내리기 위해서는 정치적으로 자유민주주의가 전제되어야 하는 것이다.

자유주의 경제철학의 아버지인 애덤 스미스가 『국부론』을 출판한 것은 1776년으로 그때 영국은 이미 입헌군주제와 의회정치의 기반이 확고히 다져진 시대였다. 영국은 1215년 '대헌장(Magna Carta)'을 계기로 왕의 권력이 제한을 받기 시작하였으며, 1628년 '권리장전(Petition of Rights)'을 통해 대헌장의 내용이 다시 확인되었고, 1688년 제임스 2세를 추방한 '명예혁명'의 성공으로 의회의 입법권과 입헌군주제가 확립된 것이다. 『국부론』이 출간된 1776년은 제1차 산업혁명의 초기단계로서 영국은 상공업자들이 경제활동을 자유롭게 하던 시대였다. 그러나 그 당시에는 산업혁명으로 인한 산업자본은 아직 형성되어 있지 않았기 때문에 계급 간의 갈등, 독과점, 주기적인 불황 등의 문제는 발생하지 않았다.

고전적 자유주의경제학의 완성자라 할 수 있는 존 스튜어트 밀3)은 자유의 기본적인 목표는 자아실현이며 자아의 핵심은 개성에 있다고 하였다. 그리고 인간은 남에게 해를 끼치지 않는 한 최대한의 자유를 누려야 한다고 주장하였다. 이를 위해 민주주의 국가에서는 권력자의 횡포는 물론이고 다수의 횡포로부터도 개인의 자유를 보장하는 법적 장치가 있어야 하고 이의 준수가 이루어지는 관행이 정착되어야 한다는 것이다.

　이러한 자유주의적 정치상황에서만 시장경제가 그 기능을 제대로 발휘할 수 있다는 것이다. 독재자의 권력남용이나 다수의 횡포가 성행하는 사회에서 모든 개인의 이익이 침해되지 않는 자발적인 거래가 이루어지기 어렵기 때문이다. 영국, 미국 등 선진국들은 밀이 지적한 진정한 민주국가 건설을 위해 지난 수백 년 간 노력하였고 현재 이 국가들의 시장경제는 이러한 정치적 민주주의의 바탕에서 이룩된 것이다. 특히 다수의 횡포로부터 개인의 자유가 보장되기 위해서는 민주주의의 발전이 상당한 단계에 도달하여야 할 것이다. 정치적으로 민주주의가 실천되지 않는 나라에서는 시장경제가 제대로 작동되지 않는다는 사실이 이를 잘 입증해 주고 있다.

　정치적 자유민주주의가 자유시장경제의 기본이라는 사실은 우리나라의 경험으로도 잘 알 수 있다. 해방 이후 우리는 자유시장경제를 바탕으로 한 자본주의를 국가운영의 기본으로 삼았으나 독재권력에 의한 정치적 지배는 정부의 과다한 개입을 불가피하게 하였고 이는 시장경제의 발전에 저해요인으로 작용함은 물론 정경유착의 원인을 제공하였다. 박정희 정권의 대외지향적인 경제정책의 채택에도 불구하고 시장중심적인 경제운용이 이루어지지 못한 것도 권위주의적인 정권에 기인하였다고 할 수 있다.

권력에 의해 은행대출이 독점되고 이의 배분이 특정기업에 선택적으로 이루어지는 상황에서 경제활동의 공정한 경쟁이 이루어질 수 없는 것이다. 전두환 정권의 시장지향적인 경제정책도 정권의 비민주성으로 인해 결국 한계를 보였다고 할 수 있으며 많은 정경유착 사례가 이의 증거라 할 수 있다. 기업이 재정적으로 어려움에 처했을 때 그 생존 여부가 정부의 인위적인 결정에 의해 좌우되는 상황에서 기업가는 정부와 권력의 눈치를 볼 수밖에 없을 것이다.

시장경제는 참가자의 자유로운 활동을 전제로 한다는 점에서 경제제도 중 가장 자연조화적이라고 할 수 있다. 시장에서는 참여자 모두가 자신의 이득증대를 위해 노력하기 때문이다. 애덤 스미스는 인성의 가장 중요한 특징은 자신의 이익을 추구하는 것인 바 시장에서는 교환을 통해 구매자와 판매자 모두 자신들의 이익을 증대시킨다는 것이다. 생물학자 리처드 도킨스[4]는 "동물은 이기적 유전자에 의해 창조된 기계"라고 주장하고 있다. 유전자의 안정된 생존을 위해서 이기주의는 선이고 이타주의는 악이다. 그리고 이타주의로 보이는 행위도 실은 모양을 바꾼 이기주의인 경우가 많다는 것이다.

이런 관점에서 볼 때, 참가자 모두가 자신의 이익을 추구하는 시장경제는 인간의 본성에 가장 부합하는 것으로 자연친화적인 경제체제라고 할 수 있다. 인간의 이기성을 도외시한 사회주의와 공산주의가 현실사회에서 모두 실패한 반면 지구에서 가장 오래 된 시장경제는 갈수록 그 위력이 강해지는 이유가 바로 여기에 있다고 생각된다.

시장경제의 주역은 기업가

기업가는 시장경제의 주인공이다. 새로운 사업기회를 찾아내고 사업에 필요한 자금과 조직을 동원하여 소비자가 원하는 상품이나 서비스를 만들어내는 기업가는 시장경제에서 일자리를 제공하고 부가가치를 창출해 내는 가장 기본적인 일을 하기 때문이다.

이렇게 시장경제의 주역인 기업가의 정신세계를 지칭하는 '기업가정신(entrepreneurship)'이 시장경제에서 매우 중요한 변수가 되는 것은 당연하다 할 수 있다. 특히, 디지털시대에 기업가정신이 새삼 강조되는 것은 기업경영은 물론이고 국가경제를 경영함에 있어서 기업가 정신은 성공의 절대필수적인 요건이 되고 있기 때문이다. 디지털시대에는 새로운 기술과 새로운 비즈니스 모델이 새로운 기업의 창업에 의해 이루어짐에 따라 창업을 성공적으로 이끄는 기업가가 부상하고 있다.

그리고 디지털시대의 변화에 신속하게 대응하기 위해서는 기업은 기존의 자원을 효율적으로 관리하는 종래의 '경영자정신'이 아니라 새로운 환경에서 새로운 것을 창출해 내는 '기업가정신'에 의해 경영되어야 발전은 물론 생존이 가능하게 된 것이다. 그래서 디지털혁명 이전을 경영자시대라고 한다면 디지털혁명 이후는 기업가정신의 르네상스 시대인 것이다.

슘페터[5]는 기업가의 본질적인 특성을 창의와 혁신에 두고 기업가를 기본적으로 혁신가로 부르고 있다. 혁신적인 변화를 끊임없이 추구하는 사람이라는 것이다. 슘페터는 우리가 현실에서 경험하는 것은 새로 생겨나는 기업과 시장에서 몰락하는 기업, 새로운 기술도입, 새 기술의 확산으로 인한 옛 기술의 쇠퇴, 그로 인한 산업구조의 변화 등이라고 설명한다.

이를 슘페터는 '창조적 파괴(creative destruction)'의 과정이라고 불렀다. 다시 말해, 자본주의는 자신의 경제구조를 내부에서부터 끊임없이 혁명적으로 뒤바꾸려는 힘에 의해 움직이고 있다는 것이다. 슘페터가 본 자본주의는 과거의 혁신과 기술개발의 결과로 탄생한 기업이 새로운 기업가들에 의한 혁신적 도전에 직면하여 자신의 현위치를 유지하고 개선하려고 고군분투하는 장(場)이다. 이 과정에서의 주역은 새로운 혁신과 기술개발로 창업을 하고 새로운 도전자로부터 기업을 유지하고 발전시키기 위해 끊임없이 노력하는 기업가인 것이다. 이들이 갖고 있는 가치관이 혁신과 기술개발에 의해 주도되는 디지털시대의 기업가정신인 것이다.

우리나라에서 벤처 붐이 한창이던 2000년 11월 『이코노미스트(*Economist*)』는 기업가정신 부문에서 우리나라를 세계 1위로 지목하였다. 설립된 지 3년 6개월 미만인 신생기업에 취업한 비율이 한국이 9%로 1위, 미국은 5%로 2위, 일본은 0.5%로 하위권인 것으로 나타났다. 반면, 우리의 문제점으로는 능력 있는 전문경영인의 부족을 지적하면서 우리 기업들이 경영능력만 개발한다면 일본을 따라잡는 것은 시간문제라고 하였다.

나는 1982년 말 삼성반도체 준공식에 참석한 적이 있다. 준공식이 끝난 후 공장내부를 시찰하면서 나는 과연 삼성이 반도체사업에서 성공할 수 있겠는가 생각하며 걱정을 많이 하였다. 당시 외국전문가들은 이구동성으로 한국이 반도체사업에서 성공하는 것은 불가능하다고 하였다. 반도체는 새로운 제품을 개발하는데 엄청난 투자비용을 필요로 하는데 제품가격은 신제품이 나온 직후에는 투자비를 회수할 정도의 높은 수준을 유지하나 6개월 정도 지나면 후발업체의 제품들이 쏟아져 나오기 때문에 폭락한다는 것이다. 그래서 삼성과 같은 후발업체는 투자비를 회수하지 못하고 다음 단계제품을 개발하는 데 필요한 투자재원을 조달하지 못하는 악순환에 빠질 것이라는 이야기였다.

그러나 삼성전자는 전문가들의 예측을 뒤엎고 영업수익에서 소니(Sony)를 누르고 반도체부문의 선두주자가 되었고 이러한 반도체사업의 성공은 삼성전자가 세계 최고의 전자회사로 발돋움하는 발판이 되었다.

나는 이듬해인 1983년 한중 산업정책 심포지엄에 한국 참석자들의 대표자격으로 대만을 방문하였다. 당시 대만측 참석자 대표이고 저명한 경제학자인 티 씨 창(T. C. Chang) 교수는 반도체사업에 도전하는 이병철 삼성회장의 '동물본능적(animal instinct) 기업가정신'에 찬사를 보내면서 대만 기업인들은 그러한 기업가정신이 부족함을 개탄하였다. 당시 나를 포함한 우리 참석자들은 우리보다 시장원리에 충실하게 경제운용을 하는 대만경제를 부러워하고 있었기 때문에 창 교수의 이러한 발언을 다소 의아하게 생각한 것이 사실이다. 이제 그때 일을 되돌아보면 반도체사업에 투자하는 기업가적 모험을 한 이병철 회장의 동물적 본능과 이를 높게 평가한 창 교수의 경제학자적 혜안에 놀라지 않을 수 없다.

기업가정신 부문에서 우리나라가 높이 평가되고 있다는 것은 그간의 경제발전 과정에서도 입증되었다고 생각한다. 1960년대 경제정책이 수출산업을 육성하는 방향으로 전환되었을 때 우리 기업인들은 그들의 기업가정신을 마음껏 발휘하여 국제시장에서 실력을 인정받아 '한강의 기적'을 이루는 주역들이 되었다. 1990년대 말 외환위기로 우리경제의 대외신인도가 땅에 떨어진 상황에서도 많은 젊은 기업인들이 그들의 기업가정신을 유감없이 발휘하여 '테헤란밸리의 기적'을 이루었다. 투철한 기업가정신으로 무장된 기업가 집단의 존재는 기업가정신이 지배하는 디지털시대를 맞아 우리경제가 다시 한번 도약할 수 있는 근본적인 힘이 될 것이다.

세습경영 관습의 탈피

우리나라에서 기업경영의 가장 큰 문제점은 창업주가 경영권을 독점하려는 데 있다. 혁신과 기술개발을 통해 새로운 기업을 창업하는 능력과 기업경영을 잘해 기업을 세계적인 대기업으로 발전시키는 자질과는 큰 차이가 있다. 창업기업가는 가치인식에 의해 행동하는 동물적 본능을 가진 반면, 경영관리자는 현존 자원을 체계적으로 관리하는 조직력과 합리성을 갖추어야 한다. 또한, 창업기업가는 다양한 비공식 네트워크를 통해 새로운 기회를 포착하려 하는 반면 경영관리자는 조직의 의견을 수렴하여 이를 경영에 반영하려 한다. 그렇기 때문에 성공한 창업기업가가 경영관리자로는 실패하는 경우가 많은 것이다.

미국 등 선진국의 창업기업가는 성공적으로 창업하여 회사가 중견 규모에 이르게 되면 경영 일선에서 한 발 물러나 전문경영인에게 경영을 위임하고 자신은 새로운 사업영역 발굴과 주요 고객관리 등의 한정된 분야에 전념하고 있다. 빌 게이츠가 그렇고 휼렛과 패커드의 경우도 그러했다. 그런데 우리나라의 경우 일부 기업을 제외하고 창업기업인이 아직도 경영전반을 통제하고 있다. 그래서 실력 있는 전문경영인도 양성되지 않고 창업기업인의 경영도 많은 시행착오를 겪고 있는 것이다. 우리기업의 경영능력이 취약한 이유가 바로 여기 있는 것이다.

이에 더하여, 우리기업의 경우 기업의 규모에 관계없이 기업의 최고경영권을 직계자손들에게 세습시키고 있다. 그리고 경영권을 물려받은 다음 세대가 경영을 전문경영인에 위임하지 않는 전통까지 계승하는 일이 반복되고 있기 때문에 우리기업의 경영능력은 답보상태에 있다.

우리 기업 경영의 두 번째 문제는 무리한 사업확장 경향과 정경유착 사례의 빈번한 발생이다. 그러나 이 문제는 외환위기 발생 이후 많이 개선되고 있다. 관치금융 관행이 크게 해소되면서 기업들은 기업의 크고 작음을 떠나 규모 확대나 사업영역 다각화보다는 수익성 극대화에 주력하고 있기 때문이다. 정경유착의 관행 역시 정부의 경제정책 기조가 시장중심적으로 정착되고 기업퇴출 과정이 투명해지면 크게 개선될 수 있을 것이다.

대주주 경영자의 경영권 독점문제 또한 현재 진행되고 있는 기업

지배구조 개선작업이 진행되면서 점차 해결될 수 있을 것이다. 특히, 선진국과 같이 적대적 기업 인수합병(M&A)이 활성화되고 경제의 대외 개방 정도가 확대될수록 기업을 외부세력으로부터 보호하기 위해서라 도 전문경영인의 능력향상을 통한 기업경쟁력 제고에 대주주 경영인 의 관심이 높아지게 될 것이다. 결국 대외개방과 이로 인한 치열한 경 쟁이 경영권의 세습화 관행을 개선시키는 촉매제 역할을 할 것이다.

제14장

IT를 알아야 미래가 보인다[1]

디지털혁명의 역사적 의미

새로운 기술개발과 산업화는 세계경제가 한 단계 도약하는 계기를 마련해 주었으며 사회전반에 큰 변화의 물결을 불러일으켰다는 사실을 우리는 근대사를 통해 잘 알 수 있다. 광산에서 물을 퍼낼 목적으로 1712년 토마스 뉴커민(Thomas Newcomen)이 개발한 증기기관은 그로부터 70년이 지난 1782년 제임스 와트(James Watt)가 이를 개량하여 500개의 산업용 엔진을 생산함으로써 산업혁명의 불씨를 당기게 되었다.

증기기관은 적은 노동력으로 큰 동력을 만들어 낼 수 있음은 물론 물이나 바람이 없는 곳에서도 공장을 건설할 수 있어 영국을 위시한 유럽제국의 산업화에 결정적인 기여를 하였다. 증기기관은 처음에는 광산에서 사용되기 시작하였으나 점차 섬유공장 등 제조업분야는 물론 철도, 선박 등 운송분야까지 확산되면서 18세기 후반부터 19세기 중반에 이르는 이른바 1차 산업혁명의 원동력이 된 것이다.

증기기관 다음으로 산업화에 큰 영향을 준 기술개발인 전기의 발견은 증기기관이 개발된 약 100년 후인 19세기 말이었다. 전기는 1831년 마이클 패러디(Michael Faraday)가 발견했으나 그로부터 50년 후인 1882년에 토머스 에디슨(Thomas Edison)이 뉴욕에 발전소를 건설함으로써 산업에 큰 영향을 미치기 시작하였다. 전기사용은 공장구조를 근본적으로 변화시켰으며 그 결과 생산과정의 효율이 획기적으로 개선되는 계기가 마련되었다.

제3의 산업혁명은 에디슨의 전기발전소가 건설된 약 100년 후인 20세기 말부터 현재까지 진행되고 있는 디지털혁명이다. 컴퓨터가 처음에 개발된 것은 1946년으로 당시의 컴퓨터는 그 크기가 높이 3미터, 길이 40미터나 되었고 가격은 수백 만 달러에 이르렀으나 성능은 초당 5,000개의 기능을 수행하는데 그쳤다. 그로부터 25년 후인 1971년 인텔(Intel)사는 초기 컴퓨터의 열두 배 기능을 수행하는 칩(chip)을 불과 200달러의 가격으로 생산함으로써 디지털시대가 본격적으로 열리게 되었다. 요즈음은 1,000달러 수준의 가격으로 구입할 수 있는 PC컴퓨터는 초당 수십억 개의 기능을 수행할 수 있으며 이런 속도로 기술개발이 진행되면 2012년에는 초당 1,000억 개의 기능을 수행하는 PC가 개발될 것으로 전망되고 있다.

기술변화는 정보통신분야에서도 급속히 진행되고 있다. 1980년대 후반까지만 해도 구리전화선으로 정보를 보낼 수 있는 분량은 초당 서류 한 장에 불과하였다. 그러나 요즈음은 머리카락 크기의 업티컬 파이버(optical fiber)를 이용하여 초당 90만 장이라는 실로 백과사전에 달하는 정보를 보낼 수 있으니 그야말로 놀라운 수준의 기술혁명이라 아니할 수 없다.

이와 같이 서로 독자적으로 개발된 컴퓨터분야와 정보통신분야의 기술은 1990년대에 들어와 인터넷의 보급으로 서로 연계를 이루면서 개인생활과 기업운영에 엄청난 영향을 미치고 있다. 1977년 미국 국방부의 연구팀이 인터넷의 기본원리인 패킷스위칭(packet-switching)기술을 개발하고 이를 1986년 미국의 과학재단이 운영하는 슈퍼컴퓨터센터를 연결시키는 수단으로 활용함으로써 오늘날의 인터넷이 태동되었다. 그 후 1990년대 초에는 미국 일리노이(Illinois)대학에서 인터넷을 비전문가도 사용할 수 있는 모자이크(Mosaic)라는 프로그램이 개발되어 1990년대 중반부터 본격적인 인터넷 대중화시대가 열리게 되었다.

컴퓨터와 정보통신분야의 기술혁신과 이를 연결시켜주는 인터넷의 도입으로 요약되는 디지털혁명은 18세기 후반에 증기기관의 개발로 시작된 산업혁명에 버금가는 수준의 큰 변화를 초래할 것으로 예상된다. 18세기 말의 증기기관으로 인한 변화를 1차 산업혁명, 19세기 말 전기로 인한 변화를 2차 산업혁명이라고 한다면 20세기 말에 시작된 디지털혁명은 3차 산업혁명에 해당되는 셈이다. 디지털혁명은 1, 2차 산업혁명과 마찬가지로 산업전반에 엄청난 구조변화를 유도하고 있으며 특히, 일반생활과 서비스분야에서의 변화는 가히 1, 2차 산업혁명을 능가할 것으로 전망되고 있다.

산업혁명의 과정에서 주역을 한 국가는 세계경제의 주도권은 물론 군사적·정치적 패권을 동시에 장악하였다는 사실을 우리는 역사를 통해 잘 알 수 있다. 1차 산업혁명은 영국이 주도하였으며 그 결과 영국은 19세기 세계의 최강자로 부상하였다. 2차 산업혁명은 미국의 동부에서 시작되었고 그 결과로 미국은 20세기의 세계무대를 주도하고 유럽제국이 그 뒤를 이어 이른바 대서양시대가 전개되었다. 3차 산업혁명인 디지털혁명은 미국의 서부에서 시작되었다. 이는 중심의 축이 미국에서도 동부에서 서부로 이동함으로써 한국, 일본, 중국, 인도를 포함한 아시아국가들의 대응 여하에 따라 21세기에는 태평양시대가 도래할 가능성을 보여준다고 할 수 있다.

19세기 말 쇄국정책으로 문을 닫아버린 한국이 뒤늦게나마 산업혁명의 물결을 탄 일본의 식민지가 되어 그 후 35년 간 수모를 당했다는 사실을 우리는 잊을 수가 없다. 이제는 미국의 서부 실리콘밸리에서 시작된 디지털혁명의 물결을 우리가 어떻게 활용하는가에 21세기 한국의 운명이 달려있다고 해도 과언이 아니다. 그렇기 때문에 디지털혁명을 이해하고 이를 잘 활용하는 것은 우리가 당면한 최대과제가 아닐 수 없다.

디지털혁명의 메카 실리콘밸리

미국의 실리콘밸리가 디지털혁명의 메카(mecca)라는 데에는 이견이 없을 것이다. 미국기업은 물론 디지털혁명의 파도를 타고자 하는 세계 각국의 기업들은 실리콘밸리에 본사 또는 지사라도 마련하려고 애를 쓰고 있다. 그러면 실리콘밸리는 과연 어떻게 하여 디지털혁명의 메카로 부상하게 되었는가?

실리콘밸리의 성공비결 열쇠는 실리콘밸리의 산파역할을 담당한 스탠퍼드대학에서 찾아야 할 것이다. 스탠퍼드대학은 동부의 하버드 (Harvard)대학 수준의 교육을 목표로 하면서도 인문분야에만 역점을 두는 하버드와는 달리 자연과학과 공학부문을 중시하는 실용적인 교육을 강조하여왔다. 오늘날 스탠퍼드대학이 실리콘밸리의 산실이 된 것도 바로 인문과학과 자연과학의 조화가 세계 어느 대학보다도 잘 이루어진 결과라 할 수 있다. 스탠퍼드대학 발전의 중요한 특징은 설립 초기부터 현재까지 산학협동이 활발히 전개되어 왔다는 점이다.

실리콘밸리의 창시자라는 터먼(Terman) 교수는 1937년에 스탠퍼드대학 전기공학과 과장으로 취임하면서 학생들에게 벤처기업의 창업을 권장하였다. 터먼 교수의 제자인 휼렛(Hewlett)과 패커드(Packard)는 1938년 패커드의 차고에서 538달러로 휼렛패커드(HP)사를 창업함으로써 실리콘밸리의 대표적 벤처회사의 창업자가 되었다. 벤처기업의 효시라 할 수 있는 HP사는 종업원의 창의력을 존중하고 언제나 새로운 변화에 기민하게 적응하는 디지털시대에 적합한 기업경영을 하는 대표적인 기업으로 지목되고 있다.

1956년 트랜지스터(transistor)의 발명으로 노벨 물리학상을 받은 스탠퍼드대학의 쇼클리(Shockley) 교수 역시 산학협동을 통해 기술혁신과 새로운 창업을 이루어 낸 대표적인 인물이다. 쇼클리 교수는 연구능력은 뛰어났으나 괴팍한 성격으로 인해 인사관리 측면에서는 많은 문제가 있었던 것으로 알려져 있다. 그래서 노이스(Noyce) 등 그의 제자 여덟 명은 쇼클리 교수로부터 '독립'을 선언하고 1957년 반도체 전문업체인 페어차일드(Fairchild)사를 창립하였다. 그 후 1968년 노이스 사장이 페어차일드를 떠나 인텔(Intel)사를 설립함으로써 반도체분야의 주역은 인텔로 이동하게 된다. 인텔은 1980년 IBM PC의 핵심부품을 생산하기 시작하면서 반도체분야의 선도기업으로 자리잡게 되었다. 결국, 쇼클리 교수의 제자들이 미국의 반도체산업을 일으키고 디지털혁명의 주역이 된 것이다.

스탠퍼드대학의 벤처기업가 배출전통은 현재까지도 지속되고 있다. 인터넷의 대중화를 선도한 넷스케이프(Netscape)사는 스탠퍼드대학 전자공학과 교수 출신인 클라크(Clark)가 창립했고 인터넷 서치엔진(search engine)으로 유명한 야후(Yahoo)사 창립자 제리 양(Jerry Yang) 역시 스탠퍼드대학 출신이다. 인터넷 관련장비업체로 세계적인 기업이 된 시스코(Cisco)사도 스탠퍼드출신 부부가 창업한 회사이다. 디지털혁명의 두 축인 반도체와 인터넷 모두 스탠퍼드 출신 기업인이 기술을 개발하고 상업화한 것이다.

이러한 신화는 지금도 계속되고 있다. 인터넷 서치엔진의 새로운 강자로 부상한 구글(Google) 역시 두 명의 스탠퍼드대학원 출신 기업인이 창업했으며, 디자인경영의 새로운 강자로 부상하고 있는 IDEO사 역시 스탠퍼드대학 디자인학과 켈리(Kelly) 교수가 창업하였다. 스탠퍼드대학 출신 기업인의 비중이 실리콘밸리 기업매출의 60%를 차지한다는 사실만으로 실리콘밸리 생성과 발달과정에서 스탠퍼드대학의 역할이 얼마나 큰지를 잘 알 수 있다.

스탠퍼드대학 다음으로 실리콘밸리 성장에 기여한 것은 벤처캐피털(venture capital)이다. 성공한 벤처기업인이 스포츠선수라면 그 뒤에는 벤처캐피털이라는 코치가 있어 유망한 벤처기업인을 고르고, 훈련시키고, 동기를 부여하는 등 좋은 여건을 조성하여 성공으로 이끄는 역할을 하고 있다. 지난 30년 간 벤처캐피털은 한낱 부자들의 취미에서 은행, 연금, 대학, 개인 등이 주식시장이나 은행보다 더 높은 수익을 실천하는 합법적인 방법으로 발전해 왔다. 이러한 벤처캐피털이 실리콘밸리의 벤처기업인과 접목하면서 벤처캐피털은 규모는 물론 그 역할에서 새로운 도약의 계기를 마련한 것이다.

실리콘밸리의 성공요인을 분석한 연구자들은[2] 고기술기업이 생존하고 번영하기 위해 필요한 인력, 자본 및 이를 공급하는 기관이 유기적으로 성장하여 동태적이며 상호의존적인 생태계(habitat)가 형성된 사실을 강조한다. 실리콘밸리 벤처생태계의 특징으로 기업에 유리한 경기규칙, 높은 지식집약도, 이동성이 높은 고급인적자원, 결과중심의 능력사회, 위험부담의 보상이 이루어지고 실패가 허용되는 사회, 개방적인 기업환경, 활발한 산학연계, 좋은 자연환경 등을 지적한다.

이러한 벤처생태계의 이점은 활발한 경쟁과 의견교환이 새로운 아이디어 개발을 촉진하고 이의 사업화를 가속화함으로써 혁신과 기업가정신의 발달에 크게 기여한다는 사실이다. 또한 이러한 생태계에서는 일의 추진이 빨리 진행될 수 있기 때문에 디지털시대 기업 간 경쟁에서 결정적 우위를 차지할 수 있다는 이점이 있다.

디지털경제의 패러다임

디지털경제에서 가장 중요한 패러다임은 경쟁이 치열해짐으로써 경제학 교과서에서나 존재한다고 생각했던 '완전경쟁(perfect competition)'이 실제로 가능해진다는 사실이다. 그 이유는 우선 전자상거래의 등장으로 시장이 지역적 제한으로부터 벗어나 전세계로 확대되고 있기 때문이다. 인터넷을 통해 언제, 어디서나 상품 또는 서비스를 구매할 수 있다는 사실은 소비자에게는 큰 편의를 제공하지만 공급자의 입장에서는 세계의 모든 공급자와 같은 조건에서 공급해야 하는 상황이 된 것이다. 또한, 소비자는 인터넷을 통해 사고자 하는 제품 또는 서비스의 가격과 성능 정보를 손쉽게 획득할 수 있기 때문에 소비자의 정보부족으로 인한 시장의 격리가 불가능해짐으로써 디지털경제에서 생산자 간의 경쟁은 더욱 치열해질 수밖에 없는 것이다.

디지털경제에서 경쟁의 심화는 경제의 힘이 종래의 생산자에서 소비자로의 전환을 의미한다. 생산자가 광고 등의 방법으로 소비자의 수요를 만들어내는 종래의 '생산자경제'가 디지털시대에는 '소비자경제'로 전환되는 것이다. 문자 그대로 '소비자가 왕'이 되는 소비자 주권(consumer sovereignty)시대가 열리게 된 것이다. 이러한 변화는 기업경영에도 즉각 반영되어 고객관리는 디지털시대를 맞이한 기업성공의 첫 번째 열쇠가 되고 있다.

또한, 인터넷을 통한 생산자와 소비자 간의 직접대화는 중간상인의 역할을 감소시키고 있다. 따라서 과거의 다단계 유통구조가 대폭 축소되고 이에 따른 비용절감은 곧 바로 가격인하의 형태로 소비자에게 그 혜택이 돌아가고 있다. 비용절감효과가 생산자의 초과이윤이 되지 않고 가격인하로 소비자의 혜택이 되는 것은 공급자 간의 경쟁심화로 디지털시대의 힘이 소비자에게 있다는 사실에 기인한다. 전자상거래를 활용하는 많은 기업들이 매출액의 증가에도 불구하고 실제로 수익은 높지 않은 것도 바로 이런 이유 때문이다.

디지털경제의 확산은 경제운용 패러다임의 변화를 촉진시키고 있다. 우선, 정부의 기능이 변하고 있다. 공급자중심이 수요자중심으로 바뀌면서 정부도 '전자정부(e-government)' 기능의 활성화를 도모하고 있다. 이에 따라 종래의 기업과 개인의 활동을 선도하는 역할은 감소하는 대신 개인과 기업의 수요를 파악하고 이를 충실히 충족시켜주는 방향으로 정부의 기능이 점차 전환되고 있다.

또한, 노동시장과 자본시장에서도 많은 변화가 일어나고 있다. 자동차, 조선 등 기간산업으로 대표되는 대량생산시대에 부각된 강성노조활동과 노사대립이 점차 쇠퇴하고 소량다품종시대를 맞아 글로벌경쟁에서 우위를 점하기 위해 노사협력이 활성화되고 노동시장의 유연성이 제고되는 것이 디지털경제가 상당히 진전된 미국 등 선진국의 공통된 추세이다.

디지털시대에는 기업경영의 패러다임 역시 크게 변하고 있다. 우선, 속도가 경영의 중요한 변수가 되고 있다. 빌 게이츠는 1980년대가 질(質)의 시대, 1990년대가 리엔지니어링(reengineering) 시대라면 2000년대는 속도(speed)의 시대라고 주장하고 있다.3) 디지털시대에는 환경이 급격히 변하고 변화의 방향이나 내용을 예측하는 것은 거의 불가능하기 때문에 적시에 필요한 결정을 내리고 수정이 필요한 상황이 도래하면 이를 적절히 수정하는 것이 지혜로운 기업경영방식이라는 것이다. 비록 잘못된 결정이라도 아무런 결정을 못하는 것보다는 낫다고 한다.

디지털시대에는 18개월 이상 지속되는 기업전략은 상상하기 어렵다 할 정도로 변화에 신속한 대응의 중요성이 부각되고 있다. 또한, 변화에 효율적으로 대응하려면 '고정관념에서 벗어나 창의적인 생각(thinking outside the box)'을 할 수 있는 능력을 키워야 한다고 전문가들은 강조하고 있다.4)

아날로그시대를 단선적 라인워크(linework)시대라고 한다면 디지털시대는 연결고리의 다양화 및 공간화가 특성인 네트워크시대라는 점이다. 디지털기술은 수없이 많은 정보를 순식간에 전달하며 한없이 많은 연결고리를 아무런 제한 없이 창조할 수 있기 때문에 정치, 경제, 사회행동이 네트워크로 연결되어 사이버 공간의 행동비중이 급격히 증가하게 된다. 네트워크의 형성과정에서 중요한 구성요소는 구성원 간의 신뢰이다.

디지털시대에는 정보와 의사소통의 속도가 빠르고 그것을 빠른 시간 안에 수용 또는 거부의 결정을 함에 따라 논리적 설명보다는 '마음에 드는 것'이 선택의 새로운 기준이 되기도 한다. 지식을 논리적으로 연결하는 것은 컴퓨터의 몫이 되고 인간은 존재하지 않는 지식, 무형의 지식을 창조하고 느끼는 일을 맡게 됨에 따라 이성보다는 감성이 주요한 자질로 부각하게 된다.

또한, 디지털시대의 사람들은 생활의 모든 면에서 끊임없이 재미와 감동을 추구하게 됨에 따라 이전의 '잘 먹고 잘 살기 위해서'라는 목표가 '즐겁게 살기 위해서'로 변화되고 문화산업의 중요성은 점차 증가하게 된다. 그 결과 문화산업은 디지털시대의 국부를 창조할 산업으로 급부상하고 있으며 세계의 유수기업들은 문화시장의 선점을 위한 치열한 경쟁에 돌입하고 있다.

사회변화의 요인들이 급속하게 축적되고 전파되기 때문에 변화의 폭과 속도가 더욱 빨라져 이전과는 다른 '점프형' 변화로 진행되고 있다. 네트워크를 구성하는 주체 하나하나의 변화도 결국 모든 네트워크와 연결되어 파급됨으로써 파급의 강도가 증폭되는 효과를 가져오고 있다. 디지털시대를 맞아 경제와 사회를 움직이는 패러다임이 근본적으로 바뀌고 있는 것이다.

제15장

금융강국이 세계경제를 움직인다

관치금융과 한강의 기적

금융은 흔히 인체의 혈관과 비유된다. 인간이 건강하기 위해서는 혈관이 신체 각 부문에 필요한 산소를 공급해주어야 하듯이, 경제가 잘 돌아가려면 금융이 제 기능을 하여 경제 각 부문의 발전에 필요한 자금의 공급이 원활히 이루어져야 하는 것이다.

전문가들은 금융의 기능을 다음과 같이 정리한다.[1] 첫째, 금융은 교환의 매개수단은 물론 가치의 저축수단을 제공한다. 둘째, 금융은 흑자 지출단위들의 저축을 동원하고 이 저축을 투자자들에게 활용할 수 있도록 하는 중개자 기능을 수행한다. 셋째, 금융은 위험을 변형시키고 분산시키는 역할을 담당한다. 넷째, 금융은 다른 상품의 가격이 측정되는 척도를 제공함으로써 다른 상품가격이 이 척도에 대비하여 변동할 수 있도록 한다. 이와 같이 신체의 혈관과 같은 금융부문이 발전되지 않으면 실물경제가 발전하기 어려울 것임은 자명한 일이 아닐 수 없다.

한국에서 금융의 발전과정을 역사적으로 분류하면 다음과 같다: ① 금융정체기: 1945~1964년, ② 급속한 금융성장기: 1965~1969년, ③ 금융성장의 둔화기: 1970~1980년, ④ 부분적 금융자유화 추진기: 1981~1997년, ⑤ 외환위기 이후 구조조정기: 1998~2002년, ⑥ 금융선진화기: 2003년 이후.

1945년 해방 이후 거의 20년 동안 한국의 금융은 별다른 발전을 하지 못하였고 정부의 정책 역시 억제로 일관하였다. 제대로 된 금융시장이 발전되지 못하다보니 사금융시장에 의해 경제가 돌아간 것이다.

오랜 기간 정체기를 겪은 한국의 금융시장은 1965년 9월 금리를 대폭 현실화하는 금융개혁조치에 의해 처음으로 활성화되었다. 정기예금의 실질금리가 1964년의 연 −20%에서 1965년에는 연 +20%로 상향조정되면서 금융자산이 잔액기준으로 두 배 이상 증가하였고 국민총생산(GNP)에 대한 총통화의 비율도 1960년대 초의 10% 미만에서 1969년에는 34%로 높아졌다. GNP에 대한 국민저축률도 1964년의 7.5%에서 1969년에는 17.5%로 상승하여 외국자본의 대량도입과 함께 높은 수준의 투자를 가능하게 한 것이다.

그 결과 1965~1969년 중 경제성장률도 10%가 넘게 되었다. 금리현실화로 국내저축이 늘어 금융시장이 활기를 띠게 됨은 물론 높은 투자를 가능하게 하여 경제성장도 높아진 것이다. 금융부문의 발전이 고도 경제성장의 필요조건임을 실감케 하는 대목이 아닐 수 없다.

그러나 금융시장이 활성화되는 시기는 단기간으로 끝나고 당시 박정희 정부가 중화학공업 육성정책의 일환으로 정책금융을 대폭 확대하면서 금융시장은 다시 위축하게 되었다. 실질금리가 마이너스 또는 제로에 가까운 상태로 하락하면서 저축자들은 은행을 외면하게 되었고 자금이 주식시장과 토지 등 실물시장으로 이동하게 되었다.

따라서 저금리의 은행자금은 소수의 대기업에게 특혜형태로 집중되었고 이런 과정에서 소외된 대다수의 중소기업들은 높은 금리의 사금융시장에 의존할 수밖에 없게 되었다. 1970년대에 종합금융회사, 상호신용금고, 증권투자신탁 등 제2금융권이 급속한 신장을 이루었으나 금융부문의 성장속도는 경제성장률을 다소 상회하는 정도에 그쳤으며 그 주된 원인은 저금리정책으로 공금융시장에 저축자의 자금이 유입되지 못했기 때문이다.

1980년대에 들어와 전두환 정부는 경제정책의 기조를 안정과 개방에 두면서 금융부문에서도 자율화를 추진하였다. 1980~1983년에 걸쳐 정부보유 은행주식을 일반에게 매각하여 시중은행의 민영화를 추진하였고, 제2금융권의 진입장벽 완화 및 업무영역의 확대 등으로 시장경제기능을 확대하였다. 또한 은행의 금리체계를 단순화하였고, 정책금융금리를 일반대출금리 수준으로 인상하여 정책금융을 실제적으로 폐지하였다.

1988년에 금리자유화 조치가 취해졌으며 업무영역조정을 포함한 금융산업의 개편도 이루어졌다. 이에 더해, 1993년에는 금융산업발전심의회의 건의를 받아들여 금융분야의 규제완화를 중점적으로 추진하였다. 특히, 1996년에는 OECD 가입에 대비하여 외환제도 개혁조치가 이루어졌고 추가적인 금리자유화 조치들이 취해졌다.

이러한 금융자율화 노력에도 불구하고 1960년대부터 지속되어 온 '관치금융'의 전통은 쉽게 사라지지 않았다. 금융배분의 정부 간섭도 방향만 다를 뿐 여전히 계속되었다.[2] "규제완화된 부문에서도 행정지도성격의 규제가 지속되었으며, 규제의 근거가 없는 권위적 규제도 지속되었다." 또한, "내부경영의 선택폭이 넓어졌음에도 불구하고 금융기관의 차별적 전략에 의한 금융산업의 심화는 이루어지지 못하였다"[3]는 것이 전문가들의 공통된 평가이다.

그 이유는 한국에서의 금융자율화가 외국에 비해 너무 부분적이며 점진적으로 이루어졌기 때문이다. 이 기간 중 영국을 선두로 대다수의 선진국은 금융시장의 개방과 자율화 조치를 빅 뱅(Big Bang)의 방법으로 급격히 추진하였고 이는 전세계가 금융부문을 필두로 하여 새로운 세계화의 길로 가게 된 직접적인 동인이 되었다.

'한강의 기적'으로 불리는 1960년대 이후 한국에서의 고도성장은 정부주도의 경제운용에 의해 이루어졌으며 정부주도 경제운용의 핵심은 관치금융이었다. 박정희 정부는 1961년 금융기관 임원의 임명승인권을 은행감독원장에게 부여하는 금융기관에 관한 임시조치법을 제정하고 당시 소수의 재벌이 소유하고 있었던 일반은행의 주식 대부분을 정부에 귀속시키고 대주주의 의결권을 제한하여 사실상 은행을 국유

화하였다. 이어 1962년에는 한국은행법을 개정하여 통화신용정책의
권한을 재무부로 대폭 이관하였다.

이렇게 장악한 금융기관을 통해 정부는 정부가 원하는 산업과 기
업에 금융자금이 집중적으로 투자될 수 있도록 진두지휘를 하였고 이
러한 관치금융의 관행은 1970년대 말까지 지속된 것이다. 앞에서 지적
한 대로, 1960년대 후반 금리현실화 조치로 금융부문이 크게 성장하였
으나 이 기간에도 관치금융의 관행은 지속되었다. 1970년대에 들어와
중화학공업을 전략적으로 육성하면서 관치금융의 관행은 그 극에 달
하였고 금융자금이 특혜의 형태로 소수의 재벌기업에 집중됨으로써
정경유착의 새로운 관행도 만들어진 것이다.

외환위기와 금융구조조정

1997년 말에 발생한 외환위기는 대외적으로는 태국에서 시작된
외환위기가 도미노현상과 같이 아시아 각국에 파급된 측면이 있으나
대내적으로는 기아, 삼미, 한보 등 대기업의 연쇄부도사태에 기인하였
다고 할 수 있다. 이러한 연쇄부도의 근본적 원인은 당시 많은 대기업
들이 민주화 이후 임금이 급등하여 국제경쟁력이 약화되었는데도 불
구하고 이미 대기업의 '볼모'가 되어버린 은행으로부터 과다한 차입을
통해 무리한 사업확장을 한 것이었다. 다시 말해, 오랜 관치금융의 관
행이 대기업에게 경제성이 취약한 사업을 추진하게 하였고 이는 대기
업의 연쇄부도와 금융기관의 도산으로 이어진 것이다. 결국, 관치금융

이 한국에서 외환위기를 일으킨 주범인 것이다.

외환위기가 발생하면서 금융산업이 최우선적으로 수술대에 오른 이유는 금융산업의 낙후가 외환위기 발생의 근원적인 원인이었다는 인식 때문이다. 종금사를 비롯한 많은 금융기관은 정부의 자본시장 개방화조치를 최대한 활용하여 홍콩, 싱가포르 등 국제금융시장에 진출하여 파생상품 등 위험부담이 높은 금융상품에 투자하였으나 실패함으로써 귀중한 외화를 낭비하였다. 또한 상대적으로 차입이 쉬운 단기 외자를 국내에 도입하여 기업에게 장기로 대출해줌으로써 외환위기가 야기된 직접적 원인을 제공하였다.

한국금융의 근본적인 문제는 시장기능이 제대로 작동하지 못하고 있다는 사실에 기인한다. 금융산업은 진입에서부터 퇴출까지 완벽한 정부의 지배를 받아왔다고 해도 과언이 아니다. 은행은 물론이고 제2 금융권에의 진입도 '황금 알을 낳는 거위'로 인식되어 특혜로 간주되었고 새로운 금융기관이 설립될 때마다 정경유착의 시비가 있었던 것이 사실이다.

더 큰 문제는 부실금융기관이 경제에 충격을 준다는 이유로 퇴출되지 않고 정부차원의 각종 지원으로 계속 명맥을 유지해 왔다는 점이다. 퇴출위험이 없기 때문에 금융기관의 방만한 경영은 시장의 힘에 의해 견제되지 못하고 지속되어 왔다. 금융부문에서 대외개방이 지연되고 금리, 업무영역 등의 과도한 규제를 정부가 유지하였기 때문에 금융기관 간의 경쟁도 매우 제한적으로 이루어질 수밖에 없었다. 이러한 상황에서 국내금융기관의 생산성은 낮을 수밖에 없는 것이다.

금융감독체계와 방식에도 많은 문제가 있었으며 이는 금융기관이 부실화된 또 하나의 원인으로 지적되고 있다. 역시 가장 큰 문제점은 부실금융기관을 시장원리에 입각한 퇴출 등의 과감한 조치를 취하지 못하고 금융지원 등의 회생조치에 의존함으로써 "금융기관은 망하지 않는다"는 잘못된 인식을 심어주었으며 경영진, 주주 및 예금자의 "도덕적 해이" 현상을 조장한 것이다. 금융기관의 검사도 경영건전성보다는 위규사항 적발위주로 이루어짐으로써 효율적 경영체제 확립을 오히려 저해하는 역할을 하였다. 이에 더하여, 금융기관의 감독권한이 업무별 그리고 금융기관별로 분산되어 감독의 사각지대가 발생하는가 하면 금융부실화의 책임소재가 불분명한 상황도 발생하게 되었다.

정부는 금융구조조정 정책의 일환으로 부실금융기관을 정리하고 경영개선조치를 취함은 물론 예금보장제도, 자산건전성 분류 등의 분야에서 제도개선을 추진하였다. 금융구조조정의 두드러진 특징은 막대한 공적자금이 구조조정과정에 투입되었다는 사실이다. 금융구조조정을 위해 총 156조 원이 외환위기 발생 이후 집행되었다. 그 사용내역을 살펴보면 부실채권의 매입을 위해 39조 원이 투입되었고, 부실금융기관을 위한 증자 및 손실차액보전에 60조 원이 투입되었다. 그리고 예금대지급과 금융기관 출연에 각각 26조 원과 16조 4,000억 원이 투입되었고 금융기관 자산매입 등으로 나머지 15조 원이 사용되었다.

정부주도의 금융구조조정은 금융권의 부실채권을 조기에 정리하고 필요한 증자조치를 취해줌으로써 대외적으로는 추락한 우리 금융기관의 신뢰도를 제고하고 대내적으로는 금융경색을 해소하려는 데에 있었다고 할 수 있다. 부작용도 있었으나 나름대로 성과도 많았던 것이 사실이다. 금융구조조정의 가장 큰 성과는 금융기관도 망할 수 있다는 인식을 분명히 심어줌으로써 금융기관의 경영이 시장원리에 더욱 충실한 방향으로 전환되었다는 것이다. 관치금융의 오랜 관행이 외환위기와 이에 따른 강도 높은 금융구조조정으로 인해 근본적으로 바뀌기 시작한 것이다.

금융산업의 최근 변화4)

외환위기 이후 우리나라의 금융산업은 크게 변하고 있는 것이 사실이다. 무엇보다도 국내 금융기관의 대형화가 활발히 진전되고 있다. 금융기관의 대형화는 처음에는 부실처리와 구조조정이라는 소극적인 차원에서 추진되었으나 점차 경쟁력을 강화하는 주요수단으로 활용되고 있다. 대형화 과정에서 상위 대형 금융기관으로의 집중도가 증가하고 있다. 2000년 금융지주회사법이 제정되어 금융지주회사가 설립되었다. 대형화의 진전으로 국내은행의 국제 순위도 점차 상승하고 있으며 제2금융권도 대형화 중심으로 업계 재편 움직임을 보이고 있다.

금융기관의 업무영역 역시 큰 변화를 보이고 있다. 예를 들어, 외환위기의 직접적인 원인을 제공한 종합금융사는 대부분 없어지고 투자신탁회사는 수익증권을 판매하는 증권사와 그 운용을 담당하는 투신운용사로 분리되었다. 뮤추얼펀드의 도입으로 이를 운용하는 자산운용사가 새로 설립되었고 부동산투자를 전문으로 하는 리츠(REITs)

및 부동산신탁회사 등이 만들어졌다.

또한, 은행, 증권, 보험사 등을 중심으로 거의 모든 금융상품을 마련하여 '원스톱' 뱅킹서비스를 제공하는 프라이빗 뱅킹이 크게 확대되고 있다. 금융기관의 겸업화 진전에 따라 판매채널이 다변화되고 업무영역의 수평적 통합화 현상도 일어나고 있다. 금융기관의 업무영역 변화는 다양한 형태의 금융신상품의 등장을 가능하게 하여 금융기관 간의 경쟁도 치열해지고 있는 것이다.

IT기술이 금융상품의 판매 및 결제업무 등에 폭넓게 활용되면서 새로운 형태의 금융업종과 서비스가 등장하고 있다. 전화, 인터넷, 휴대폰 등이 새로운 금융결제수단으로 활용되고 있어 현재 금융거래자의 2/3가 이를 적극 활용하고 있다. 또한, IT기술이 금융업에 접목되면서 과거 인적산업이었던 금융업이 인적자원과 IT시스템이 결합된 새로운 형태의 서비스로 변화되고 있는 것이다. IT발달로 서로 다른 업종 간의 제휴도 활발히 진행되고 있다.

겸업화의 진전으로 금융권 간 경쟁이 일부상품의 경합관계를 넘어 금융권 구분 자체를 무의미하게 만드는 본격적인 경쟁관계로 확대되고 있다. 외환위기 이전에는 금융기관이 단지 수신규모를 늘리는 외형성장의 경쟁에 치중하였으나 지금은 금융기관의 건전성과 수익성이 강조되면서 금리 등을 중심으로 치열한 가격경쟁을 벌이고 있다. IT기술의 발달은 금융서비스의 비용하락을 초래하여 금융기관 간 가격경쟁을 더욱 부추기는 요인이 되고 있다.

또한, 고객에게 다양한 상품을 제공하는 등 고객의 수요에 부응하려는 노력을 강화하고 있다. 이와 같이 가격경쟁의 심화로 기존의 수익모델이 한계에 봉착하면서 가격경쟁보다는 품질경쟁을 지향하려는 움직임도 가시화되고 있다. 고부가가치의 프라이빗 뱅킹 서비스 등이 대표적인 사례가 될 것이다.

금융기관 간의 경쟁은 판매채널과 고객기반을 확보하려는 경쟁으로 확대되고 있다. 경쟁력 있는 판매채널 확보의 중요성이 증가하면서 보험과 투신상품 등은 고객기반과 지점이 풍부한 대형은행과의 제휴에 역점을 두고 있으며, 신용카드사도 유통업체의 풍부한 고객기반을 활용하기 위한 제휴경쟁을 가속화하고 있다. 이에 더해, 신수익원 개발을 위한 제휴경쟁도 활성화되고 있다.

금융기관의 업무영역 확대는 전국적인 점포망을 갖고 있는 은행권의 경쟁력을 강화시키는 결과를 초래하고 있다. 은행은 거의 모든 금융업무를 관장하는 슈퍼금융기관으로 도약하고 있으며 자산운용 전문인력들의 은행권으로의 이동도 가시화되고 있다. 반면, 투신사와 자산운용사는 경쟁력을 상실하여 영업활동이 크게 위축되고 있으며 상당수의 증권사들도 어려움에 봉착하고 있다. 지점망 축소, 매각합병 등의 방법으로 제2금융권의 구조조정 노력이 가속화되고 있는 것이 오늘날의 실정이다.

외환위기 이후 금융산업의 또 하나의 변화는 외국자본이 국내에 많이 진출하였다는 것이다. 외환은행, 제일은행 등은 이미 경영권이 외국계 금융기관에 넘어가 있으며 국민은행 등 우량 금융기관 주식의 50% 이상이 외국인 투자가들이 소유하고 있다. 또한, 외국계 보험사의 국내진출도 활발하고 외국계 자산운용사도 국내진출을 본격화하고 있다. 외국계 금융기관의 국내진출은 국내시장에서 경쟁을 더욱 치열하게 함은 물론 외국금융기관의 경영노하우를 배울 수 있는 좋은 기회가 되고 있다.

국내은행의 외국인 투자비율 확대는 해당 금융기관의 운영을 수익성과 안정성 측면에서 국제수준에 맞게 하도록 유인하는 촉매역할을 하고 있다. 결국, 외환위기 이후 급속히 진행된 금융시장의 개방은 국내 금융산업의 효율성을 높이고 경영을 선진화하는 직접적인 계기가 되고 있는 것이다.

금융산업의 취약점

외환위기 이후 국내 금융산업의 급격한 변화에도 불구하고 세계 주요국의 금융기관에 비하면 많은 취약점이 있는 것이 사실이다. 무엇보다도, 세계적으로 금융자산의 규모가 획기적으로 확대되면서 금융의 패러다임이 '예금'에서 '투자'로 이동하고 있는 반면, 한국에서는 담보대출 등 안전자산 위주로 영업을 하는 은행중심으로 금융산업이 확대되고 있으며 증권 역시 위탁매매업무에 치중하는 등 금융기관의 투자기능이 아직도 미약하다.

예를 들어, 은행의 경우 비이자수익 비중은 한국이 18.7%인 반면, 미국은 48.0%, 영국은 46.4%에 이르고 있으며, 증권사의 경우 위탁수수료 비중은 한국이 48.2%나 미국은 16.5%에 불과하다.[5] 또한, 선진국에서는 뮤추얼펀드 등 공모펀드보다 고수익・고위험을 추구하는 사모주식투자펀드(PEP) 및 헤지펀드의 성장세가 뚜렷하나, 한국에서는 PEP에 의한 출자가 2007년 6월 현재 3조 2,000억 원에 불과하고 헤지펀드는 아직 설립되어 있지도 못하다.

선진국의 금융기관은 다양한 고수익원을 찾아 전세계로 영업을 확대하고 있으나 아직 한국의 금융기관은 해외진출 실적이 극히 부진하다. 2006년의 경우 해외영업비중이 국내은행은 3.4%에 불과한 반면, 선진 5대 투자은행(IB)은 무려 33.7%에 이르고 있다. 해외에 진출한 국내 금융기관의 경우 영업활동이 주로 국내기업의 현지지점과 교포 위주로 이루어지고 있어 실질적 의미에서의 국제화 업무는 거의 전무하다고도 할 수 있다.

금융기관 간의 경쟁심화로 대형화와 겸업화가 세계적인 추세임에도 불구하고 한국의 금융기관은 아직 규모면에서 선진 금융기관과 경쟁하기에는 역부족이다. 한국 상위 4개 은행의 평균자산은 2004년 현재 1,497억 달러로 미국 상위 4개사의 13.4% 수준에 불과하다. 또한, 한국 상위 3개 증권사의 자산규모도 2004년 현재 51억 달러로 골드만삭스(Goldman Sachs) 4,038억 달러, 메릴린치(Merrill Lynch) 4,945억 달러에 비해 1/10 수준에 불과하다. 한국 상위 3개 보험사의 자산규모 역시 2005년 현재 61억 달러로 미국과 일본 대형 보험사의 17~20% 수준에 불과하다.

2007년 5월 한국개발연구원이 1,028명의 금융전문가를 대상으로 실시한 설문조사는 과다한 금융규제와 금융감독 개혁의 지연을 한국

금융산업의 가장 큰 취약점으로 지적하고 있다. 이 보고서는 최근 5년간 가장 개선된 분야로는 금융산업의 건전성과 안전성, 그리고 금융기관의 대외경쟁력 향상을 지적하고 있다. 반면, 금융허브의 실현가능성은 국내금융종사자는 44.2%가 긍정적으로 평가하나 외국금융종사자는 31.7%만이 긍정적인 반응을 보이고 있다. 금융허브의 실현가능성이 낮은 이유로는 42.9%가 경직적 규제감독 시스템을, 23.0%가 적극적 유인책 부족을 지적하고 있다.

금융산업의 세계화전략

한국의 금융산업은 오랜 기간의 관치금융 관행에서 벗어나 금융자유화가 거의 완성되어가고 있는 상황이라고 할 수 있다. 이제 남은 과제는 금융산업의 세계화 추진으로 새로운 도약의 길을 모색하는 것이다. 한국에서 금융산업의 GDP대비 비중은 2006년에 7.5%로 2000년의 6.9%보다는 크게 신장하였으나 아직도 미국의 7.8%, 영국의 8.2%보다는 낮다. 또한, 2000~2005년 중 금융산업의 GDP성장 기여율 역시 한국이 8.2%로 미국의 11.1%, 영국의 15.5%보다 낮다. 이는 아직도 한국의 금융산업이 성장의 여지가 많이 있음을 의미한다.

예를 들어, 한국에서 금융산업 취업자 비중은 2006년 현재 3.4%로 영국의 4.0%, 미국의 4.5%보다 낮다. 금융산업부문의 임금이 여타산업을 크게 상회하기 때문에 금융산업은 양질의 고용기회를 창출할 수 있는 계기를 마련해 줄 수 있는 것이다. 또한 금융산업의 발전은 그 자체로도 큰 의미가 있음은 물론 다른 산업의 발전을 지원하는 부수적 효과 역시 지대하다고 할 수 있는 것이다.

금융산업의 세계화는 크게 두 가지로 나누어 생각해 볼 수 있다. 하나는 국내 금융시장을 개방하여 궁극적으로 한국을 동북아의 금융허브가 되도록 하는 것이며, 다른 하나는 한국의 금융기관이 외국시장에도 진출하여 국제적 금융기관으로 발전하는 것이다. 정부는 2002년까지 금융산업의 자율화과정이 대체로 마무리되었다는 판단 아래 2003년 12월 동북아 금융허브 추진전략을 마련한 바 있다.

그 주요 내용을 살펴보면 1단계로 외환제도, 금융규제 등의 개선을 통해 2007년까지 금융허브 기반을 구축하고, 2단계로 자산운용업 등 선도 금융시장을 발전시켜 2010년까지 특화 금융허브를 구현하며, 3단계로 2015년까지 한국을 홍콩, 싱가포르와 함께 아시아 3대 금융허브로 발전시키겠다는 것이다.

이를 위해서는, 첫째 혁신적 금융상품을 개발하고 규제와 감독체계를 개선하며 전문인력을 양성하여 금융시스템을 선진화하고, 둘째 국내외 금융시장 간 금융거래를 확대하여 금융시장을 국제화하며, 셋째 국내금융회사의 해외진출을 활성화하고 외국금융회사의 국내진출을 촉진하며 금융회사의 국제화를 추진하는 것을 기본 목표로 설정하고 있다.

이러한 야심찬 목표를 갖고 출발한 동북아 금융허브 프로젝트의 이제까지 실적은 많은 노력에도 불구하고 별로 만족스럽지 못하다. 우선 성과를 살펴보면, 2007년 7월 자본시장통합법을 제정하여 금융투자업 간 겸영을 허용하고 금융투자상품관련 규제를 완화하는 등 자본시장 발전기반을 마련하였다. 또한 외환보유액 등 공공부문의 여유자금을 효율적으로 운영하기 위한 한국투자공사를 2005년 7월 출범시켰고 금융규제를 완화하고 금융감독행정을 개선하려는 노력도 경주하고 있는 것이 사실이다. 무엇보다도 금융허브 추진을 효율화하기 위해 경제부총리를 위원장으로 하는 금융허브추진위원회를 운영하고 있으며 2006년 3월에는 KAIST에 금융전문대학원을 설립한 바 있다.

그럼에도 불구하고, 한국의 금융허브 추진 속도는 외국에 비해 상대적으로 느린 것으로 평가되고 있다. 우선, 금융전문가 대다수가 한국에서의 금융규제의 완화, 외환자유화의 속도가 미흡하다고 생각하고 있으며 금융허브 달성 가능성 역시 높지 않다고 보는 것이 지금의 현실이다. 이러한 부정적인 시각은 한국인보다 외국인의 경우 더욱 심각하다. 실제로 외환위기 이후 한국 금융시장에서 많은 긍정적인 변화가 있었던 것이 사실이나 금융허브로 성공한 외국과 비교하면 아직 우리의 노력은 크게 부족하다는 것이 전문가들의 공통된 의견인 것이다.

영국이 실물경제의 위축에도 불구하고 '빅뱅(Big Bang)'이라는 과감한 금융자유화로 런던을 국제금융센터로 다시 부상하게 한 것은 잘 알려진 사실이다. 이 과정에서 많은 영국 금융기관이 과다한 경쟁으로 어려움을 겪기도 하였으나 결국 개방은 영국 금융산업의 체질을 개선하고 런던을 국제금융센터로 재부상시킨 것이다. 싱가포르는 국영투자회사를 통한 정부잉여재원의 해외 은행업 투자로 아시아 금융강국으로 도약하고 있다. 싱가포르 3대 은행은 총자산의 30%를 해외에서

운용 중이다.

중동의 두바이는 지도자의 리더십으로 금융클러스터를 구축하여 중동의 금융허브로 부상하고 있다. 호주는 아시아 금융위기로 인해 이탈하는 국제 금융자본의 호주유치에 적극 나서 아시아 1위, 세계 4위 규모의 자산운용시장을 육성하는 데 성공하였다. 아일랜드 역시 국제 금융서비스센터를 설립하여 런던 등의 금융거래를 뒷받침하는 후선업무(back office) 기능으로 특화시키는 데 성공하였다. 중국은 상하이를 아태지역 국제금융센터로 육성하기 위해 3단계 추진전략을 마련하여 적극 추진 중이며, 홍콩을 중국의 풍부한 자금력과 선진화된 금융기법을 활용하여 아시아 금융시장의 최강자로 육성하고 있다. 인도도 최근 방갈로 IT산업단지의 성공적인 조성에 이어 뭄바이 국제금융센터를 구상 중인 것으로 알려지고 있다.

그러나 우리의 경우 정부주도로 부실 금융기관이 정리되고 대형화가 이루어졌으나 금융기관의 대표격인 은행의 운영실태는 아직도 실망스럽다. 혁신적 사고로 새로운 금융상품을 개발하기보다는 주택 등을 담보로 하는 안정적인 운영으로 일관하고 있다. 또한 발전가능성이 무궁무진한 해외시장의 진출은 엄두도 내지 못하면서 모든 역량을 안전한 방법으로 국내시장을 경쟁적으로 공략하는 일에만 몰두하고 있는 것이다.

금융허브 구축에서 핵심적인 요건인 전문인력 측면에서도 우리에게는 취약점이 너무 많다. 금융전문인력 부문에서 국가경쟁력 순위는 한국이 45위로 홍콩의 11위, 싱가포르의 15위보다 크게 뒤지고 있다.[6] 금융부문의 인력구성 측면에서도 전문가 비중이 한국은 8.9%에 불과한 반면, 싱가포르는 51.3%, 홍콩은 43.8%나 된다.[7] 금융허브 추진에 또 하나의 필수적 요건이라 할 수 있는 사모투자펀드나 헤지펀드 부문 역시 한국에서는 거의 전무하다 해도 과언이 아닐 정도로 취약하다. 금융허브의 길은 아직 멀고도 험한 것이다.

동북아 금융허브 구축을 위해 우리는 과연 무엇을 해야 하는가? 정부는 다음 네 가지 전략을 제시하고 있다.[8] 첫째, 규제혁신을 통해 금융회사의 역량을 강화한다는 것이다. 이를 위해, 현재 규모가 상대적으로 작은 투자은행을 대형화하여 동북아 자본시장을 선도하도록 하고, 다양한 수익모델의 발굴 지원을 통해 은행의 선진화를 유도하며, 기존의 각종 칸막이를 허물어 세계수준의 글로벌 보험사를 육성한다는 것이다.

둘째, 동북아 틈새시장으로서 자산운용시장을 육성한다는 것이다. 이를 위해, 다양한 파생상품 등을 개발하여 자산운용시장을 역내 대표 선도시장으로 육성하고, 사모주식투자펀드를 활성화하고 헤지펀드를 허용하여 혁신적인 자본시장 주체를 육성한다는 것이다.

셋째, 국내 금융회사의 해외진출을 활성화한다는 것이다. 그러기 위해, 해외진출 관련규제를 적극 완화하고 지원 시스템을 구축하여 국내 금융회사의 적극적인 해외진출을 유도하고, 한국투자공사와 산업은행 등 공공기관의 해외진출도 적극 추진하겠다는 것이다.

넷째, 금융인프라를 개선하고 전문인력을 양성하는 것이다. 이를 위해, 금융인프라의 효율성, 투명성, 신뢰성 개선을 위한 제도적 노력을 전개하고, 금융관련 MBA 프로그램을 확충하고 국내외 우수인력 유치를 위한 인센티브 제공을 강화한다는 것이다.

이러한 내용은 전문가들의 의견을 수렴하여 정부가 만든 것으로 대체로 무난한 것으로 평가되고 있다. 그러나 문제는 정부가 어느 정도의 강도로 이러한 시책을 추진할 것인가이다. 이제까지 정부의 노력은 경제부처 차원에서 이루어졌지 정권 차원에서 이루어지지는 않았다는 것이 일반적인 평가이다. 특히, 금융허브 구축은 대대적인 개방을 의미하기 때문에 정권 차원의 노력과 국민의 이해와 협조가 뒤따라주지 않으면 절대로 성공할 수 없다.

그러나 노무현 정권은 반시장적 이념으로 무장되어 있기 때문에 대대적인 개방과 규제완화를 수반하는 금융허브 프로젝트가 정권적 차원에서 우선순위가 높을 수가 없다. 최근 검찰과 국세청이 외환은행을 매입한 론스타에 대해 집중적인 조사를 하고 이를 대다수의 언론과 국민이 우호적 지지를 보낸 사실은 아직도 금융개방에 대한 정권과 일반국민의 시각이 곱지 않다는 것을 보여주고 있다. 시장을 개방하면 외국자본이 국내로 들어오고 이 과정에서 이들이 많은 투자수익을 올리는 것을 부정적으로 보는 것은 개방의 기본인식이 잘못되었음을 의미한다.

물론 외국자본의 횡포가 없도록 여러 가지 제도적 장치를 마련하는 것은 필요하나 이 역시 과다하면 외국자본은 한국시장을 외면할 것이다. 특히, 이 외국자본들을 국가의 대표적 기관인 검찰과 국세청이 범죄자 취급을 하는 것은 문제가 아닐 수 없다. 금융허브 구축을 위한 경제부처의 많은 노력에도 불구하고 외국인 전문가들이 한국이 금융허브가 되는 것을 부정적으로 보는 이유가 바로 여기에 있다고 생각한다. 정권의 경제철학이 시장과 개방으로 정립되고 국민 대다수가 이에 동의해야만 동북아 금융허브를 향한 한국정부의 노력이 결실을 맺을 수 있는 것이다.

정부는 인천 송도에 금융자유도시 건설을 추진하고 있다. 이에 매일경제신문은[9] 마카오, 싱가포르, 홍콩 등의 성공사례의 경험에 비추어 한국정부가 1국가 2체제를 인정할 정도로 파격적인 규제완화를 해야 소기의 목적을 달성할 수 있음을 강조한다. 그렇지 않으면 송도는 홍콩, 싱가포르가 아니라 일산, 분당과 같은 또 하나의 수도권 신도시로 전락할 것이라는 전망을 하고 있다.

머니투데이는[10] 국내 은행은 M&A로 덩치는 커졌어도 아직 실력은 제자리이며 연륜이 짧은 국내 금융지주회사는 이제 걸음마 단계에 있다고 주장하고 있다. 또한 위험관리가 금융을 근육질로 만드는데 한국의 금융회사는 위험관리 측면에서 아직 초보단계에 있으며, 혁신이 금융의 성장촉진 호르몬인데 한국의 금융회사는 혁신적인 금융상품을 만들어내지 못하고 있다는 것이다.

우리는 지금 금융이 경제의 중심을 이루는 시대에 살고 있다. 미국이 세계최강의 경쟁력을 자랑하는 것도 강한 금융산업 덕분이다. 일본이 제조업 분야에서 타의 추종을 불허하는 경쟁력이 있으면서도 장기불황에서 벗어나지 못하는 것도 금융이 약하기 때문이다. 한국이 아시아 외환위기 도미노를 비켜가지 못한 것도 관치금융으로 금융이 제 기능을 못했기 때문이다.

외환위기 이후 고강도의 구조조정과 개방화를 통해 이제 한국도 금융강국의 길에 접어들었다고 생각된다. 그러나 우리의 경쟁상대국 역시 금융강국 건설을 위해 우리 이상의 노력을 하고 있기 때문에 금융관계자는 물론 정부와 국민 모두가 동북아 금융허브 구축을 위해 최선의 노력을 경주해야만 소기의 목표를 달성할 수 있는 것이다.

제16장

국가혁신시스템 구축[1]

세계는 정보화 경쟁 중

획기적인 기술혁신이 산업혁명과 경제발전으로 이어지기 위해서
는 기술혁신의 보급을 위한 사회 기반시설의 구축이 절대적으로 필요
하게 되며 이는 디지털시대 정부의 중요한 역할이다. 18세기 말 증기
기관차와 증기선의 등장은 영국 등 서유럽 각국의 정부에게 철도와 항
만건설에 열을 올리게 하였고 19세기 말 전기와 자동차의 발명은 미국
등 선진국 정부에게 발전소 건설 및 송배전시설 확충과 더불어 도로건
설에 주력하게 하였다. 20세기 말에 시작된 디지털혁명 역시 이를 자
국의 경제발전과 연결시키려는 각국 정부의 노력에 박차를 가하는 계
기가 되고 있다. 컴퓨터 보급을 확대하고 인터넷망을 전국적으로 확산

시키는 등 더욱 빠른 통신망을 구축하기 위해 세계 각국 정부는 경쟁적으로 뛰게 된 것이다.

미국은 디지털혁명의 종주국답게 IT인프라 구축에서도 선두를 달리고 있다. 클린턴 행정부는 1993년부터 국가정보기반 구축을 위한 각종 사업을 적극적으로 추진하였다. 정보통신 분야에서 민간투자를 장려하고 기술혁신을 촉진하기 위해 지적재산권을 보호하는 등 법과 제도를 정비하였다. 그리고 전자정부 구현을 주요 국정과제로 선정하여 정부가 디지털시대를 맞아 모범을 보이려고 노력하였다. 최근에는 디지털경제가 본 궤도에 진입하였다고 판단하여 정보화격차 해소와 디지털 복지증진에 역점을 두고 있다.

캐나다도 '세계에서 제일 네트워크가 잘된 국가'를 만든다는 목표로 초고속 정보고속도로 건설사업에 역점을 두어 큰 성과를 올리고 있다. 영국은 '세계에서 가장 전자상거래 하기 좋은 국가건설'을 목표로 설정하고 특히 중소기업과 정부부문에서의 전자상거래 활성화에 주력하고 있다. 독일은 '디지털 선도국가'를 정책목표로 정하고 정보통신을 기술혁신과 일자리창출 수단으로 활용하며 모든 사회그룹이 정보통신 이용에 동참할 수 있도록 보장하는 데 정부정책의 역점을 두고 있다. 서유럽 각국 정부의 노력에 더하여, 유럽연합(EU)도 모든 유럽인을 인터넷으로 연결하는 전자사회 구축을 위한 'e-Europe' 프로젝트를 적극적으로 추진하고 있다.

IT 강국 한국

　　우리정부도 정보화 부문에서는 세계 어느 선진국에 뒤지지 않는 노력을 경주해왔다. 김영삼 정부는 정보화의 중요성을 인식하여 1995년 국무총리를 위원장으로 하는 정보화추진위원회를 정부 내에 설치하고 정보통신부가 주축이 되어 각종 정보화사업을 적극적으로 추진하였다. 1995년 8월 정보화촉진기본법이 제정되었고 1996년 6월에는 정부가 내놓은 최초의 정보화 마스터플랜인 정보화촉진기본계획을 수립하여 발표하였다. 정보화 촉진사업은 김대중 정부에서도 지속적으로 추진되어 1999년 3월 'Cyber Korea 21'이라는 제2차 정보화 기본계획이 발표되었고 2002년 4월 'e-Korea Vision 2006'이라는 제3차 정보화 계획이 발표되었다. 2005년에는 IT839전략을 발표하면서 국가적 차원에서 역점분야를 중점적으로 개발하고 있다.

　　김영삼 정부 이후 역점적으로 추진해온 정보화전략의 결과로 한국은 지금 IT관련 거의 모든 분야에서 세계 최첨단을 달리고 있다. 컴퓨터와 인터넷 보급 수준을 나타내는 디지털 기회지수에서 한국은 2006년 현재 세계 1위를 기록하고 있고, 인터넷 이용률은 세계 3위 그리고 종합적 정보화수준을 나타내는 국가정보화지수는 세계 2위를 기록하고 있다. 또한 전자정부 준비지수는 한국이 세계 5위이며 IMD가 평가한 기술인프라 부문에서의 국가경쟁력지수는 세계 6위이다. 명실공히 한국이 IT강국으로 부상한 것이다. IT기술이 세계사를 다시 쓰고 이 부문에서의 경쟁력이 국가경쟁력의 근본이 되는 디지털시대에 한국이 국제사회에서 IT강국으로 자리매김한 것은 매우 고무적인 일이 아닐 수 없다.

정보화 부문에서의 성공은 지난 10년 간 우리정부가 이룬 최대의 업적이라 할 수 있다. 외환위기로 우리정부의 경제운용 능력이 국제사회에서 추락한 가운데 세계 모든 나라들이 앞 다투어 잘 해 보려는 정보화 부문에서 우리나라의 업적이 두드러진다는 것은 매우 놀라운 일이다.

경제전반의 운용에서는 실패한 우리나라가 정보화 부문에서 성공한 이유는 무엇보다도 주무부처가 제 역할을 다했다는 데 있다. 외환위기 발생과정에서 재정경제부는 국제금융시장의 흐름을 제대로 파악하지 못하고 국내현안의 처리에도 미숙하였던 반면, 정보통신부는 정보화의 세계흐름을 정확히 파악하여 소관업무를 잘 처리함은 물론이고 타 부처와의 업무조정도 원숙하게 한 것이 두 부문에서의 성패 차이를 결정한 근본적인 원인이 되었다.

이제 우리의 정보화촉진 노력은 1단계 프로그램을 성공적으로 마무리하고 새로운 차원의 2단계 프로그램을 추진해야 하는 시점에 놓여있다. 1단계 과정이 성공적으로 이루어졌다고 해서 2단계 과정도 잘 마무리된다는 보장은 없다. 우리는 1960년대에 기적적인 성공을 거둔 경제개발계획이 1970년대 들어 시장원리를 무시하고 중화학공업을 무리하게 육성하여 과도한 경제력의 집중으로 투자재원을 낭비함은 물론 정경유착의 부작용까지 만들어 낸 경험을 갖고 있다.

이제까지 성공한 정보화 1단계 사업들은 정보통신 분야에서 강한 규제 권한을 쥐고 있는 정보통신부 주도로 이루어졌으며 사업내용도 IT인프라 구축 등 대규모 투자에 의해 가능한 것들로 구성되어 있다. 그러나 정보화 2단계에서 추진되어야 할 사업들은 대규모 투자보다는 행동주체들의 의식변화가 수반되어야 성공할 수 있는 사업이 많고 사업의 주체도 소수의 대기업이 아니라 수많은 중소업체가 주도적인 역할을 해야 하는 경우가 많다.

또한 이제까지는 정보통신부가 직접 영향력을 행사하여 추진할 수 있는 사업이 주종을 이루었으나 앞으로는 범정부 차원의 노력이 필요하고 정보통신부의 영향력 밖에 있는 민간기업과 개인의 참여가 필요한 경우가 많을 것으로 예상된다. 따라서 다음 단계의 정보화추진에서는 범정부 차원의 노력과 민간부문의 적극적인 관심과 참여가 요청된다 하겠다.

전자정부와 정부혁신

정보화 2단계사업에서 가장 중요한 것은 이미 시작된 전자정부 사업을 잘 마무리하는 것이다. 전자정부 사업은 정보기술을 활용한 행정업무의 효율성 제고, 정보기술을 활용한 신속하고 정확한 대국민 서비스 실현, 행정업무의 처리절차 재설계를 통한 정부혁신 유도 등 세 단계로 구성된다.

이제까지 우리정부가 추진한 전자정부 사업은 앞에서 제시된 첫 번째 단계를 마무리하고 두 번째 단계를 시작하는 것이었다. 따라서 앞으로 남은 과제는 두 번째 단계의 온라인 대국민 서비스를 성공적으로 마무리 짓고 세 번째 단계인 행정처리 절차의 재설계를 통해 정부혁신을 이루는 것이다. 이렇게 3단계에 걸친 전자정부 사업이 성공적으로 추진되어야 전자정부를 통한 정부의 역할 변화와 국가경쟁력 향상이 이루어 질 수 있는 것이다.

세계 각국은 전자정부를 정보화의 핵심사업으로 추진하고 있다. 미국은 1993년 '정부성과 및 결과법'을 제정하고 IT기술을 통한 정부조직의 리엔지니어링, 연방구매의 재창조, 행정비용의 감축 등을 지속적으로 추진하여 전자정부 부문에서도 선도적인 역할을 수행하고 있다. 영국은 2000년 전자정부 기본구상을 발표하고 대국민 서비스의 온라인화, 중앙정부와 지방정부 간의 네트워크 구축 등의 사업을 추진하고 있으며, 캐나다는 전자정부 사업에 민간부문의 참여를 독려하고 있다. 싱가포르는 1991년 'IT 2000', 1996년 'Singapore One' 그리고 최근에는 'e-Citizen' 등의 정보화 촉진계획을 적극적으로 추진하여 전자정부 부문에서 세계에서 가장 모범적인 나라로 평가받고 있다.

우리나라는 2000년에야 비로소 전자정부 사업이 본격적으로 추진되기 시작하였다. 한국행정학회가 행정자치부의 의뢰를 받아 전자정부 중장기종합계획을 만들어 2000년 8월 정부에 제출하였고 이는 2001년 1월 대통령 산하로 발족된 전자정부특별위원회의 정신적 지주 역할을 하였다.

현재 진행되고 있는 각종 온라인화 사업이 완료되면 전자정부의 3단계 사업에 착수하여야 할 것이다. 정부의 행정처리 절차를 재설계하고 정부기능과 정부조직을 정보화시대에 걸맞게 개혁하는 것이다. 정보화시대의 정부행정문화도 현재의 공급자 중심에서 고객 중심으로, 폐쇄형에서 개방형으로 그리고 경직적에서 탄력적인 방향으로 바뀌어야 할 것이다.

기업은 시장의 경쟁 때문에 고객을 최우선으로 하는 경영을 할 수밖에 없지만, 한 국가 내에서 국가관리의 독점권을 갖고 있는 정부가 민간기업과 같은 경영을 할 수 있는가라는 의문이 제기될 수 있을 것이다. 그러나 민주주의 국가에서는 국가경영권을 놓고 정당 간 그리고 정치인 간의 경쟁이 치열하다. 국민들이 집권정당 또는 정치인을 정부 경영능력에 의해 평가한다면 정당과 정치인들은 국민들에게 더욱 나은 서비스를 제공하는 정부를 만들려고 최대한 노력할 것이다. 이것이 바로 민주주의 국가에서 정치의 시장논리이다. 전자정부 구현을 위한 노력이 모두 민주주의 국가에서 적극적으로 전개되고 있다는 사실이 이를 입증한다고 하겠다.

또한 세계화시대에는 각국 정부들이 국민들에게 더욱 질 높은 서비스의 제공을 위해 치열한 경쟁을 하게 된다. 외국자본 유입과 외국인 직접투자 유치를 위해서는 물론이고 자국기업이 다른 나라로 생산시설을 옮기는 것을 막기 위해 세계화시대의 정부들은 더욱 훌륭한 기업 환경을 만들기 위해 치열한 경쟁을 벌이고 있다. 따라서 전자정부의 구현은 세계화시대를 맞고 있는 모든 민주국가 정부의 공통과제이며 우리나라도 여기에서 예외가 될 수 없는 것이다.

e-Korea는 정치, 경제, 사회의 전 분야가 디지털화된 국가를 의미

하고 이는 또한 국정운영, 기업경영, 정부조직 등에서 정보화시대의 패러다임이 적용되는 사회를 의미하기도 한다. 그렇기 때문에 e-Korea 건설을 위해서는 국가차원의 전략적인 접근이 이루어져야 할 것이다. 정책의 최우선순위를 e-Korea 건설에 집약시키고 사회구성원의 공감대를 형성하여 국가역량을 전략적으로 통합시켜야 한다. 외국의 경험과 노하우를 활용하여 우리에게 적합한 국가운영모델을 정립하고 국정 및 경제의 운영방식도 정부주도에서 민간자율로, 권위주의적 관리에서 자기조직형 관리로, 하드웨어 투자와 투입량 확대에서 지식창출과 생산성 제고의 방향으로 전환하여야 한다.

e-Korea 건설의 핵심은 혁신

한국이 IT인프라 부문에서 혁혁한 성과를 거둔 것은 고무적인 일이나 이는 e-Korea 건설의 피상적인 요건일 뿐이다. IT혁명은 기술 및 사업모델 부문에서 혁신을 위한 기업가들의 끊임없는 노력의 결과이기 때문에 혁신이 꾸준히 일어나는 국가적 환경을 만드는 것이 e-Korea 건설의 요체가 되기 때문이다.

혁신을 담당하는 주체를 슘페터는 기업가(entrepreneur)라고 규정하고 있다. 그에 의하면 정태적 경제에서는 소비자가 경제를 주도하지만 동태적 경제에서는 혁신의 주체인 기업가에 의해 경제의 운용과 발전방향이 결정된다는 것이다. 그리고 기업가를 움직이는 심리적 동기는 기본적으로는 물질적인 보상이지만 이외에도 정복의지, 과업성취를 통한 만족, 창의력 발휘에 따른 즐거움 등 복합적인 것이라고 슘페터는 설명하고 있다.

20세기 말 컴퓨터의 발달과 인터넷의 보급으로 전세계가 디지털혁명의 도가니 속으로 진입하면서 슘페터식의 혁신이 경제를 움직이는 기본적인 원동력이라는 사실이 크게 부각되었다. 디지털혁명의 본산지라 할 수 있는 실리콘밸리의 사례가 이를 잘 입증해 주고 있다. 기술개발을 사업화하는 스탠퍼드 공과대학의 전통이 실리콘밸리에서 슘페터가 지적하는 혁신을 촉진하였고 혁신적 기업가를 양산해 낸 것이다.

슘페터의 혁신개념을 국가단위로 확대한 것이 국가혁신체계(NIS) 개념이다. 여기에서 주역은 혁신적 기업가가 아니라 국가정책을 수립하는 정부가 되는 것이다. OECD는 NIS 개념의 중요성을 인식하고 이를 회원국가들의 기술개발정책에 반영시키려는 노력을 지속적으로 하고 있다.

OECD는 NIS의 개념을 '신기술의 개발과 확산에 기여하는 기업, 연구소, 대학 등 기관의 집합'이라고 인식하면서 지식이나 신기술의 창출, 축적, 이전 등에 기여하는 상호연관된 기관의 연구에 역점을 두고 있다. 이런 관점에서 기술혁신의 성과는 각 기관이 얼마나 독립적으로 맡은 기능을 잘 수행하느냐 뿐만 아니라 상호연관된 기관이 얼마나 상호교류를 잘 하고 가치, 규범, 법규 등 사회적 제도와 얼마나 상호보완 관계가 잘 이루어지는가에 달려 있다는 것이다.

NIS개념을 지역경제에 응용한 것이 지역혁신체계(RIS)이며 이의 핵심이 클러스터(cluster) 정책이다. 각국이 클러스터 정책에 열을 올리는 것도 이를 통해 혁신이 활성화되어 산업발전에 기폭제가 될 수 있다는 인식에 근거하고 있다. 결국, NIS는 혁신의 핵심을 이루는 기업, 대학, 연구소, 공공지원기관 등의 네트워크이며 이것이 지역 차원에서는 RIS, 산업 차원에서는 산업클러스터 그리고 세계 차원에서는 세계 혁신 네트워크를 구성하게 되는 것이다.

과학기술 정책의 허와 실

혁신정책과 NIS 개념이 OECD를 중심으로 선진국에서 지난 10여 년 간 많은 관심의 대상이 되었고 정부정책 수립의 기초가 된 반면 우리나라에서는 정책당국의 큰 관심을 받지 못하였다. 그 결과 우리는 지금 과학기술정책은 있으나 국가혁신전략은 존재하지 않는 상황에 처해 있다.

우리나라는 1960년대 후반 이후 수출산업진흥을 통한 고도성장전략의 일환으로 적극적인 과학기술정책을 전개하여 왔다. 1967년 과학기술처를 설립하고 과학기술진흥법도 제정하였다. 1970년대에는 한국과학기술연구원(KIST) 등 정부출연연구소를 설립하고 연구개발진흥법도 제정하여 당시 정부가 역점을 두고 추진한 중화학공업 육성을 뒷받침하였다. 1980년대에는 선진국의 보호주의 심화로 기술이전이 점차 어렵게 되자 자체기술 개발의 필요성이 증대되었고 그 후 기술집약 산업에 대한 R&D 투자를 크게 확대하였다. 특히, 1980년대는 민간기업이 자체연구소를 앞다투어 설립하는 등 민간기업 차원의 R&D 활동이 활성화되기 시작한 시기였다.

1990년대에는 정부가 전략적인 분야를 선정하여 범국가적으로 R&D사업을 개발하고 추진하는 데 주도적인 역할을 하였다. 특히, 1990년대 후반부터는 정보통신 인프라의 구축에 많은 역점을 두어 집중적인 R&D투자가 이루어졌다. 또한 정부의 R&D사업도 종래의 과학기술부 위주에서 탈피하여 정보통신부, 농림부, 환경부, 보건복지부, 해양수산부 등 여러 부처로 확산되어 갔다. 우리나라는 지난 30여 년 간 적극적인 기술개발정책을 추진하였고 R&D투자 역시 이 기간 중 지속적으로 증가하였다.

그럼에도 불구하고 세계은행[2]은 우리나라 기술혁신시스템의 문제점을 다음과 같이 정리하고 있다. 첫째, 기초연구 노력이 매우 미흡하다는 것이다. R&D투자 수준에서는 우리나라가 OECD 국가 중 상위권에 속하나 기초연구 투자는 최하위에 머물고 있다고 지적하고 있다. 여기에서 문제가 되는 부문은 정부출연연구소와 대학이다. 정부는 R&D예산의 대부분을 정부출연연구소에 투입하는데 이 연구소들의 연구활동이 상당부문 대기업의 연구영역과 중복되어 낭비가 많다는 것이다. 특히 문제가 심각한 부문은 대학으로서 현재 우리나라 대학은 R&D자금의 공급부족으로 선진국 대학수준의 연구활동을 수행하지 못하고 교육기능에만 전념하고 있다는 지적이다. 이러한 경향은 정부지원이 상대적으로 취약한 사립대학의 경우 더욱 두드러진다고 지적한다.

둘째, 중소기업의 R&D 활동이 매우 취약하다는 점이다. 대기업은 자신이 필요한 분야에 R&D 투자를 집중하고 있고 정부출연연구소는 대기업의 R&D 분야와 중복적인 활동을 하고 있으며 대학은 R&D 분야에서 제 기능을 하지 못하고 있기 때문에 중소기업이 R&D분야에서 도움을 받을 데가 없다는 것이다.

셋째, 기술혁신의 주체인 기업, 대학, 연구소 간에 효율적인 네트워크가 형성되어 있지 않다는 것이다. 대기업은 자신이 필요한 R&D를 자사의 연구소를 통해 수행하면서 자급자족형태를 취하고 있고 정부의 R&D 예산은 정부출연연구소가 독점하고 있으며 그 내용도 이미 대기업의 R&D와 유사하기 때문에 그 효율성이 크게 떨어지고 있다. 대학은 자금부족으로 R&D 활동자체가 위축되어 있어 선진국에서와 같이 산학협동의 구심점 역할을 전혀 하지 못하는 것이다.

이와 같이 기술혁신 주체 간의 효율적인 네트워크가 구축되어 있지 못하기 때문에 R&D 활동이 시너지효과를 발휘하지 못하고 이 과정에서 기초연구 부문과 중소기업이 필요로 하는 R&D부문은 위축되는 상태에 이르게 되었다는 것이다.

노무현 정부가 출범하면서 '혁신'이라는 단어를 대통령과 정부 당국자가 많이 사용했다. 청와대에 정부혁신위원회가 설치되고 국토균형발전 차원에서 전국적으로 10개의 '혁신도시'의 건설이 추진되고 있다. 그러나 제19장에서 지적한 대로 노무현 정부의 정부혁신은 정부의 규제를 줄이고 기능을 재정립하는 '작은 정부'로의 혁신이 아니고 참여와 분권을 강조하는 사회민주주의 방식의 혁신을 추구하였으며 그 결과는 정부규모와 기능확대를 초래하였다.

혁신도시 역시, 실리콘밸리와 같이 기업이 중심이 되어 대학과 연구소 그리고 벤처캐피털 등의 지원기관과 유기적 생태계를 형성하여 혁신을 통해 기업과 지역이 발전하는 산업클러스터(cluster)가 아니고, 공기업과 정부기관을 임의로 지방에 분산시켜 균형발전을 이루어보겠다는 의도로 추진되고 있다. 이 역시 이름만 '혁신'이지 실제는 정부기관의 인위적 재배치계획에 불과하여 실현가능성이 낮음을 물론 실현이 되어도 이 기관들의 업무효율에 치명적인 문제를 야기할 것으로 전망된다.

새로운 국가혁신 전략

우리나라의 과학기술정책은 기본틀이 1960년대와 1970년대 박정희 정권이 만든 것으로 이제는 그 수명이 다했다고 할 수 있다. 1970년대까지만 해도 우리나라는 고급 과학기술 인력은 물론 R&D 투자재원 측면에서도 매우 열악한 상황이었다. 따라서 부족한 인적자원과 자금을 정부출연 연구기관에 집중시켜 사용할 필요가 있었고 이러한 집중전략은 매우 성공적이었다. 그리고 당시에는 민간기업의 R&D 수행능력 역시 취약했기 때문에 정부출연 연구기관이 민간기업의 R&D 기능을 대신 수행해 줄 필요가 있었다.

그러나 1980년대 들어서면서 우리 대기업의 R&D 수행능력은 크게 향상되었고 현재는 정부 R&D 예산의 세 배에 달하는 자금을 R&D 사업에 투입하고 있다. 또한 국내의 고급기술인력 여건도 크게 개선되어 대기업은 정부출연연구소보다 훨씬 우수한 연구인력을 확보하고 있으며 상당수의 국내대학도 정부출연연구소 못지않은 수준의 고급연구인력을 갖추고 있다.

현 상황이 이렇게 1960년대, 1970년대와는 크게 달라졌는데도 우리정부의 R&D 정책은 과거의 틀을 그대로 유지하고 있는 것이다. 이러한 정부정책의 경직성은 정부 R&D 자금의 효율성을 떨어뜨리고 있다. 정부출연연구기관의 연구결과는 대기업으로부터 외면당하고 있고, 대학은 우수 연구인력은 있으나 R&D 자금이 없어 연구기능을 활성화시키지 못하고 있으며, 중소기업은 자신의 R&D 수요를 어디로부터 충족시켜야 할지 몰라 방황하고 있는 것이다.

이제 새로운 시대상황에 맞는 방향으로 과학기술 관련 정부정책의 틀을 새로 만들어야 한다. 우선 정부는 기존 R&D 정책의 문제점을 보완해야 할 것이다. 앞에서 취약분야로 지적된 기초연구 부문에서 R&D 활동을 강화하기 위해 정부 각 부처의 기술연구 R&D 예산을 대폭 확대하고 이를 대학에 집중투입함으로써 기초연구의 진흥은 물론 대학의 R&D 기능도 동시에 활성화해야 한다. 기초연구 분야에서 대학의 연구능력이 제고되면 기업이 대학에 연구개발사업을 의뢰할 가능성도 높아지게 되어 대학과 기업 간 산학협동도 활성화되는 계기가 될 수 있을 것이다.

이와 동시에 정부출연연구기관은 산학협동의 중심체 역할을 하도록 그 기능이 재정비되어야 한다. 기업 스스로 해결할 수 있는 연구사업은 지양하고 자체 R&D 사업을 감당하기 어려운 중소기업의 연구개발수요를 충족시켜 주는 데에 정부출연연구소 활동의 역점을 두어야 할 것이다.

　또한 정부출연연구소와 관련기업의 효과적인 네트워크 구축을 위해서는 정부출연연구소가 관련기업들이 밀집해 있는 지역에 위치하는 것이 바람직할 것이다. 이런 측면에서 관련기업의 지리적 위치와는 아무 관계없이 대덕단지에 정부출연연구소를 밀집시킨 그 동안의 정부정책은 문제가 있다고 할 수 있다. 앞으로 전국단위의 산업클러스터정책이 본격적으로 추진된다고 하면 정부출연연구소를 해당 산업클러스터로 이전하여 그곳에서 기술혁신의 중심적인 역할을 수행하게 할 필요가 있다. 이와 아울러 정부출연연구소와 대학 간의 적극적인 인적교류 방안도 마련하여 우수인력의 더욱 효율적인 활용이 이루어지도록 해야 할 것이다.

　이와 같은 기존정책의 보완과 함께 현재의 과학기술정책을 국가기술 혁신전략으로 승화·발전시켜야 할 것이다. 이를 위해서는 과학기술부 중심으로 과학기술 전략을 수립하는 현재의 제도적인 틀을 바꿔야 한다. 정부 내 독립부처로서 과학기술부의 존속은 현재와 같이 과학기술정책이 산업정책과 분리되어 추진되는 것을 불가피하게 할 것이다. 따라서 현재 과학기술부가 수행하는 정부출연연구소 관리와 특정 연구사업의 수행 등은 산업자원부와 관련부처로 이관하여 해당분야의 산업정책과 연계하여 추진해야 할 것이다. 또한, 기존의 국가과학기술자문회의를 국가혁신위원회로 개편하고 상설화하여 국가차원의 기술혁신전략을 수립하고 이의 추진을 평가하는 기능을 동시에 수행토록 하여야 할 것이다.

이와 아울러 현재 심각한 정책과제로 대두되고 있는 학생의 이공계 기피현상에 관한 종합적인 대응책이 마련되어야 할 것이다. 학생이 이공계 전공을 기피하는 것은 이공계가 공부하기에는 상대적으로 어려운 반면, 졸업 후 직장에 취직을 하면 승진과 대우 측면에서 상대적으로 손해를 보고 있다는 인식에 기인한다고 할 수 있다. 무엇보다도 이공계 출신이 기업에서 중심적인 역할을 하는 사회분위기를 조성해야 한다.

이를 위해서는 이공계 출신의 기업경영 능력을 제고해야 할 것이며 이는 대학 교과과정의 개편을 통해 시작되어야 할 것이다. 대만은 이공계 출신이 기업에서 경영자로 승진하는 경우가 많음은 물론이고 경제부처 장관도 이공계 출신이 많은 바 이들은 대학에서 전공분야에 치우치지 않고 폭넓은 경영자수업을 받고 있다고 들었다. 또한 스탠퍼드 공대와 같이 이공계 졸업생이 벤처사업에 착수하는 전통을 만들어 가는 것도 이공계 전공의 선호도를 높일 수 있는 요인이 될 수 있을 것이다. 따라서 이공계 학생에게 경제 및 경영관련 교육기회를 적극적으로 확대해야 할 것이다. 이에 더해, 이공계 학생에게 국고로 전액장학금을 제공하는 것도 학생의 이공계 기피현상을 해소시키는 방안의 하나가 될 수 있을 것이다.

디지털시대의 화두는 혁신이고 혁신은 실험실에서의 연구활동이 기업활동과 연결되었을 때 일어날 수 있는 것이다. 이를 위해서는 기업, 대학, 연구소 등 기술혁신 주체 간의 긴밀한 네트워크가 구축되고 운영되어야 한다. 또한, 외국과학기술자의 국내 유치, 국제 공동 R&D

사업 참여 등을 통한 국제사회에서의 네트워크 구축에도 역점을 두어야 한다. 그런데 우리는 이러한 네트워크가 만들어지지 않고 있으며 이는 과학기술정책 추진을 위해 치명적인 약점이 됨은 물론 앞으로 우리 경제발전에도 큰 장애요인이 될 것이다.

따라서 정부는 현재 과학기술부 중심의 소극적이며 비효율적인 과학기술정책을 과감히 버리고 범정부 차원의 국가혁신전략을 수립하고 추진하는 데 국정운영의 최우선 순위를 두어야 할 것이다.

제17장

글로벌 코리아 전략[1]

왜 세계화인가

　　현시점에서 대외환경의 변화 중 가장 중요한 것은 전세계를 휩쓸고 있는 세계화의 물결이라고 할 수 있다. 경제부문에서 시작된 세계화는 기업의 활동방식뿐만 아니라 정부의 운용방식과 개인의 사고와 행동에 이르기까지 매우 큰 영향을 미치고 있다. 현재 진행되고 있는 세계화는 1989년 베를린 장벽이 무너지고 이어 소련과 동유럽 공산주의 정권이 몰락함으로써 세계 정치체제가 자유자본주의 체제로 일원화되면서 본격적으로 시작되었다. 이에 더하여, 1990년대 초부터 인터넷의 보급이 확산되고 전자상거래가 보편화되면서 세계화는 디지털 속도로 전세계의 구석구석에 전파되고 있는 것이다.

역사적으로 살펴보면, 이러한 세계화의 물결은 이번이 세 번째로 세계화의 첫 번째 움직임은 1차 산업혁명이 시작된 1800년대부터 1920년대 후반까지 활발히 진행되었다. 19세기 말 한국에 개화의 압력을 가한 서양세력도 이러한 세계화의 진행과정에서 발생한 것이다. 1차 세계화의 주역은 당시 산업혁명을 주도한 영국이었으며 유럽 제국과 미국이 그 뒤를 따랐다. 아시아에서는 일본이 제일 먼저 세계화의 물결을 타기 시작하였고 이는 일본이 조선왕조를 무너뜨리고 중국과 동남아국가까지 군사적 영향력을 미친 기본적인 힘이 되었다.

1차 세계화의 경제적 힘은 증기기관, 증기여객선 등 공업과 운송부문에서의 기술혁신에 기반을 두었고 애덤 스미스의 『국부론』으로 상징되는 자유주의 경제철학에 사상적 기초를 두고 있었다. 1차 세계화 과정에서 세계정치 질서는 영국이 중심이 되는 팍스 브리타니카(Pax Britanica)시대였다고 할 수 있으며 이 과정에서 아프리카, 아메리카 그리고 아시아 대륙의 상당 부분이 영국 등 세계화 주도 국가의 식민지가 되었다.

40여 년 간 지속된 1차 세계화는 1920년대 후반에 들어 붕괴되기 시작하였다. 경제적으로는 세계화의 경제적 기본이 되었던 금본위체제가 무너지고 주요 선진국은 국내산업의 보호를 위해 앞다투어 무역장벽을 쌓았고 그 결과 세계무역은 큰 폭으로 감소하였다. 이에 더해, 미국에서 시작된 경제대공황은 그 여파가 전세계로 파급되면서 세계경제는 침체의 길로 접어들었다. 정치적으로도 독일, 이탈리아, 일본 등에서 민족주의가 대두되면서 세계는 다시 한번 전쟁의 소용돌이에 빠지게 되었다. 결국, 세계화의 후퇴는 전세계를 경제적 불황과 정치적 갈등으로 몰아넣은 것이다.

2차 세계화는 제2차 세계대전이 미국이 이끈 연합군의 승리로 마무리되면서 시작되었다. 1차 세계화가 자본주의의 근본적 취약점으로 인해 경제대공황을 겪는 등 1920년대부터 제2차 세계대전이 마무리되는 1945년까지 큰 후퇴기를 맞았던 쓰라린 경험을 바탕으로 2차 세계화는 자본주의의 결함을 근본적으로 시정해보려는 시도로부터 시작되었다.

대내적으로 선진국들은 취약계층의 보호를 위해 사회보장제도를 앞다투어 도입하였고 케인스 경제학 이론에 기초하여 경기변동의 폭을 줄이기 위해 적극적인 재정정책을 활용하였다. 국제적으로는 금본위제를 기반으로 하는 국제통화체제를 개선하기 위해 1944년 브레튼우즈 합의(Bretton Woods Agreement)를 바탕으로 국제통화기금(IMF)과 세계은행(IBRD)을 출범시켰고 세계자유무역을 보장하기 위해 관세 및 무역에 관한 일반협정(GATT)체제를 발족시켰다.

이러한 제도적 보완책에 힘입어 세계경제는 새로운 세계화 물결을 경험하였고 경제성장률 역시 높아졌다. 선진국들은 고도성장을 구가하면서 새로 도입된 사회보장제도에 힘입어 분배도 개선되고 복지수준도 크게 향상되었다. 그러나 이러한 개선은 주로 선진국에서 이루어진 것으로 대다수 개도국과 공산권국가는 경제번영과 세계화의 물결에서 소외되었던 것이 사실이다.

3차 세계화는 1980년대에 들어와 소련이 붕괴되고 동유럽 공산주의 국가가 시장경제 체제를 채택하게 되면서 본격화되었다. 이는 세계화의 물결이 종래의 사회주의 국가에도 밀고들어가는 계기를 마련해 준 것이다. 또한, 디지털혁명의 물결이 세차게 다가오면서 3차 세계화는 중국, 인도 등 2차 세계화 과정에서 소외된 많은 개발도상국에게도 확산되고 있다.

현재 진행되고 있는 3차 세계화는 과거의 세계화와 비교해 보면 몇 가지 다른 특징이 있음을 알 수 있다. 우선, 세계화의 규모도 훨씬 커졌고 진행속도 역시 더욱 빨라졌다. 그리고 세계화의 중심 국가가 영국에서 미국으로 바뀌었다. 팍스 브리타니카(Pax Britanica)시대는 막을 내리고 팍스 아메리카나(Pax Americana)시대가 도래한 것이다. 미국의 달러화, 군사력 그리고 문화가 디지털시대의 세계화를 주도하고 있는 것이다. 또한, 1차 세계화는 수송비용의 절감으로 수송부문의 혁신이 경제력 증가의 근간이 되었으나, 3차 세계화는 컴퓨터, 광케이블, 인터넷 등으로 통신비용의 절감은 물론 세계적인 네트워크 구축을 가능하게 함으로써 지구촌을 더욱 긴밀하게 연결시켜주고 있다.

따라서 지금 진행되고 있는 세계화 과정에서는 생산공정은 물론 연구·개발, 마케팅 등을 따로 분리해 각기 다른 나라에 두고 이들을 인터넷망을 통해 네트워크화할 수 있기 때문에 전세계가 하나의 거대한 생산시스템을 이루고 있다. 이는 국제정치 측면에서도 매우 긍정적인 것으로 1차 세계화 과정에서는 선진국들이 식민지 쟁탈경쟁을 하면서 무력사용도 불사하여 많은 정치·군사적 마찰이 야기되었으나, 3차 세계화 과정에는 무력사용이 배제된 상태에서 경제원리에 의해 선진국과 개도국 간의 경제협력이 이루어지고 있는 것이다.

현재 진행되고 있는 세계화의 또 하나의 특징은 19세기의 1차 세계화에 비해 이를 뒷받침 해주는 경제시스템이 더욱 안정적이라는 것이다. 그 이유는 세계화의 기반이 되는 경제체제가 19세기의 고전적 자본주의보다 사회보장제도의 확충, 독과점 방지, 노동자권익의 보장 등의 측면에서 크게 개선되었기 때문이다. 또한, 이미 지적한 대로 국제적인 측면에서도 무력으로 개방을 요구하던 19세기와는 달리 개도국들이 자발적으로 세계화 과정에 참여하여 시장원리에 의해 전세계적 비즈니스 네트워크를 구축하고 있다.

19세기 초에 시작된 1차 세계화가 약 40여 년 간 지속되다가 중도에 큰 후퇴를 경험하였으나 제2차 세계대전 이후 시작된 2차 세계화는 40년 간 지속된 후 중단 없이 다시 3차 세계화로 연결되어 그 폭과 강도가 더욱 커지고 있는 것이다. 이는 자본주의의 취약점이 제도적으로 보완되었기 때문이며 이러한 시각에서 볼 때, 세계화는 21세기 내내 세계의 흐름을 주도할 것으로 예상된다. 따라서 한국의 국가발전전략도 이러한 가정에서 세워져야 할 것이다.

세계화의 기본은 자유시장경제

토머스 프리드먼[2]은 "세계화를 이끌어 가는 사상적 기반은 자유시장 자본주의이다. 세계화는 전 세계 거의 모든 나라에서 자유시장 자본주의가 전파되는 것을 의미한다. 따라서 세계화는 그만의 독특한 경제

규범 곧 개방, 규제완화, 민영화 등을 중시한다"라고 언급하고 있다.

세계화를 움직이는 기본적인 힘이 기술력을 바탕으로 한 경제활동이기 때문에 세계화시대에는 경제의 중요성이 더욱 부각되고 있다. 따라서 세계 각국 정부는 국정운영의 중점을 경제발전에 두고 있으며, 경제부문에서의 성과 여부가 선거에서 유권자들이 정당과 정권을 판단하고 선택하는 기준이 되고 있다. 이러한 현상은 국제무대에도 그대로 적용되어 국가 간의 외교관계에서도 경제적 이해득실이 가장 중요한 변수가 되고 있다. 그래서 세계화시대에는 국가정상들의 외교활동도 경제와 관련된 문제의 해결에 역점이 주어지고 있는 것이다.

또한, 세계화에 동참한 국가 간에는 무력충돌의 가능성이 거의 없기 때문에 통상과 직접투자를 포함한 경제문제가 협력과 갈등의 대상이 되고 있다. 따라서 세계화시대에는 국내정치는 물론 국제정치 분야에서도 경제가 최우선시되고 있으며 정치인의 관심도 경제에 역점을 두게 되는 것이다.

세계화를 향한 국가 간 경쟁

세계 각국은 세계화시대의 승자가 되기 위해 치열한 경쟁과 각고의 노력을 하고 있다. 우선, 미국은 세계화의 진원지로서의 역할을 적극적으로 수행하여 왔다. 세계화의 기술적 근거가 되고 있는 디지털기술의 혁신과 전자상거래 및 전자정부 등 이의 응용 분야에서도 미국은 주도적인 역할을 하고 있다. 미국계 금융기관은 세계화된 금융시장에서 선도적인 기능을 담당하고 있으며 미국은 IMF, 세계은행, 세계무역기구(WTO) 등 경제관련 국제기구를 통해 회원국이 세계화에 동참할 것을 강력하게 권장하고 있다.

유럽 각국도 세계화시대의 선두주자가 되기 위해 치열한 경쟁을 벌이고 있다. 특히 경제·사회 각 분야의 디지털화에 역점을 두고 있다. 정치적으로는 영국, 프랑스, 독일 등 주요 유럽국가에서 좌파정권이 집권하기도 하였으나, 이들의 정책은 과거 좌파정권과는 달리 세계화시대의 신자유주의 정책을 상당부분 수용한 것이라고 할 수 있다. 그러나, 미국이나 영국에 비해 프랑스, 독일 등 유럽 대륙국가들은 세계화 과정에서 발생하는 부작용 해소에 좀 더 많은 정책적인 배려를 하고 있다. 그래서 이들은 영·미식의 철저한 신자유주의 노선에 의한 세계화보다는 빈부격차 해소에 좀더 관심을 갖는 '인간얼굴의 세계화'(globalization with human face)에 정책의 역점을 두고 있다.

최근 유럽정치의 특징은 좌파와 우파 정치세력 간의 이념적 경쟁에서 과거의 교조적 성격은 크게 퇴색되고 실용주의적 노선에 치중하고 있는 것이다. 전후에는 우파가 좌파의 입장을 수용하여 복지국가적 정책을 구사하였으나 세계화시대에는 상황이 뒤바뀌어 오히려 좌파가 우파의 신자유주의적 정책을 수용하는 상황인 것이다.

한국은 세계화 추세에 매우 발 빠르게 대응한 경우라 할 수 있다. 1993년 11월 김영삼 대통령은 아시아·태평양경제협력체(APEC)회의에 참석하고 돌아온 후 '세계화선언'을 하면서 국무총리를 위원장으로 하는 '세계화위원회'를 설치하였다. 본격적인 세계화의 시발점이 1990

년 전후였다고 볼 때 당시 김영삼 정부의 조치는 매우 놀라운 일이 아닐 수 없다.

그 후 세계화전략의 일원으로 추진된 단기자본시장의 조기개방이 외환위기 발생의 원인으로 지적됨으로써 우리사회에 세계화의 부정적인 시각이 형성되었다. 그러나, 외환위기는 그로 인해 실업과 기업부도 등 많은 고통을 겪었음에도 불구하고 외환위기가 없었다면 불가능하였을 구조조정정책을 추진할 수 있었기 때문에 우리에게는 오히려 전화위복의 기회가 되었다고도 할 수 있다. 세계화시대 국제경쟁력의 핵심요소가 되는 정보화정책의 추진에도 한국은 매우 성공적인 것으로 평가되고 있다.

세계화의 부작용

세상에 완벽한 것은 없다. 세계화도 마찬가지이다. 19세기 전세계를 지배한 세계화의 물결도 세계화의 자체 모순에 의해 중단되었다고 할 수 있다. 1990년대부터 다시 본격적으로 진행되고 있는 3차 세계화도 여러 가지 문제점을 내포하고 있으며 이는 국제적인 갈등은 물론 한 국가 내에서 계층 간, 부문 간 그리고 세대 간 갈등을 야기시키는 원인이 되고 있다.

세계화의 첫 번째 문제는 세계화 과정에서 여러 가지 형태로 점점 격차가 벌어지고 있다는 사실이다. 우선, 국가 간의 격차가 확대되고 있다. 세계화의 주도권을 쥐고 있는 미국의 상대적인 입지는 나날이 강화되고 있다. 컴퓨터와 인터넷의 보편화로 이제 영어는 지구촌의 공용어가 되었다. 기업이 전세계에 네트워크를 구축하고 이를 범세계적으로 활용하기 위해서는 세계시장에서 인정해 주는 미국식 규범에 따라야 한다. 디지털혁명의 본산지인 미국은 군사력 면에서도 절대적인 우위를 확보하고 있다.

세계화시대에는 세계화 물결을 탄 나라와 그렇지 못한 나라 사이의 격차가 확대되고 있다. 미국을 위시한 서유럽제국 그리고 한국, 싱가포르 등 신흥공업국들은 세계화의 물결을 타고 디지털혁명의 이점을 최대한 활용하고 있는 국가그룹에 속한다. 그러나 대부분의 아프리카 국가 그리고 이란, 이라크 등 중동지역의 회교 국가는 세계화 과정에서 소외되고 있다. 중동지역의 많은 회교국가에서는 세계화를 기독교문화의 산물로 간주하기 때문에 이에 강한 거부감을 갖고 있는 것이다.

세계화는 국가 간의 격차만 확대시키는 것이 아니라 한 국가 내에서 세계화에 동참한 집단과 이를 거부하거나 이 과정에서 탈락한 집단 간의 차이도 크게 벌리고 있다. 세계화는 전 세계가 하나가 된다는 것을 의미하기 때문에 구성원의 주체성이 상실되는 문제를 필연적으로 야기하게 된다.

경제통합이 이루어진 EU의 경우를 보면 그 의미를 잘 알 수 있다. 상품과 서비스시장이 완전 개방되었기 때문에 보호장벽을 이용한 자국산업의 육성정책은 불가능하며 모든 상품과 서비스는 시장원리에 의해 생산되고 판매되고 있다. 따라서 개별국가는 산업정책의 수립기능을 상실하였다. 이에 더해, 화폐가 유로(Euro)로 통합되면서 회원국은 통화정책의 수립 권한 역시 포기해야 하는 상황이 되었다.

세계화의 세 번째 문제점으로는 과다한 연결에 따른 부작용을 지적할 수 있을 것이다. 우리는 지난 외환위기 발생과정에서 이 문제의 심각성을 실감하였다. 재벌기업의 연쇄부도사태는 국제금융시장에서 우리경제에 대한 신뢰를 추락시켰고 이는 전세계에서 디지털망으로 연결된 전자금융투자단의 집단행동을 촉발시켰다. 결국, 우리나라에 투자된 외국금융자본은 서로 약속이나 한 듯 일시에 빠져나갔고 이는 외환위기로 연결되었다. 과다한 연결에 따른 부작용의 두 번째 사례는 컴퓨터 해커의 등장과 이로 인한 폐해라고 생각된다. 우리는 한 달에도 수차례 발생하는 대규모 컴퓨터 바이러스에 대처해야 하는 불편을 겪고 있다.

세계화시대의 생존정략

토머스 프리드먼은[3] 세계화시대에 성공하는 국가의 아홉 가지 기준을 다음과 같이 제시하고 있다. ① 당신의 나라는 얼마나 빠른가? ② 당신의 나라는 지식을 얼마나 수확하고 있는가? ③ 당신의 나라는 얼마나 가벼운가? ④ 당신의 나라는 외적으로 자신을 개방할 수 있는가? ⑤ 당신의 나라는 내적으로 자신을 개방할 수 있는가? ⑥ 당신 나라의 경영진은 깨어 있으며, 그렇지 못할 경우 교체 가능한가? ⑦ 당신의 나라는 부상자를 쏘아 죽일 용의가 있는가? ⑧ 당신의 나라는 친구를 얼마나 잘 사귀는가? ⑨ 당신 나라의 브랜드는 얼마나 훌륭한가? 이상 프리드먼이 제시한 기준에 의해 우리나라의 현실을 한번 점검해 볼 필요가 있다.

세계화시대 생존전략의 첫 번째 요소라고 할 수 있는 '빠르다'라는 측면에서 우리나라는 상당히 높은 평가를 받을 수 있다고 생각된다. 우리 국민들은 매우 민첩하고 우리 정부 역시 빠르게 행동한다. 두 번째 관문인 지식 습득능력에서도 우리나라는 높은 점수를 받을 수 있다고 생각한다. 우리사회의 높은 교육열이 그 바탕이 되고 있다. 그리고 인터넷 이용도가 높다는 사실 역시 우리 국민의 높은 지식 습득능력을 입증한다고 하겠다.

세계화시대의 세 번째 생존조건인 '얼마나 가볍나' 하는 것은 경제 각 부문에 비능률 요소를 얼마나 많이 제거했는가와 같은 의미이다. 그러나 이 부문에서 우리경제는 많은 문제를 안고 있다. 이는 국제경쟁력을 상실한 우리경제의 '고비용－저효율'과 직결되는 문제이기도 하다. 세계화의 네 번째 관문인 대외 개방능력 부문 역시 우리의 성적표가 좋다고 할 수 없을 것이다. 1960년대부터 대외지향형 수출전략을 추진하였다고는 하나 이는 중상주의적 방식으로, 해외수출시장은 적극적으로 공략하면서도 국내시장의 개방에는 소극적인 태도로 일관하였던 것이었다. 1980년대 초부터 상품시장을 시작으로 서비스, 자본시장 등을 개방하기 시작하였으나 우리의 개방은 항상 외국의 압력에 의한 것이었지 우리 스스로 개방을 적극적으로 추진한 적은 드물다.

세계화의 다음 관문인 내적 개방능력은 한 사회의 의사결정과정의 투명성과 공정한 법치주의를 의미한다. 이 부문에서 우리의 성적표는 형편없는 수준에 머물고 있다. 우리사회의 부패지수는 OECD 국가 중에서 최하위에 머물고 있으며 지금도 각종 정경유착 사례가 언론의 헤드라인을 장식하고 있다. 법집행의 공정성도 아직 확립되지 않아 검찰이 '권력의 시녀'라는 비판이 그치지 않고 있다. 기업지배구조 부문에서 최근 많은 노력을 하고 있는 것이 사실이나 아직 기업회계의 투명성은 수준 이하인 것으로 평가되고 있다.

세계화전략의 여섯 번째 요건은 경영진의 능력과 이의 교체가능성 여부다. 이 점에서도 우리의 문제점은 심각한 수준이라 할 수 있다. 최근 우리기업의 국제경쟁력을 분석한 외국 컨설팅회사들은 우리기업의 최대취약점을 최고경영자(CEO)의 능력부족으로 지적하고 있다. 또한, 우리나라에서는 세계적인 대기업의 경우에도 CEO는 대부분 창업자나 창업자의 친인척이 맡고 있기 때문에 경영능력면에서 결함이 있는 경우도 많고 문제가 있어도 교체가 어려운 형편이다.

세계화의 다음 관문은 시장경쟁의 원리가 얼마나 잘 작동되는가 하는 것이다. 오랫동안 정부주도 경제운용에 익숙한 우리는 이 부문에도 많은 취약점을 안고 있다. 외환위기 이후 추진된 구조조정과정에서 관치금융의 관행은 크게 개선되었으나 우리는 아직도 투명하고 합리적인 기업퇴출제도를 정착시키지 못하고 있다. 세계화의 여덟 번째 관문은 우리기업들이 세계적인 네트워크를 얼마나 잘 구축하고 있는가 하는 것이다. 이 점에서도 우리는 미국 등 선진국은 물론이고 대만, 싱가포르, 중국 등 우리의 경쟁국에 비해서도 매우 취약하다.

세계화의 마지막 관문은 우리경제의 국제신인도이다. 외환위기는 우리의 국제신인도가 땅에 추락했기 때문에 생긴 결과이다. 그 후 각고의 노력으로 우리경제의 국제신인도는 크게 개선되고 있다. 그러나 경우에 따라서는 상황이 달라질 수도 있다. 세계화시대에는 국가경제의 신뢰도가 무너지는 속도 역시 '디지털 스피드'라는 사실을 우리는 지난 외환위기 과정에서 절감하였다.

결국, 토머스 프리드먼이 제시한 세계화를 향한 아홉 문제 중 우리는 두 문항에서만 합격했다. 나머지 부문에서 우리 성적표는 만족스럽지 못하고 어떤 경우에는 낙제점에 가까운 경우도 있다. 이는 앞으로 우리가 해야 할 일이 많다는 것을 의미한다.

자유무역협정과 동북아 중심국가

글로벌 코리아를 구축하기 위해서는 경제는 물론 사회, 정치, 외교 등 모든 분야에서 세계화가 진전되어야 할 것이다. 그러나 이 중 핵심은 경제부문이 세계화되어야 한다는 것이다. 어느 나라에서나 세계화는 경제부문에서 진행되어왔기 때문이다. 이런 관점에서 최근 그 중요성이 크게 부각되고 있는 자유무역협정은 글로벌 코리아를 위한 첫걸음이라고 할 수 있다.

현재 세계 주요 국가는 FTA를 경쟁적으로 추진하고 있다. 그 이유는 FTA로 인한 경제통합의 이익을 얻음은 물론이고 세계화된 지구촌에서 FTA를 통해 주요 국가들과의 경제적 네트워크를 더욱 튼튼하게 구축하려 하기 때문이다. 미국은 캐나다, 멕시코와 북아메리카자유무역협정(NAFTA)을 추진한 후 남미국가들과 FTA를 통해 경제적·정치적 유대를 공고히 하려하며 싱가포르, 한국 등 아시아지역의 주요 교역국과의 FTA 추진에도 매우 적극적이다. EU 역시 FTA 추진에서 미국과의 경쟁에서 지지 않으려고 안간 힘을 쓰고 있다. 남미의 칠레와 아시아의 싱가포르 역시 적극적인 FTA 추진과 경제개방정책으로 고도 경제성장 목표를 달성하고 있다.

이러한 상황에서 우리의 선택은 분명해진다. 그것은 적극적으로 FTA를 추진하는 것이다. 세계경제의 주역이 되는 국가가 모두 FTA를 경쟁적으로 추진하고 있는데 우리만이 이 대열에서 낙오자가 되면 국제거래에서 역외자의 불이익만을 감내해야 하기 때문이다.

그러나 우리정부의 FTA에 대한 입장은 최근 한·미 FTA가 타결되기 전까지는 지나치게 소극적이었다. 칠레와의 FTA도 우리가 먼저 요청한 것이 아니라 수차례의 칠레정부 요청에 마지못해 응한 것이었다. 협상과정에서도 주요 품목이 우리의 요청으로 예외가 인정되었고 비준도 우리측 사정으로 지연되었다. 다행히 1998년 11월 APEC정상회담에서 양국 정상이 FTA 추진에 합의하여 6년 만에 한·칠레 FTA는 2004년 4월 발효되었다.

칠레 다음으로 추진된 한·싱가포르 FTA의 경우도 우리정부는 소극적 자세로 일관해 왔었다. 싱가포르는 1999년부터 FTA 체결을 제의해 왔으나 우리는 소극적으로 대응하였다. 뒤늦게나마 협상을 진행하기로 정상 간에 합의가 이루어짐으로써 한·싱가포르 FTA는 2006년 3월 발효되었고 이어서 유럽자유무역연합(EFTA) 4개국과의 FTA도

2006년 9월 발효되었다.

FTA 정책과 관련해서 다음으로 진행된 것은 2003년 6월 한・일 정상이 한・일 FTA 추진에 합의한 것이다. 우리정부가 미국과 중국에 앞서 일본과 먼저 FTA를 논의하기 시작한 것은 일본의 농업부문이 우리와 비슷한 처지에 있기 때문에 FTA가 체결되어도 농업부문의 충격이 상대적으로 적을 것이라는 점과 일본정부가 우리나라와의 FTA에 매우 적극적이라는 사실에 기인한다. 그러나 한・일 FTA의 관한 정부 간 협의는 독도문제가 민감한 정치적 쟁점으로 부각되면서 중단되었다.

한・미 FTA가 2007년 4월 타결됨으로써 이제 본격적인 FTA시대가 열리게 되었다. 우리의 주요 교역국 중 일본과 제일 먼저 FTA를 체결할 것이라는 예상을 깨고 한・미 FTA가 전격적으로 타결된 것이다. 이제까지 미국은 한국정부의 FTA 체결 제안에 부정적인 입장을 견지해왔다. 그러던 미국정부가 2004월 5일 미국무역대표부(USTR) 부대표를 통해 FTA 체결을 한국에 제의한 것이다. 미국이 한국과의 FTA 체결에 적극적인 방향으로 입장을 선회한 것은 이미 미국을 제치고 한국의 제1 교역국으로 부상한 중국 견제카드라는 분석이 우세하다. 전략적으로 중요한 한국과 FTA를 먼저 체결함으로써 한국과의 경제적 관계를 더욱 돈독히 하고 한국 내 반미감정도 누그러뜨려보려는 의도라고 판단된다.

2003년 출범 이후 반시장적 경제정책을 추진하면서 외교분야에서도 한미동맹 관계를 훼손해 온 노무현 정부가 임기 말에 한・미 FTA를 성사시킨 것은 뜻밖의 일이 아닐 수 없다. 물론 한・미 FTA협상이 미국의 제안으로 시작되었고 시장경제 철학을 갖고 있는 일부 고위 경제 및 통상관계자들에 의해 적극 추진된 것이 사실이나 한국 내 진보세력의 극성스러운 반대에도 불구하고 노무현 대통령이 경제관료의 손을 들어준 것은 그나마 다행스러운 일이다.

한·미 FTA는 우선 경제적으로 한국에게 큰 이익을 가져다 줄 것이다. 실질 GDP가 단기적으로는 0.3% 그리고 장기적으로 6.0% 추가 상승하고 소비자후생도 장기적으로 209억 달러의 증가 효과가 있을 것으로 대외경제연구원은 분석하고 있다. 산업별로 보면 자동차, 섬유, 전기, 전자분야가 큰 혜택을 보게 될 것이나 쇠고기 등 농업분야는 개방에 따른 피해가 예상되며 정부는 이의 보완대책을 발표한 바 있다. 세계경제포럼은 최근 보고서에서 한·미 FTA 추진으로 한국의 국가경쟁력이 크게 개선된 것으로 분석하고 있다.

이러한 경제적 이득 이외에도 한·미 FTA는 한미동맹 관계를 심화발전시키는 효과가 클 것으로 기대하고 있다. 특히, 햇볕정책 추진 이후 한미 양국 정부 간 의견 차이는 한국 내에서 심각한 반미감정을 불러일으켰고 미국 내에서 한국의 인상 역시 악화되고 있는 상황에서 한·미 FTA의 체결은 한미동맹 관계를 복원시키고 이의 경제적 가치를 높이는 데 크게 기여할 것이다. 한·미 FTA는 한국에게는 동북아시아 지역에서 허브(hub)기능을 수행할 수 있는 계기를 마련해주고 미국에게는 중국을 견제하면서 유라시아 진출을 하는 교두보를 만들어주는 기회가 될 것으로 기대된다.

한·미 FTA는 우리에게 FTA를 글로벌 코리아를 만드는 데 기본적 수단으로 활용하는 계기를 만들어 주고 있다. 정부는 한·미 FTA 가 체결되자마자 한·EU FTA 협상을 발표하였고 체결 전망 역시 매우 밝은 것으로 평가되고 있다. 한·미 FTA에 이어 한·EU FTA가 체결되면 실질GDP는 장기적으로 7.6% 추가 상승하고 소비자 후생은 277억 달러 개선되는 것으로 대외경제연구원은 추정하고 있다. EU와의 FTA 역시 우리 경제에 큰 활력소 역할을 할 것임에 틀림없다.

한·미 FTA는 일본은 물론 중국과 FTA를 추진하는 데에도 새로운 활력소가 되고 있다. 이제까지 다소 소극적이었던 중국이 한국과의 FTA 추진을 공개적으로 희망하고 있으며 일본 역시 중단된 협상이 재개되기를 강력히 원하고 있기 때문이다. 일본과의 FTA 협상은 양국 정상 간에 정치적 합의만 이루어지면 매우 급속히 진행될 수 있으며 중국과의 FTA는 개방에 따른 피해가 클 것으로 예상되는 농업의 보완대책 마련이 우선되어야 할 것이다.

여하튼 우리의 주요 교역국이며 세계경제를 주도하고 있는 미국, EU, 중국 그리고 일본과의 FTA 체결은 한국경제의 개방화를 촉진함은 물론 한국을 명실공히 동북아시아지역에서 허브기능을 수행하게 하는 전기를 마련해 줄 것이다. 그러기 위해서는 정부 간 타결된 한·미 FTA가 빠른 시일 내에 양국 의회에서 비준절차를 받아야 할 것이다. 이를 위한 각계각층의 노력이 절실히 필요한 시점이다. 적극적인 FTA 추진을 계기로 한국경제는 나름대로 글로벌 코리아의 길을 가게 될 것으로 예상된다.

진정한 의미의 글로벌 코리아를 이룩하기 위해서는 국민의 의식과

정치가 글로벌화되어야 할 것이다. 그러나 아직도 많은 한국인들은 대내지향적 의식구조에서 벗어나지 못하고 있으며 한국의 정치 역시 보수와 진보라는 낡은 이념논쟁과 지역정치의 틀에서 벗어나지 못하고 있다. 세계화라는 시각에서 경제부문이 가장 앞서가고 있다는 점을 감안할 때 진정한 의미에서 글로벌 코리아는 국민과 정치인의 생각이 정치에서 경제로 옮겨져야 이루어질 수 있을 것이다. 선진국 역시 세계화는 경제부문에서 시작되었고 세계화시대가 되면서 정치의 초점도 정치문제보다는 경제문제로 옮겨가고 있다. 다시 말해, 정치시대에서 경제시대로 바뀌어야 글로벌 코리아가 달성될 수 있는 것이다.

제18장

시장친화적 부동산정책

단기대응 중심의 부동산정책

우리나라 부동산정책의 특징은 부동산가격이 급등하면 수요관리를 위한 각종 투기억제대책이 발표되고 반대로 경기여건이 나빠지면 규제를 완화하고 건설경기를 촉진하는 경기활성화 정책을 추진한다는 것이다. 장기적인 시각보다는 그때그때의 가격상승이나 경기부진에 단기적으로 대응하는 임기응변적 형태로 부동산정책이 추진되어온 것이다. 그 결과 우리나라의 부동산정책은 시장원리보다는 정부의 행정규제에 의존하는 성격을 띠게 되었고 정책의 실효성 역시 크게 낮은 것이 사실이다.

부동산정책을 시대별로 살펴보면 부동산가격이 급등하면 이를 막아보기 위해 각종 규제중심적 대책이 쏟아져 나오는 것을 발견할 수 있다. 1970년대 후반 중동건설 붐과 통화공급 확대 등에 힘입어 자금이 대거 부동산시장으로 유입되면서 부동산가격이 급등하게 되었다. 1978년 지가가 49%나 급등하게 되자 정부는 '8·8 부동산투기 억제 및 지가안정을 위한 종합대책'을 발표하였다. 수요억제와 공급확대를 병행한 정책으로 구성된 8·8대책은 긴급대책의 성격이 강하면서 현재까지도 부동산정책의 골격을 형성하고 있다. 수요억제를 위해 토지거래허가 및 신고제를 도입하고 양도소득세 및 공한지세를 강화하며 부동산거래질서를 확립하는 대책이 포함되어 있다. 공급확대를 위해서는 택지의 공영개발 사업방식을 도입하고 과천 등 신도시를 개발하여 주택 500만 호를 건설하는 내용을 담고 있다.

8·8대책이 추진된 후 부동산시장은 빠르게 안정되었으나 이는 정부대책의 결과라기보다는 대책 발표 후 곧 이어 나타난 1979년 제2차 오일파동과 이에 따른 경기침체에 기인하는 바가 크다고 할 수 있다. 실제로 정부는 경기활성화를 위해 8·8대책 중 수요억제를 위한 규제를 몇 차례에 걸쳐 완화하였다.

1982년부터 경기가 다시 회복되면서 서울지역 아파트를 중심으로 부동산가격이 다시 급등하게 되었고 정부는 이 대응책으로 1983년에 '4·18 토지 및 주택문제 종합대책'을 시행하였다. 4·18대책은 대도시 택지공급을 확대하고 통화의 안정적 공급으로 부동산자금을 흡수하는 것을 주 내용으로 하고 있으며 부동산가격은 1986년까지 대체로 안정세를 유지하였다. 오히려 1980년대 중반에는 주택가격이 소폭 하락하고 서울에서도 미분양 사태가 발생하였다. 이는 주택공급을 위축시켜 1980년대 후반의 주택수급 불균형을 초래한 원인이 되었으며 정부의 수요억제정책이 과다하였다는 증거이기도 하다.

1988년 올림픽 개최를 전후하여 부동산가격은 전국적으로 다시 큰 폭으로 상승하였다. 정부는 이에 대응하기 위해 1989년 8·10 종합대책을 발표하였고 1990년 3월에는 택지소유상한제, 토지초과이득세, 개발부담금제를 골자로 하는 이른바 '토지공개념'제도가 시행되었다. 8·10 종합대책은 부동산등기 의무화, 토지거래허가지역 확대, 토지신탁제도 도입 등의 투기억제대책과 분당, 일산 신도시 건설을 통한 주택 200만 호 건설 등의 주택공급 확대대책을 포함하였다. 주택 200만 호 건설계획은 나름대로 주택의 공급확대를 통해 주택가격을 안정시켜 주거안정에 크게 기여한 것으로 평가되었고 주택가격도 1991년을 고비로 하락세로 반전되었다.

그러나 토지공개념 관련 법안들은 많은 시행착오를 거친 후 1994년 헌법재판소로부터 헌법불합치결정을 받고 1998년 폐기되었다. 이러한 경험을 통해 수요억제를 위한 대책은 단기적으로는 가격안정에 기여하나 중기적으로는 부동산경기를 침체시키는 부작용이 있는 반면, 공급확대를 위한 대책은 중장기적으로 가격을 안정시키는 긍정적인 효과가 있음을 잘 알 수 있다.

1993년 금융실명제에 이어 1995년 7월에는 부동산실명제가 도입됨으로써 부동산시장의 투명성이 크게 개선되는 계기가 마련되었다. 부동산실명제로 인해 모든 부동산 등기는 실권리자 이름으로 등기하게 되었으며 명의신탁은 금지됨으로써 가명·차명·명의신탁 등을 악용한 탈세 및 탈법행위를 방지하고 부동산거래의 투명성과 정상화를 확보하게 된 것이다.

1997년 말 외환위기 발생으로 경기가 급락하자 정부는 부동산시장 관련 규제를 완화하고 금융 및 세제를 통한 수요확대 및 공급촉진 대책을 추진하였다. 분양가의 전면자율화, 분양권 전매 허용, 양도소득세 완화 등이 그 핵심내용이었다. 분양가 자율화조치는 시장기능을 활성화시켰고 그 결과 주택공급이 확대되었고 주택의 품질고급화가 이루어지는 계기를 마련해 주었다.

한동안 안정세를 보이던 부동산가격이 2002년 강남지역의 아파트를 중심으로 다시 상승세를 보이자 노무현 정부는 2003년 10·29대책을 시작으로 2005년 8·31대책, 2006년 3·30대책, 그리고 2006년 11·15대책을 연이어 발표하였다. 1970년대 후반과 1980년대 후반에 있었던 부동산가격의 급등이 전국적인 현상인 데 반해 2002년 부동산가격의 급등은 주로 서울 강남지역에 국한된 현상인데도 불구하고 노무현 정부는 전국을 대상으로 하는 각종 규제정책과 부동산 관련 세금을 대폭 올리는 고강도대책을 양산해낸 것이다.

이러한 정책은 결국 전국적으로 부동산거래를 위축시켜 건설경기의 급락을 초래하였고, 많은 국민에게 '세금폭탄'이라는 과중한 부담을 안겨주는 결과를 가져왔다. 문제의 본질과 사안의 경중을 분간하지 못하고 남발한 정책이 국가경제에 얼마나 많은 부작용을 초래하는가를 실감하게 하는 대목이 아닐 수 없다.

부동산정책의 평가

우리나라의 부동산정책은 많은 문제점을 안고 있다는 것이 국내외 전문가의 공통된 지적이다. 이 중 가장 핵심적인 문제점은 부동산정책이 일관된 원칙이 없이 대증적으로 수립되고 추진된다는 것이다. 앞에서 살펴본 대로 우리나라의 부동산정책은 부동산가격이 급등하면 일시적으로 불이나 꺼보자는 방식으로 추진되었고 그 과정에서 경제논리보다는 행정규제에 의존하는 성향이 많았다. 최근 OECD『한국보고서』도 이러한 점을 지적하면서 조금 더 시장원리에 충실한 방향으로 부동산정책을 만들 것을 한국정부에 권고한 바 있다.[1]

손경환은[2] 우리나라 부동산정책의 문제점을 다음과 같이 지적하고 있다. 첫째, 정책추진에 있어 확고한 일관성을 유지하지 못하였다는 것이다. 세부시책의 수립에서도 여건변화에 따라 원칙 없이 제도를 변경함으로써 정책의 신뢰성을 떨어뜨리고 정책의 효율성을 저하시키는 결과를 초래하였다. 아파트 분양가를 자율화했다가 이를 다시 규제하기로 한 정책이 바로 이런 사례라고 할 수 있다. 주택가격이 이미 안정된 상황에서 주택시장의 활성화와 주택의 질적 향상을 가져온 가격자율화 조치를 다시 규제로 전환하는 것은 가격규제로 인한 각종 부작용만을 양산할 것이 뻔하기 때문이다.

분양가 규제로 아파트의 실거래가격이 하락한다고 생각한다면 이는 시장원리의 기본을 모르는 일이다. 분양가 규제는 실거래가격에는 아무런 영향을 주지 않으면서 분양프리미엄을 아파트 공급자로부터 피분양자에게 이전시키는 효과만 있을 따름이다. 분양프리미엄이 공급자에게 돌아가면 아파트의 공급이 확대되고 아파트의 질 역시 향상되지만 그것이 피분양자에게로 가면 아파트 분양이 복권당첨과 같은 효과가 있어 아파트 분양의 가수요만 부추길 것이다. 이와 반대로, 경기활성화를 위해 실수요자에게 주택을 분양하는 원칙을 포기하는 것 역시 일관성을 상실하여 많은 부작용을 초래하는 사례라고 할 수 있을 것이다.

둘째, 정부는 일과성·충격요법 형태의 정책을 너무 자주 사용한다는 것이다. 부동산대책으로 항상 포함되는 국세청에 의한 세무조사 강화, 부동산 투기지역 지정 등이 그 대표적인 사례가 될 것이다. 부동산투기는 부동산 관련 세제와 금융정책 등을 통해 지속적으로 해야 그 효과가 있는데 이를 일시적 행정조치로 하려 함으로써 많은 부작용만을 만드는 것이다. 정부의 정책대응이 언제나 부동산가격이 급등한 이후에 이루어지기 때문에 정부대책이 진짜 투기꾼은 잡지 못하고 정상적인 거래를 하는 일반국민만 애를 먹이는 결과를 초래하고 있다. 또한 이러한 정책들은 부동산시장에서의 내성만을 키워 정책효과가 반감됨은 물론 시장불안만 장기간 지속되는 부작용을 초래하고 있다.

셋째, 부동산정책이 실기(失機)하는 경우가 많음은 물론이고 그 내용이 과도하거나 미흡한 경우가 많다는 것이다. 이는 정부의 부동산정책이 시장에서 관찰된 객관적 사실에 근거하기보다는 당장 진행되는 상황을 조기에 수습하려는 의욕만 앞서 설익은 대책을 졸속으로 만들어내기 때문이다.

여러 차례 발표된 노무현 정부의 부동산정책이 그 대표적 사례라 할 수 있다. 노무현 정부는 강남의 아파트 가격이 급등하자 그 원인에 대한 정확한 진단도 없이 규제일변도의 정책을 남발하였고 '강남 죽이기'로 일반대중의 인기를 얻어보려는 정치적 목적으로 '세금폭탄'이라고 할 정도로 부동산 관련 세금을 급격히 인상시켰다. 또한, 최근의 아파트 가격상승은 외환위기 이후 금융기관의 대출관행이 주택담보를 선호하는 방향으로 바뀌는 과정에서 발생했음에도 불구하고 이를 부동산 관련 과세의 강화로 잡아보려는 노무현 정부의 정책은 부동산가격은 잡지도 못하고 주민에게 세금폭탄만 안기는 결과를 초래한 것이다.

서승환은[3] 노무현 정부의 부동산정책이 객관적으로 설명하기 어려울 정도로 엉뚱한 방향으로 흘러가게 된 원인을 노무현 정부의 철학적 기조에서 그 원인을 찾고 있다. 노무현 정부는 부동산 경기변동의 단순한 대응차원을 넘어 "경제·사회적 모순해결의 수단을 부동산정책에서 찾았다"고 지적하고 있다. 노무현 정부는 부동산수요가 공급을 초과하여 가격이 상승하는 것이 아니라 부동산으로 인한 불로소득 때문에 투기적 가수요가 발생한다고 생각하기 때문에 부동산으로부터 발생하는 수익을 철저하게 환수하는 것이 가장 중요하다고 생각하였다는 것이다.

서승환은 노무현 정부의 "각종 정책의 기저에는 원인과는 무관하게 결과적으로 평등해야 한다는 형식적 평등주의가 자리잡고 있다"고 주장한다. 그래서 부유층으로 인식되는 강남구의 집값을 문제 삼으면서 연기, 공주 등의 지역에서 땅값의 급등은 크게 문제 삼지 않았다는 것이다. 강남의 문제가 고급 대형아파트의 수급이 맞지 않는 것인 데도 공급을 늘리는 재건축사업은 억제하고 소형 아파트 건설을 의무화하는 정책을 추진하는 실수를 범한 것이다.

노무현 정부는 시장원리에 어긋나는 무리한 정책을 강행하기 위해 논리적 타당성을 내세우기보다는 철저히 대중적 호소에 의존하려 하였다. 새로운 부동산대책을 발표할 때마다 대통령이 직접 기자회견을 자청하는 등 대대적인 홍보전을 전개하였다. 정부 스스로 『부동산백서』[4]를 발간하면서 노무현 정부의 부동산정책이 과거 어느 정부보다도 내용면에서 훌륭하며 이를 반대하는 세력은 부동산투기로 불로소득을 얻는 기득권 계층이라고 매도하고 있다. 변양균 청와대 정책실장은 "종부세 등 보유세의 강화조치는 지난 수십 년 간 역대 정부가 하지 못한 것이다. 실거래가 신고 역시 금융실명제에 버금갈 정도로 부동산 시장에서는 획기적인 조치이다. 정부로서는 이제 투기는 더 이상 발붙일 수 없게 제도를 정비했다고 자부한다"고 노무현 정부의 부동산정책을 극찬하고 있다.[5]

그러나 실제로 노무현 정부의 부동산정책은 부동산가격의 안정에도 크게 기여하지 못하면서 부동산거래의 부진, 공급위축, 양극화의 심화 등 많은 부작용을 초래하였다. 우선, 부동산가격 측면에서 살펴보면, 정책의 목표가 된 강남의 아파트가격은 2007년 초까지 상승세가 지속되었고 전국의 땅값도 공시지가 기준으로 노무현 정부 집권 이후 4년 간 거의 두 배 오른 것으로 집계되고 있다.[6] 부동산 관련 세금의 급등은 해당 가구에게 세금폭탄이 됨은 물론 부동산거래와 주택공급을 위축시켰다. 문제의 원인을 잘못 진단하고 편향된 이념적 시각에서 대책을 만들어낸 데에 따른 당연한 결과였다고 할 수 있다.

주택정책의 만족도 역시 노무현 정부가 가장 낮은 것으로 조사되고 있다.[7] 주택정책의 만족도는 노무현 정부가 7점 만점에서 2.59로 전두환 정부 3.64, 노태우 정부 3.57, 김영삼 정부 3.27, 김대중 정부 3.46 보다 훨씬 낮은 것으로 조사되었다. 이를 항목별로 살펴보면, 노무현 정부의 성적표는 가격안정에 1.99로 최하위였고 사회형평성에서도 2.48로 최하위를 기록하고 있다. 노무현 정부의 부동산정책은 가격안정과 형평성측면에서 모두 실패하였다는 것이 국민의 평가인 것이다.

부동산세제의 합리화

부동산 관련 세제는 크게 부동산보유세와 부동산거래세로 나눌 수 있으며 전자는 종합부동산세와 재산세로 후자는 등록세, 취득세, 양도소득세 등으로 구성되어 있다. 우리나라 부동산세제의 특징은 보유세는 선진외국에 비해 상대적으로 낮은 반면, 거래세는 상대적으로 높다고 알려져 있다.

예를 들어, 2001년 현재 재산관련세의 GDP비율은 한국이 3.1%로 미국과 같은 수준으로 OECD 국가 중 비교적 높은 수준으로 집계되고 있다.[8] OECD 25개 국가 중 한국보다 높은 나라는 캐나다, 룩셈부르크, 영국뿐이었다. 이를 보유세와 거래세로 나누어 살펴보면, 보유세의 GDP비율은 한국이 0.6%로 OECD 국가 중 중간 정도나 거래세의 GDP비율은 한국이 2.3%로 OECD 국가 중 가장 높은 것으로 나타났다.

부동산거래세가 높다는 것은 부동산거래가 활발히 이루어질 수 없음을 의미하기 때문에 우리나라에서 부동산세제의 개편방향은 거래세를 대폭 인하하고 보유세는 점진적으로 인상하는 것이라는 것이 조세전문가의 의견이다. 보유세를 점진적으로 인상하여 부동산 보유에 대한 가수요를 억제하고 거래세를 과감히 인하하여 부동산 거래를 활성화시키고 시장에서의 공급을 확대해보자는 것이다.

노무현 정부가 가장 역점을 둔 분야는 부동산세제를 개편하는 것으로 그 방향은 보유세는 물론 거래세 모두를 획기적으로 높이는 것이었다. 보유세 부문에서는 종합토지세를 종합부동산세로 개편하여 과세부담을 대폭 증가시켰고 재산세 과표의 조기현실화를 추진하여 재산세부담 역시 크게 확대하였다. 거래세 부문에서는 다주택자의 양도소득세를 중과하고 양도소득세 산출에 실거래가를 적용하여 세부담을 대폭 증가시켰다. 주택을 갖고 있어도 세금폭탄을 맞고 팔아도 세금폭탄을 맞는 상황을 만든 것이다.

과거에는 건물과 토지는 재산세와 종합토지세로 구분하여 과세되었으나 2005년 종합부동산세가 도입되면서 주택은 건물과 토지가 하나로 통합되어 주택분 재산세가 부과되도록 하였다. 이에 더해, 종합부동산세가 부과되는 대상은 주택은 공시가격 6억 원, 일반토지는 공시지가 3억 원, 사업용 토지는 공시지가 40억 원으로 책정되었고 농지와 공장부지는 종합부동산세 대상에서 제외되고 있다. 2005년 당시에는 종합부동산세 대상이 주택은 9억 원, 일반토지는 6억 원이었는데 2006년부터 이를 하향조정하여 과세대상을 크게 확대한 것이다. 그 결과 종합부동산세 세수는 2005년 4,413억 원에서 2006년에는 1조 3,275억 원으로 급증하였고, 2007년에는 2조 2,947억 원, 2008년에는 3조 원이 넘을 것으로 전망되고 있다. 매년 1조 원씩 세수가 증가하는 것이다. 세금폭탄의 대표적인 사례임에 틀림없다.

이영희[9]는 우리나라의 재산보유세가 총 조세에서 차지하는 비율이 OECD 국가와 비교해볼 때 매우 높은 수준이라고 주장한다. 부동산보유세가 상대적으로 낮다는 종전의 인식이 잘못되었음을 알려주는 것이다. 부동산보유세가 대폭 강화되기 전인 2004년 현재 총 조세 중 부동산보유세 비율이 한국이 11.3%로 OECD 평균 5.6%보다 두 배나 높은 것으로 나타났다. OECD 국가 중 한국보다 높은 나라는 영국(12.0%)뿐이었다. 2005년 이후 부동산보유과세가 대폭 강화되었기 때문에 2006년부터는 한국이 OECD 국가 중 부동산보유세가 총 조세에서 차지하는 비율이 가장 높을 것으로 추정되고 있다.

부동산 보유가 경제적 능력과는 상이할 수 있다는 측면에서 경제적 부담능력을 고려하지 않은 부동산보유세 부담의 급증은 많은 사회적 문제를 야기할 것으로 보인다. 이에 더해, 부동산보유세가 강화될수록 골동품, 미술품, 골프회원권 등 비과세대상 자산과의 형평성 문제가 커지고 후자의 선호도가 높아지는 부작용이 있을 것이다.

이외에도 종합부동산세는 많은 문제점을 안고 있다. 종합부동산세는 조세평등주의와 재산권 보장원칙에 위반되어 위헌으로 판정될 가능성이 높다. 또한 소득을 수반하지 않는 주택의 지나친 과세는 해당 납세자에게 심각한 경제·사회적 문제를 야기할 가능성이 있으며 소득이 수반되는 사업용 건물과 비교하여 형평성 측면에서도 많은 문제가 있다고 판단된다. 이에 더해, 종합토지세는 지방세인 데 반해, 종합부동산세는 국세로 함으로써 부동산보유세가 지방정부의 기본 세목이라는 지방자치의 큰 원칙이 무너졌다.

이러한 문제점을 종합하여 볼 때, 종합부동산세는 폐지되어야 하며 굳이 공급이 한정되어 있는 토지에 중과세가 필요하다면 종전의 종합토지세를 손질하여 종합부동산세를 대체하도록 할 수도 있을 것이다. 앞에서 지적한 대로 우리나라의 부동산보유세는 외국에 비해 결코 낮은 것이 아니며 부동산의 투기수요를 억제하기 위해 필요하다면 재산세 과표의 점진적 현실화로 그 목적을 달성할 수 있는 것이다.

노무현 정부는 부동산보유세를 강화하고 부동산거래세는 인하한다는 취지로 취득세와 등록세를 각각 2.0%와 3.0%에서 1.0%로 인하하였다. 그러나 과표현실화가 동시에 이루어졌기 때문에 등록세와 취득세의 실질부담은 그대로 남아 있든지 오히려 약간 높아진 것으로 분석되고 있다.[10] 취득세와 등록세는 조세를 평가하는 기준인 효율성과 형평선 측면에서 별로 바람직하지 않은 조세로 알려져 있다. 부동산 취득단계에서 부과되는 세금은 부동산거래를 위축시키고 부동산시장의 개발을 저해하기 때문이다. 담세능력과 무관하게 부과되는 취득세와 등록세는 형평상의 문제도 야기할 수 있는 것이다. 그래서 많은 선진국은 취득세와 등록세가 아예 없거나 있어도 그 수준이 매우 미미한 것이다.

그러나 우리나라에서는 등록세와 취득세가 지방세 수입의 35% 수준에 이를 정도로 지방재정에서 중요한 역할을 하고 있다. 그래서 부동산거래세 인하를 이론적 측면에서 주장하여도 지방재정에 미치는 악영향을 생각하여 이를 폐지 또는 대폭 인하하지 못하는 것이다. 따라서 취득세와 등록세의 개편방향은 이를 대폭 인하 또는 폐지하되 이에 따른 지방정부의 세수부족 문제는 종합부동산세를 지방세로 이전하든지 종합부동산세가 폐지된다면 부동산 관련 양도소득세를 지방세로 전환하는 방안을 검토해보아야 할 것이다.

노무현 정부는 부동산의 투기수요를 억제하려는 목적으로 다주택자의 양도소득세를 중과하고 과표기준도 실거래가를 반영하는 개혁조치를 취하였다. 부동산거래세의 일부로 볼 수 있는 양도소득세가 대폭 강화됨으로써 노무현 정부는 부동산보유세는 물론이고 부동산거래세 역시 대폭 세부담을 늘리는 조치를 취한 것이다. 예를 들어, 실과세 확대에 따라 2007년 상반기 양도소득세 세수는 부동산거래가 부진한 가운데서도 전년에 비해 무려 3조 9천억 원이나 증가하였다. 그 결과는 이미 지적한 대로 부동산거래의 위축과 이에 따른 주택건설을 포함한 부동산관련 투자의 감소였다. 부동산과 주택건설경기가 급강한 반면, 부동산을 보유하거나 거래하는 국민의 세부담은 기하급수적으로 상승하게 된 것이다.

양도소득세의 개편방향은 1가구 1주택 장기보유자의 양도소득세를 면제해주는 것이 급선무라고 생각한다. 한 가구가 하나의 주택을

장기간 보유하고 여러 가지 이유로 주택을 매매하는 경우에는 양도소
득세 대상에서 제외시켜줌으로써 실수요자의 세부담을 줄이고 투기수
요는 억제하는 정책적 고려가 있어야 할 것이다.

끝으로 재산세 공동과세안은 재정자치권을 침해하고 조세평등주
의를 위반하는 위헌적 요소를 갖고 있음은 물론 지방자치의 기본원칙
을 정면으로 위반하기 때문에 당연히 폐지되어야 할 것이다. 상대적으
로 재정형편이 나은 구청으로부터 돈을 빼앗아 상대적으로 어려운 구
청을 돕는다는 인식에서 비롯된 재산세 공동과세안은 서울 모든 구청
의 하향평준화를 초래할 뿐 낙후지역의 발전을 기하지는 못할 것이다.
이보다는 강북 도심개발사업을 더욱 본격적으로 추진하여 강북을 강
남 이상으로 개발시켜 서울시 전체가 강남과 같이 되는 포지티브 섬
(positive-sum) 방식으로 서울시 발전을 모색하는 지혜가 필요하다고 생
각한다.

불필요한 규제의 철폐

부동산 관련 불필요한 규제의 대표적인 사례는 분양가 상한제이
다. 1970년대 후반 전국적으로 부동산가격이 급등하자 민간아파트 분
양가도 상승하였고 이를 규제해야 한다는 여론이 높아졌다. 결국 1963
년 이후 공공자금으로 짓는 아파트에 적용되었던 분양가 상한제가
1977년 민간아파트로 확대되었다. 1981년에는 주택경기가 침체상태
를 보이자 주택경기활성화 차원에서 민간아파트 분양가를 자율화하였

으나 얼마 안 있어 건설업자들이 자율적으로 분양가를 규제하는 방식으로 전환되었다. 분양가가 통제되자 아파트 분양은 시세차익을 노리는 투기꾼의 목표가 되었고 1983년 시세차익을 정부가 흡수하여 이를 저소득층을 위한 주택건설에 쓰는 이른바 '채권입찰제'가 도입되었다.

1988년에는 박승 건설부 장관이 분양가 자율화의 필요성을 역설하였지만 이를 관철시키지는 못하였다. 1989년 분당과 일산 신도시의 건설이 추진되면서 분양가를 원가에 연동시키는 '원가연동제'가 실시되었으나 분양가는 여전히 정부의 직접적인 규제를 받았다. 외환위기로 건설경기가 극도로 침체된 상태에서 분양가는 1998년 자율화로 전환되었다. 분양가 자율화는 그 후 한동안 계속되다가 2006년 12월 노무현 정부에 의해 다시 상한제를 도입하는 방향으로 선회한 것이다. 아파트 가격상승이 분양가 자율화 조치에 기인하였다는 청와대 당국자와 열린우리당 간부들의 왜곡된 생각이 정부정책으로 반영된 것이다. 경제장관들은 처음에는 시장논리를 내세워 이에 반대하였으나 결국 굴복하고 말았다.

가격이 오르면 정부의 규제를 통해 가격을 임의로 낮출 수 있다고 생각하는 어리석은 사람들이 노무현 정권의 핵심에 포진되어 있는 것이다. 프랑스 혁명 당시 급등하는 우유가격을 잡기 위해 행정력으로 우유값을 반으로 떨어뜨리려는 시도가 결과적으로 우유 값을 열 배나 더 오르게 한 역사적 에피소드가 21세기 초 한국에서 벌어지고 있다. 분양가 규제로 아파트 가격을 잡을 수 있다면 모든 가격을 정부가 통제하는 사회주의 실험은 성공하였을 것이다. 그러나 가격통제를 근간으로 하는 사회주의 기획경제는 모두 실패하였고 우리는 이제 시장원리가 지배하는 세계화시대에 살고 있다. 아파트 분양가는 당연히 다시 자율화되어야 할 것이다.

분양가 규제와 직접적으로 연결된 제도가 주택청약제도이다. 분양가 규제로 아파트 당첨이 복권당첨과 같이 되자 아파트 분양당첨이라는 복권을 탈 수 있는 순서를 정하는 제도가 바로 주택청약제도이다. 주택청약제도 역시 아파트 분양가 규제가 실시된 1977년에 시작되었으며 그 후 여러 차례의 변천역사를 갖고 있으나 이 역시 분양가 자율화가 완성되면 없어져야 할 제도이다.

일반 아파트에는 분양가가 철폐되더라도 서민을 위한 소형 아파트에는 분양가 상한제가 유지되어야 한다는 주장이 있다. 이는 일반 아파트는 시장기능에 맡기고 정부는 서민주택의 안정적 공급에 정책의 역점을 두어야 한다는 논리에 그 근거를 두고 있다. 따라서 주택청약제도는 필요하다면 서민주택의 분양에만 적용되는 것으로 전환되어야 할 것이다.

현 시점에서 뜨거운 감자는 재건축 관련 규제이다. 강남지역에서 재건축은 황금알을 낳는 거위로 인식되었고 노무현 정부는 무분별한 재건축이 강남 아파트의 가수요를 유발한다는 생각에서 재건축 요건을 강화하기 시작하였다. 그 결과 이미 택지개발이 마무리된 강남지역에서 새로운 주택공급이 어려워지면서 기존의 아파트가격을 더욱 상승시키는 부작용을 초래하였다.

재건축문제 역시 정부는 단기적 시각보다는 좀 더 장기적 시각에서 원칙을 정하고 이를 일관되게 추진해나가야 할 것이다. 재산가치 상승만을 의식한 재건축의 남발은 국가적으로 투자자원의 낭비를 초래할 것이다. 그렇다고 재건축을 무조건 막기만 하면 공급부족으로 기존아파트의 가격이 상승할 것이기 때문에 합리적 기준을 정해 그 기준에 따라 재건축이 이루어지도록 하는 것이 중요하다.

재건축 관련 규정 역시 주택경기 흐름과 연관하여 변화되어 왔다. 경기가 나쁘면 재건축 규정을 완화하고 경기가 과열되면 이를 다시 강화시킨 것이다. 이제 재건축정책도 장기적인 시각에서 합리화되어야 할 것이다. 기존의 재건축요건은 특별한 상황변화가 없는 한 그대로 유지하면서 소형주택 또는 임대주택 의무건설과 같은 규정은 시장기능을 지나치게 저해하기 때문에 과감히 철폐되어야 한다.

주택금융의 현대화

우리나라의 주택금융은 외환위기를 겪으면서 큰 변화를 겪게 되었다. 과거에는 주택은행이 주택금융을 거의 독점하였고 주택금융의 혜택을 본 사람도 많지 않았다. 그러나 외환위기 이후 주택은행이 민영화되어 국민은행으로 통합되고 일반 상업은행의 주택금융시장 진입이 허용되면서 주택금융은 새로운 경쟁시대를 맞게 된다.

특히, 외환위기 이후 은행들이 위험부담이 큰 기업대출을 줄이고 가계대출에 주력하면서 주택담보대출은 2000년 말 54조 2천억 원에서 2006년 상반기에는 200조 8천억 원으로 급증하였다. 그러나 1인당 주택대출규모는 2005년 말 현재 한국이 633만 원으로 미국의 3,071만 원, 일본의 1,745만 원보다 낮다. 주택금융의 GDP비율은 한국이 35%로 미국 71%, 영국 80%보다는 낮으나 일본 32% 보다는 높은 수준이다. 이는 우리나라의 주택금융이 그간 많이 발전하여 선진국 수준에 육박하고 있으나 아직도 증가할 여지가 있음을 의미한다고 할 수 있다.

우리나라 주택금융은 많은 취약점을 갖고 있다. 우선, 주택대출의 대다수가 변동금리이고 상환기간도 상대적으로 짧다는 것이다. 예를 들어, 주택대출 중 변동금리 비중이 2007년 현재 한국이 94%로 미국 31%, 독일 16%, 프랑스 32%보다 훨씬 높은 것이 사실이다. 또한, 대출실행 이후 3년 이내 조기상환 비율이 72.4%나 되며 1년 이내 만기도래 비중도 20.6%나 되고 있다.

주택대출이 늘어남에 따라 가계의 금융부채도 증가되고 있으며 개인가처분소득 대비 금융부채의 비율이 2001년 96.3%에서 2006년에는 142.3%로 계속 상승하고 있다. 국제비교에서도 호주 182%, 영국 156%보다는 낮으나 일본 138%, 미국 132%보다는 높은 수준이다. 이는 한국가계의 주택담보를 통한 금융부채가 이미 상당 수준에 이르고 있음을 의미한다고 할 수 있다. 특히, 최근 국내금리가 상승추세를 보이고 있어 이에 따른 가계의 원리금 상환부담 역시 증가하고 있기 때문에 가계부도로 인한 금융혼란의 가능성마저도 제기되고 있는 실정이다.

우리나라 주택금융의 또 하나의 취약점은 금융기관의 차입자 신용도 평가능력이 낮아 주택대출이 주로 주택가격에 기초한 담보대출형태로 이루어지고 있다는 사실이다. 최근 노무현 정부는 주택수요 억제책의 일환으로 차입자의 소득을 감안하여 주택담보 대출한도를 정하도록 유도하고 있으나 차입자의 소득과 신용도 평가가 쉽지 않은 것이 사실이다. 또한, 이러한 새로운 방식을 철저히 적용할 경우 소득수준이 낮은 서민층의 주택금융 접근기회는 더욱 줄어 주택구입 기회가 축소된다는 문제점이 있다.

금융기관의 단기자금조달 비중은 증가하는 데 반해, 주택담보대출 증가로 자금운용은 장기비중이 급속히 증가하고 있어 자금조달과 운용상 만기가 일치하지 않는다는 문제점이 있다. 이는 우리나라에서 장기채 유통시장이 잘 발달되지 않아 금융기관이 주택채권을 유동화시키지 못하는 데에 기인한다. 이를 위해 정부는 2004년 주택금융공사를 설립하였으나 아직은 그 기능이 활성화되지 못하고 있다.

한국은행 보고서는[11] 우리나라 주택금융의 문제점을 개선하기 위해 ① 조달비용의 인하로 자금중개 효율성을 제고하고, ② 시장접근성 개선과 상품다양화를 통해 주택금융 공급기능을 강화하며, ③ 리스크 최소화를 통해 금융시스템 및 주택가격 안정성을 제고할 것을 건의하고 있다.

이러한 정책목표를 실현하기 위한 좀 더 구체적 정책대안으로 한국은행 보고서는 고정금리대출의 대출규제를 완화하여 장기·고정금리대출의 확대를 유도할 것을 건의하고 있다. 대출심사기준의 선진화를 위해 차입자의 미래상환능력 등을 고려할 것과 대출금 상환 등 차입자의 긍정적 정보축적도 확대할 것을 제안하고 있다. 또한, MBS(mort gage-backed security)시장의 활성화를 위해 우량 할부금융회사를 주택금융 전문회사로 육성하고, 장기적으로 모기지(mortgage)회사를 설립하며 모기지 브로커를 양성할 것을 건의하고 있다.

결론적으로 말해, 외환위기 이후 급격히 성장한 주택금융시장을 질적으로 더욱 선진화시키기 위한 각종 제도적 장치들이 마련되어야 주택공급이 안정적으로 이루어질 수 있는 것이다.

신도시 건설보다 서울 강북개발이 우선

수도권에 인구가 과다하게 집중되다보니 우리나라에서 주택문제는 사실상 수도권의 문제라고 해도 과언이 아니다. 이런 차원에서 수도권을 중심으로 한 신도시 건설은 주택공급 확대의 주요수단으로 활용되어왔다. 1970년대 후반 과천 신도시 건설을 시작으로 1980년대 후반에는 주택 200만 호 건설계획의 일환으로 분당, 일산, 평촌, 산본, 중동 등 수도권에 5개 신도시를 건설하였고 노무현 정부도 판교, 송파 등 신도시 건설을 구체화하고 있다.

신도시 건설이 주택공급의 획기적 확대를 가져와 주택가격을 안정시키는 데 크게 기여했다는 긍정적인 평가가 있는 것이 사실이나 직장없이 주택으로만 구성된 신도시가 베드타운으로 전락하여 수도권 교통난을 더욱 어렵게 만들고 있다는 비판의 소리가 있는 것이 사실이다. 2006년 말 현재 수도권 지역에서 추진되고 있는 택지개발사업은 모두 58개 지구 약 3,176만 평에 달하는 것으로 알려지고 있다.[12] 여기에 입주할 인구만 300여 만 명에 이르는데 이를 위한 교통대책은 마련되어 있지 않다. 얼마 후 경부고속도로는 '주차장'처럼 변할 것이라는 것이 전문가의 공통된 전망인 것이다.

정부는 2006년 10월 '강남 대체 신도시'를 개발하겠다고 밝힌 뒤 8개월 후 경기도 화성 동탄지역에 제2신도시를 건설하겠다고 발표하였다. 그러나 정부발표에는 교통문제의 해결대책이 전혀 없다. 개발예정지 발표 후 예정지구로 지정되기까지는 보통 1년 정도가 걸리고 예정지가 발표되는 순간 땅값은 천정부지로 치솟는다. 노무현 정부에서 땅값이 공시지가 기준으로 두 배나 오른 원인도 수도권에는 판교, 송파, 동탄 등 강남을 대체할 신도시를, 그리고 지방에는 지역발전을 선도할 신도시 건설을 지속하여 외쳐왔기 때문이다.

노무현 정부는 신도시 발표로 크게 오른 부지매입을 위해 천문학적 수치의 보상비를 지급하였고 이는 다시 부동산 투기자금이 되어 수도권으로 돌아왔다. 예를 들어, 2003년부터 2006년까지 신도시 개발 등으로 풀린 보상비는 67조 1천억 원에 이르며 이 중 62%가 수도권에 집중됐으며 현금 보상비의 비중은 무려 95%에 달한다고 한다.[13] 신도시 건설정책이 전국의 땅값은 물론 수도권의 아파트가격도 상승시킨 주범이 된 것이다.

신도시 건설의 또 하나의 비판은 수도권 중심의 신도시 건설이 이미 비대해질 대로 비대해진 수도권을 더욱 비대하게 만든다는 것이다. 이는 상당히 일리가 있는 지적으로 수도권의 신도시 건설은 더욱 신중히 추진되어야 한다는 생각을 하지 않을 수 없다. 외국의 지역개발 전문가들은 한국이 서울 강북을 개발하여 고층화하지 않고 서울에서 거리가 먼 수도권 지역에 신도시를 개발하여 새로운 고속도로를 만들고 출퇴근에 많은 시간과 기름을 낭비하는 것을 이상한 눈으로 본다. 이런 관점에서 보면 서울 강북도심의 개발은 신도시 건설보다 훨씬 경제적으로 수도권의 주택문제를 해결하면서 수도권의 추가적 팽창을 최소화하는 방법이라고 생각한다.

그런데도 불구하고 노무현 정부는 강북개발보다는 강남을 대체할 수 있는 수도권 신도시 개발에 열을 올리고 있다. 이로 인한 각종 부작용은 정권이 끝난 이후에도 지속적으로 나타날 것이다. 따라서, 이미 포화상태에 이른 수도권에 새로운 신도시건설을 가급적 자제하고 지방거점도시 주변에 산업클러스터 역할을 겸할 수 있는 기업형 신도시를 전국적으로 개발하는 데에 정책적 역점이 두어져야 할 것이다.

제4부

가장
잘하는 자에게
맡기자

제19장

작은 정부 큰 시장[1]

시장과 정부의 논쟁

정부에 대한 인식차이는 경제철학의 방향을 결정하는 기본적인 요인이 되고 있다. 자유주의를 바탕으로 한 시장경제주의자는 정부를 불신하는 반면, 자유주의의 대칭이 되는 전체주의나 개입주의는 정부의 신뢰를 바탕으로 한다. 또한, 자유주의는 시장에서의 경쟁과 거래가 참가자 개개인의 이익을 향상시킴은 물론 경제 전체의 효율을 극대화한다고 생각하는 반면, 전체주의나 개입주의는 시장의 실패를 강조하고 이를 보완하기 위해 정부의 개입이 불가피하다고 주장한다.

대다수 선진국에서 시장의 인식은 정치적 보수와 진보를 구분하는 기본적 잣대로 사용되고 있다. 보수세력은 시장의 장점을 존중하여 가급적 모든 부문에서 시장기능을 활성화시키는 노력을 하는 반면, 진보세력은 시장실패를 강조하면서 시장이 실패한 부문에서 정부의 역할이 증대되어야 한다고 주장한다. 결과적으로, 보수주의자는 작은 정부를, 진보주의자는 큰 정부를 지향하고 있는 것이다.

시장경제주의자는 정부의 필요성 자체를 부정하지는 않아도 정부의 역할을 최소한의 수준으로 축소하여야 한다고 역설한다. 애덤 스미스²⁾는 정부의 역할을 국방과 치안, 공정한 사회질서의 확립과 공공사업의 운영 등 세 가지로 한정하였다. 공정한 사회질서의 확립은 독점의 철폐를 통한 경쟁체제의 확립과 사유재산권의 확보를 포함한 엄정한 법치주의의 확립을 통해 이루어질 수 있으며 공공사업은 도로, 항만 등 사회간접자본의 건설 및 운영과 서민층을 대상으로 한 교육으로 규정하고 있다.

고전적 자유주의가 영국과 유럽에서 16~18세기에 번성한 중상주의의 반작용이라고 한다면, 신자유주의는 경제대공황 이후 미국과 서유럽에서 대두된 '복지국가(welfare state)'의 반작용이라고 할 수 있다. 신자유주의 경제학의 대표자라 할 수 있는 하이에크³⁾는 복지국가 건설을 위해 대폭 확대된 정부기능과 지출의 축소를 강하게 주장하고 있다. 개인의 자유를 정부가 함부로 침해할 수 없도록 정부권한의 한계를 명시하여 의회의 입법활동도 이 테두리 내에서 이루어지게 해야 한다는 것이 하이에크의 논리이다. 그는 또한 중앙집권적 정부보다는 지방정부의 권한분산이 더 잘 되어 있는 연방정부의 형태가 자유주의 경제철학에 더 부합할 것이라고 주장하고 있다.

세계사를 바꾼 자유주의 경제사상

　자유주의 경제사상은 경제학의 흐름을 좌우하는 데 그치지 않고 지난 200여 년 간 서유럽 선진국의 역사흐름을 주도하였다. 예를 들어, 1776년 애덤 스미스의『국부론』출간은 세계사를 바꾸어 놓은 사건이었다. 16세기부터 '국부론' 출간 시까지 서양의 지배적인 사조는 중상주의(mercantilism)였다. 부국강병을 목표로 하는 중상주의는 밖으로는 수출진흥을 통해 대외지향적인 정책을 추구하면서 안으로는 수입규제, 영업허가, 가격규제 등의 경제통제정책을 추진하였다. 독점적 기업을 국가가 직접 운영하는 등 적극적으로 정부개입주의적인 경제정책을 추진한 것이다.

　중상주의적 경제발전 모델은 민간부문이 발달된 상황에서는 오히려 민간기업 활동을 위축시키는 요인이 됨은 물론 수입규제 등의 보호무역정책은 국가 간 통상마찰을 불가피하게 만들기 때문에 세계화에 걸림돌이 되었다. 이러한 시점에서 스미스의 자유주의 경제철학은 민간기업의 활동을 더욱 번창시키고 국제적으로 자유무역의 확대를 초래하여 세계경제의 세계화는 급속히 진전될 수 있었던 것이다. 이는 19세기 내내 선진국 경제가 급속도로 발전하고 선진국 간 무역 및 금융거래가 아무런 장벽 없이 이루어지게 된 사상적 기반을 만들어 주었다. 결국 고전적 자유주의 경제학이 1차 산업혁명을 경제발전과 세계화로 연결시키는 밑거름이 된 것이다.

　자유주의 경제철학의 정립과 1차 산업혁명의 진전은 미국과 유럽

국가에서 자본주의 경제의 발전과 정착을 가져왔으나 고전적 자본주의의 구조적 모순도 노정되었다. 빈부격차의 확대와 주기적으로 오는 불황이 그것이었다. 1929년에 시작된 경제대공황은 세계를 다시 정부개입주의로 몰고 가는 계기가 되었다. 케인스가 정부개입의 이론적 근거를 마련해 주었고 서유럽 선진국은 적극적인 정부개입을 전제로 하는 복지국가를 발전모델로 채택하였다. 이러한 개입주의는 1970년대까지 지속되었고 이 시기를 신중상주의(new mercantilism)라고도 한다. 이러한 개입정책에서 미국과 유럽 각국은 제2차 세계대전 이후 1970년대까지 자본주의 체제를 근본적으로 부인하는 공산주의 체제에 대항하면서 심각한 사회갈등이나 불황도 없는 사회적 안정과 경제적 번영을 누린 것이 사실이다.

그러나 미국과 유럽 복지국가의 개입주의는 나름대로 많은 문제점을 야기하였다. 정부의 비대화에 따른 공공부문의 비효율과 무능이 그 하나이고, 과다한 복지제도로 인한 재정부담의 증가와 근로의욕의 상실이 복지국가의 또 다른 문제로 지적된 것이다. 하이에크와 프리드먼으로 대표되는 신자유주의 경제학자들은 신중상주의라는 케인스 경제학이 선진국 경제운용의 주축을 이루던 시기에도 활발히 자신들의 의견을 개진하였으나 이들의 견해가 정치적으로 받아들여진 것은 1980년대 미국에서는 레이건 대통령 그리고 영국에서는 대처 총리가 이끄는 보수정권이 집권하면서부터였다.

레이건 대통령은 1980년에 취임하여 8년 간 집권하였고 대처 총리는 1979년에 취임하여 1990년에 퇴임하였다. 이른바 신자유주의가 영국과 미국에서 본격적인 현실정책으로 채택된 것이다. 방만한 복지제도와 재정의 수술이 시작되었고 강성노조의 활동도 공권력의 철퇴를 맞아 위축되었다. 이러한 신자유주의 경제정책 노선은 미국 민주당의 클린턴 정부는 물론 영국 노동당의 블레어 정부에서도 계속 유지되었으며 복지국가 전통이 강한 다른 서유럽 국가에도 큰 영향을 미치게 되었다.

고전적 자유주의가 1차 산업혁명을 세계경제의 1차 세계화로 만든 원동력이 된 것과 같이 신자유주의 경제철학과 정책은 디지털혁명을 세계경제의 3차 세계화로 이끄는 견인차가 되고 있는 것이다. 3차 세계화의 시작을 1990년 전후로 본다면 19세기가 고전적 자유주의와 1차 산업혁명에 의해 지배된 것과 같이 21세기는 신자유주의 경제철학과 디지털혁명이 세계의 흐름을 좌우하는 큰 물결이 될 것이라는 것을 쉽게 예측할 수 있다.

이러한 관찰이 우리에게 시사하는 바는 크다. 이제 자유주의 시장경제는 더 이상 우리에게 선택의 문제가 아니라 필연적인 현실이라는 사실을 분명히 인식해야 한다. 서양근대사에서 중상주의 다음에 자유주의가 왔듯이 우리나라에서도 중상주의적 박정희 경제발전 모델 다음에는 자유주의에 입각한 시장경제 모델이 근간을 이루는 것이 역사적 순리인 것이다. 물론 우리는 후발자의 이점을 최대한 활용하여 고전적 자본주의 경제에서 발생한 빈부격차 문제와 주기적 불황 문제의 대비책을 강구해야 할 것이다. 그러나 이는 이미 서유럽 선진국에서 1930년대 이후 많은 시행착오를 거치면서 개선되어 온 정책과제이기 때문에 우리 현실에 맞는 해결책을 찾는 것은 그리 어려운 일이 아니라고 생각된다.

선진국의 정부혁신 경험

'정부혁신'은 디지털시대가 되면서 모든 선진국에서 정치권의 핵심적인 개혁과제가 되고 있다. 그 이유는 디지털혁명과 세계화로 세계시장에서 국가 간 경쟁이 치열해졌고 이 과정에서 승자가 되기 위해서는 국가경쟁력이 뒷받침되어야 하는데 정부의 경쟁력 부족이 언제나 문제로 지적되기 때문이다. 디지털시대에 기업의 경영이 근본적으로 바뀌어야 살아남을 수 있듯이 이제 정부의 운영도 단순한 '개선'이 아닌 '혁신' 차원의 변화가 있어야 한다는 공감대가 형성되고 있는 것이다.

선진국 중 정부혁신의 기치를 제일 먼저 세운 나라는 영국이다. 제2차 세계대전 이후 40여 년 간 복지국가를 지향했던 영국은 1979년 대처가 집권하면서 기업식 경영효율을 강조하는 '신공공관리론'에 근거한 정부혁신을 추진하였다. 미국의 경우, 작은 정부를 표방한 공화당의 레이건 정부는 정부지출 축소, 조세율 인하, 과감한 규제철폐 등을 레이거노믹스(Reaganomics)라는 이름으로 추진하여 큰 성과를 보았다. 미국에서 정부혁신 노력은 민주당의 클린턴 정부에서도 지속적으로 추진되어 고객중심, 감축관리, 규제완화 등 탈관료화를 주된 개혁으로 삼았다.[4]

일본에서는 1993년 하시모토 내각이 들어서면서 행정개혁을 '21

세기 일본의 생존전략' 차원에서 추진하였다. 행정개혁이 등장한 것은 '관료망국론'이란 말이 나올 정도로 심각해진 관료제의 병폐를 근본적으로 시정하기 위해 내각의 기능을 강화하고 관료주도형 정부운용을 정치주도형으로 바꾸려는 데 그 목적이 있었다. 행정개혁은 변화와 개혁을 표방한 고이즈미 내각에서도 지속되었다. 향후 10년 간 공무원 수를 25% 줄이기로 하는 등 야심 찬 목표치를 제시하였으나 이제까지의 성과는 대체로 회의적이다.[5]

과감한 대외개방정책으로 고도성장을 이룩한 아일랜드는 1990년대 중반부터 경제발전과정에서 주요한 역할을 해야 하는 공무원에게 기업을 효과적으로 지원하기 위한 전략적 관리능력을 심어주고 강력한 중앙집권체제를 완화하는 데 역점을 둔 행정혁신안을 추진하였다. 그 결과는 매우 성공적이어서 아일랜드는 유럽의 최빈국에서 불과 15년 만에 최고의 부자로 도약했으며 이러한 경제신화는 지금도 지속되고 있다. 이 과정에서 경제개방정책은 물론 정부혁신정책도 큰 기여를 하였다는 것이 전문가들의 공통된 견해이다.

역대 정부의 정부혁신 노력

한국에서 행정개혁이 추진되기 시작한 것은 박정희 대통령의 3공화국에서였다. 총리실 산하에 행정개혁위원회가 설치되었고 능률성과 효율성에 바탕을 둔 근대적 관료체제를 수립하는 것을 행정개혁의 목표로 삼았다. 한국에서 근대적 행정체계가 미군을 통해 한국군에 처음

도입되었다는 사실을 감안할 때 첫 번째 행정개혁이 군사정부에서 이루어진 것은 결코 우연이라고 할 수 없을 것이다.

그러나 군사정권에서의 행정개혁은 "근대화와 효율성에 목표를 두는 전형적인 발전행정의 성격을 띠었다"[6)는 것이 전문가들의 분석이다. 1987년 이후 민주화가 본격적으로 진행되면서 선진국들이 추진하는 신공공관리론에 근거한 현대적 의미의 정부혁신 노력이 한국에서도 전개되었다.

김영삼 정부는 1993년 4월 행정쇄신위원회를 발족하여 작은 정부를 지향하는 개혁을 추진하였다. 김영삼 문민정부는 행정쇄신의 기본 목표로 '깨끗하며 작고 강한 정부의 구축', '민주적이며 효율적인 행정의 구현', '국민편의 위주의 제도·관행의 개선' 등을 설정하고 정부조직을 개편하는 등의 개혁조치를 취하였다. 행정절차법과 정보공개법이 도입되었고 부패척결 차원에서 금융실명제, 부동산실명제, 공직자재산공개 등이 추진되었다.

김영삼 정부의 정부혁신 부문에서의 최대 성과는 부정부패 척결이라고 판단된다. 정부규제가 과다하고 정경유착이 만연된 상황에서 당시 상당히 심각했던 공직자의 부패 문제는 현격히 개선된 것이 사실이기 때문이다. 작은 정부의 구현이라는 측면에서는 김영삼 정부 전반 3년 간 중앙행정기관과 보조기관이 8.5% 감소되는 등 큰 진전이 있었다.[7)

정부규제완화 부문에서도 많은 진전이 있었다. 나는 1993년 초 '기업활동규제완화에 관한 특별조치법' 제정에 앞장선 적이 있다. 기업의 각종 규제가 너무 많아 개별법을 모두 바꾸는 것은 시간이 걸림은 물론 정치적 저항도 만만치 않을 것이기에 필요한 사항을 하나의 특별법으로 묶어 상대적으로 경제계에 우호적인 국회 상공위원회에서 이를 처리해 볼 생각이었다. 결국, 나는 이 특별법을 만드는 데에 성공하여 2003년 11월 국회를 통과시켰으나 그 과정에서 많은 어려움을 겪었다. 이 법으로 혜택을 보는 재계는 가만히 지켜만 보는 반면, 이 법의 통과로 손해를 보는 집단들은 적극적으로 이에 반대하였기 때문이다. 규제를 풀면 규제과정에 참여한 많은 사람들이 직장을 잃게 되기 때문에 이들은 결사적으로 반대를 하였고, 규제권한을 갖고 있는 공무원들도 자신들의 영토를 빼앗기지 않으려고 안간 힘을 쓰는 것을 실감할 수 있었다.

나는 이 과정을 통해 규제완화는 규제를 받고 있는 집단이 힘을 모아 정치권을 통해 규제가 철폐되도록 투쟁해나가야 그 성과를 거둘 수 있다는 사실을 깨닫게 되었다. 이는 민주주의가 절대권력자 스스로 권력을 국민에게 돌려 준 것이 아니라 국민들이 자신들의 권리를 절대권력자로부터 때로는 피를 흘리는 투쟁과정을 통해 쟁취한 것과 같은 이치이다. 그런데 한국에서는 민주화가 되었어도 정치권이 정책부문에서 제 역할을 하지 못하기 때문에 정부규제완화가 실제로 큰 성과를 거두지 못하고 있는 실정이다. 실제로 내가 국회의원직을 갖고 직접 진두지휘한 '기업활동규제완화를 위한 특별조치법'을 제외하고는 정부규제완화 조치들이 정부에 의해 주도되었으며 정치권은 방관자 역할만 하였다.

부정부패방지 부문에서 문민정부가 큰 성과를 거둔 것은 대통령 자신이 이 문제에 관심을 갖고 직접 챙겼기 때문에 성공할 수 있었다. 반면, 정부관료들에게 맡겨진 정부혁신 과제들은 큰 성과를 보지 못하였다. 그 이유는 일본에서 정부혁신 노력이 실패한 것과 같이 혁신의 대상이 되는 관료집단이 암암리에 조직적으로 개혁조치에 제동을 걸었기 때문이다. 김영삼 정부의 혁신노력이 하향식이었다는 비판의 목소리가 있었고 이에 불만을 느낀 공무원들이 복지부동의 방관자적 태도를 보인 것은 사실이다. 그러나 금융실명제 같은 개혁조치들을 공무원들에게 맡기었다면 추진되기가 불가능하였을 것이다.

김대중 정부는 정부혁신을 외환위기 이후 IMF에 의해 강요된 구조조정정책의 일환으로 추진하였다. '작지만 효율적으로 봉사하는 정부구현'을 목표로 공공부문개혁이 추진되었다. 대대적인 정부조직개편 작업이 두 차례나 추진되었고 공기업의 민영화와 각종 행정규제의 완화 등이 우선 과제로 진행되었다. 디지털시대의 대세에 부응하여 전자정부 구축노력도 활발히 진행되었다.

이 중 가장 큰 성과를 보인 부문은 전자정부의 구현노력이 아닌가 싶다. 국민의 정부의 노력에 힘입어 우리나라의 전자정부 수준은 세계적으로 최상위인 것으로 평가되고 있기 때문이다. 그러나 정부조직 개편은 김영삼 정부에서나 마찬가지로 많은 시행착오를 겪었고 행정규제완화 부문도 규제를 절반수준으로 줄인다는 야심찬 목표에도 불구하고 국민들이 피부로 느끼는 규제수준은 크게 개선되지 않은 것으로 분석되고 있다. 예를 들어, 한국행정연구원은 선진국과 비교하여 전자

정부 부문에서는 한국을 '상'으로 분류하나, 기업규제강도 부문에서는 한국을 '하'로 분류하고 있다.[8]

노무현 대통령은 취임 초부터 정부혁신을 최우선 과제로 선정하여 추진하여왔다. 대통령 직속의 정부혁신위원회를 구성하고 청와대에 혁신관리수석실, 행정자치부에 정부혁신본부를 설치하였다. 역대 어느 정부보다도 범정권 차원의 조직을 구성하여 운영한 것이다. 그럼에도 불구하고 노무현 정부의 정부혁신 노력은 별 성과를 거두지 못한 것으로 판단된다. 노무현 대통령 임기 중 공무원 수는 5만 8천 명이나 증가하였고, 장차관 수는 106명에서 131명으로 늘어났으며, 정부산하 기관은 267개 20만 5천 명에서 298개 28만 9천 명으로 증가하였다.

이에 더해, 정부규제는 이 기간 중 7,715건에서 8,083건으로 증가하였고 국가부채는 133조 6천억 원에서 282조 8천억 원으로 급증하여 국가채무비율이 19.5%에서 33.4%로 높아졌다. 이는 노무현 정부의 재정운영이 얼마나 방만했는가를 잘 보여준다고 할 수 있다. 실질적인 나라살림 성적을 보여주는 관리대상 재정수지 역시 2003년에는 1조 원 흑자였으나 그 후 매년 급격히 악화되어 2006년에는 적자가 10조 8천억 원에 달하였고 2007년 상반기에만 22조 6천억 원으로 집계되고 있다.[9] 이러한 재정수지의 악화는 조세수입이 종합부동산세의 급증과 소득세의 증가로 지속적으로 늘고 있는 상황에서 이루어졌다는 점에서 더욱 충격적이다.

이러한 상황을 김종석[10]은 다음과 같이 지적하고 있다. "노무현 정부 취임 후 정부조직과 예산의 무절제한 팽창이 지속되어 정부조직이 방만해지고, 국민생활과 기업의 간섭이 심화되었다. 고위직 늘리기와 산하기관 임원의 낙하산 인사가 만연하였고, 국민의 세금이 늘어나는 것에 미안한 마음이나 부담을 느끼지 않았으며, 정부규모가 커지는 것을 오히려 당연하고 자랑스럽게 생각하였다. 그 결과 국가경쟁력은 취약해졌으며, 공무원과 공기업 종사자의 도덕적 해이와 부정부패는 지속되고 있다."

정부혁신을 정권의 최우선과제로 내세운 참여정부가 이 부문에서의 성적표가 사실상 낙제점에 가까운 것은 노무현 정부의 정부혁신의 기본목표가 잘못 설정되었기 때문이다. 문민정부와 국민의 정부에서 정부혁신의 목표는 영국과 미국이 지향하는 시장효율을 중시하는 '신공공관리론'에 기초하였다. 그러나 참여정부에서 정부혁신의 목표는 이와는 다른 사회민주주의를 신봉하는 유럽국가를 모방하여 참여, 분권, 투명성 등을 강조하는 '신거버넌스론'을 이론적 기초로 하고 있다. 다시 말해, 경제효율보다는 참여와 분권화에 정부혁신의 목표를 둔 것이다.

노무현 정부는 경제정책에서도 성장보다는 분배를 강조하였고 불법 노사분규에서도 정부당국자가 불법을 저지른 노조를 옹호하는 경우가 많았다. 또한, 노무현 정부는 이제까지 경제성장 과정에서 사회복지가 등한시되었기 때문에 복지지출이 대폭 늘어나야 한다는 생각을 갖고 있으며 과거사청산을 위한 각종 위원회를 만들어 이들의 활동을 국가차원에서 지원하였다. 인사정책에서는 이른바 '코드인사'를 중시하여 정부고위직은 물론 산하기관의 인사까지 청와대 인사위원회가 직접 관장하는 새로운 관행을 만들었다.

그 결과가 공무원의 증가, 재정의 팽창 그리고 중앙집권적 인사관행으로 나타난 것이다. 좌파정부의 왜곡된 국정운영 시각을 '신거버넌스'라는 그럴 듯한 이론으로 포장하여 이러한 방식에 의한 정부혁신을 정권의 최우선적 구호로 외쳐 온 것이다. 대통령의 잘못된 인식이 국가경쟁력을 얼마나 떨어뜨릴 수 있는가를 국민에게 실감시킨 것이다.

작은 정부의 길

'작은 정부 큰 시장'이 시대적 대세라고 볼 때 이의 실현을 위해서는 정부혁신이 반드시 필요하다는 사실을 선진국의 사례와 우리의 과거경험을 통해 잘 알 수 있다.

한국에서 민주화 이후 정부혁신이 국정의 핵심과제로 부각된 것은 매우 바람직한 일이다. 특히, 김영삼 정부와 김대중 정부는 영미식의 시장친화적 철학에 근거한 정부혁신을 추진하여 각각 부정부패와 전자정부 부문에서 혁혁한 공을 세우기도 하였다. 김대중 정부는 기본적으로 좌파정권이기는 하지만 경제정책과 정부혁신 부문에서는 당시 외환위기로 경제정책의 주도권을 갖게 된 IMF의 영향으로 신자유주의적 입장을 견지하였기 때문에 나름대로 좋은 성과를 거둘 수 있었다.

그러나 외환위기가 수습된 이후 집권한 노무현 정부는 정부혁신 부문에서 서유럽의 사회민주주의 전통을 본받으려 하였고 그 결과는 정부의 비대화와 비능률 그리고 인사정책의 중앙집권화를 가져왔다.

김영삼 정부와 김대중 정부에서 이루어진 작은 정부를 향한 혁신노력이 노무현 정부에 의해 물거품이 되어 버린 것이다. 따라서 현 시점에서 정부혁신 부문에서의 당면과제는 정부혁신의 목표를 영미식 시장 친화적인 방향으로 변경하는 것이다.

대부분의 선진국은 오랜 기간 복지국가를 지향하여 왔기 때문에 정부부문이 크게 팽창하였고 따라서 신자유주의적 정부혁신은 복지지출을 줄이고 방만한 복지제도를 재정비하는 데에서 시작하였다. 그러나 한국의 상황은 다르다. 한국에서는 과다한 복지예산이 문제가 아니라 오랜 기간 정부주도의 경제운용을 해왔기 때문에 과다한 정부의 개입과 규제가 당면문제이다. 그래서 한국에서 정부혁신의 기본목표는 당연히 민간활동의 규제와 간섭을 버리고 민간의 자유로운 활동을 뒤에서 보장하고 북돋아주는 간접적인 활동을 하는 방향으로 정부의 역할을 전환하는 것이어야 한다.

한국은 아직 사회복지분야에서 선진국과 같은 복지국가 수준에는 크게 못 미치고 있기 때문에 작은 정부의 혁신이 현재 선진국에 비해 열악한 복지부문을 무작정 줄이는 우를 범해서는 안 될 것이다. 늘어나는 복지수요의 대응은 정부의 기능전환으로 불필요해진 정부부문을 축소하여 이를 새로운 복지수요를 충족시키는 데 활용할 수 있을 것이다. 다시 말해, 정부규모를 늘리지 않으면서 새로운 국민적 욕구를 만족시켜주는 '작지만 효율적인' 정부가 필요한 것이다.

정부의 역할을 재정립하기 위해서는 공무원들의 의식구조가 먼저 변해야 할 것이다. 이러한 변화는 위로부터 시작되어야 하기 때문에 정부고위직의 대다수를 직업공무원이 아닌 자유주의와 시장경제의식이 투철한 외부인사로 충원해야 할 것이다. 민주화 이후 정권의 인사관행을 보면 처음에는 각료의 상당수를 대통령과 철학을 같이 하는 외부인사로 충원하나 시간이 지날수록 외부인사보다는 직업관료 출신으로 각료를 임명하여 왔다.

그 결과 집권초기에 시작된 정부혁신노력이 점차 퇴색된 것이다. 우리나라와 같이 대통령제를 하고 있는 미국의 경우 대통령이 바뀌면 1급 이상의 고위공무원은 대통령과 철학을 공유하는 외부인사들로 전원 교체됨은 물론이고 정책담당부서는 과장급도 외부인사로 충원한다.

그런데 한국에서는 이러한 대통령제의 장점을 살리지 못하고 정치권은 정권을 잡기 위해 치열한 경쟁을 한 후 정권을 쥐고 나면 그 이후의 정부운영을 직업관료들에게 위임한다. 일을 하기 위해 정권을 잡은 것이 아니라 권력을 휘두르기 위해 집권했다는 비판을 면하기 어려운 것이다. 외부인사로 충원된 장관도 혈혈단신으로 해당부서에 입성하여 관료들에 둘러싸여 일을 해야 한다.

그러다 보니 취임 후 처음 한 달 간은 장관이 자기 목소리를 내다가 그 후부터는 들리지 않고 해당부서 정통관료들의 목소리만 들리는 것이 한국 행정부의 현실인 것이다. 결국 김영삼 대통령의 금융실명제 같이 대통령이 직접 챙기거나 기업활동규제에 관한 특별조치법과 같이 새 정부 출범 직후 집권당의 정책위원회가 진두지휘한 경우를 제외하고는 정부개혁이 큰 성과를 거두지 못하게 되었다.

나는 1993년 12월부터 1년 6개월 간 보건복지부 장관을 역임하였다. 나 역시 다른 장관과 마찬가지로 비서관 두 명과 운전기사만을 데리고 보건복지부에 입성하였다. 내가 장관 재임 중 느낀 것은 직업관료로부터는 새로운 정책제안이 나오지 않는다는 것이었다. 내 재임 기간 중 추진한 내국인에 대한 생수시판 허용, 결혼식장의 범위 확대, 오송 보건의료단지 추진 등의 새로운 정책은 모두 내가 외부전문가의 의견과 연구결과를 바탕으로 구상하여 이를 보건복지부 관료들에게 직접 '설득'하여 추진한 것들이다. 대다수의 경우 해당공무원들이 처음에는 새로운 정책아이디어에 대해 부정적인 견해를 피력하였다. 나는 담당사무관부터 차관까지 참석한 회의에서 오랜 토론과정을 거쳐 이들을 설득하였고 그 후 새로운 정책들을 추진하였다. 다행히도 한번 토론절차를 거친 정책들은 추진과정에서 관료들의 조직적인 저항은 없었다.

정부혁신의 성공적인 추진을 위해서는 무엇보다도 대통령이 정부혁신의 필요성과 혁신방향에 대해 확고한 신념이 있어야 한다. 김영삼·김대중 대통령 모두 오랜 야당생활을 하면서 직업관료들에 대해 다소 부정적인 시각을 갖게 되었을 것이고 이는 문민정부와 국민의 정부가 정부혁신에 역점을 두게 된 직접적인 동기가 되었을 것으로 짐작된다.

그러나 김영삼 대통령과 김대중 대통령 모두 정부개혁의 방향과 내용에는 확고한 신념이 없었던 것으로 생각된다. 김영삼 대통령의 경우 부정부패라는 다소 정치적 성격을 띠는 사안에는 강한 견해가 있었으나 당시 상황에서 정부개혁의 기본목표가 중산주의적 개입주의에서 탈피하여 자유주의와 시장경제로의 방향으로 선회하는 것이라는 사실에는 그 필요성만 막연히 의식하고 있었다고 생각된다. 그래서 이 부문의 개혁이 상당부분 관료사회에 맡겨졌고 그 결과 개혁의 성과가 미미하게 된 것이다.

김대중 대통령 역시 신자유주의적 구조조정정책과 정부혁신대책이 IMF의 권고를 받아들이는 차원에서 추진되었지 대통령 스스로 이의 필요성을 절감하여 추진한 것은 아니다. 김대중 대통령이 한국 좌파의 수장으로 오랫동안 '대중경제론'을 주장한 것은 이미 잘 알려진 사실이기 때문이다. 노무현 대통령은 정부혁신의 방향을 전혀 잘못 세운 경우로 처음부터 실패가 예고되었다고 할 수 있다.

대통령은 당선이 될 때까지는 정치인의 역량이 강조되나 일단 취임하면 행정부의 수장으로서 행정가 그리고 경영자의 역할이 더욱 중요해진다. 특히, 세계화시대를 맞아 정부의 역할이 시장친화적인 것이 되어야 하고 정부의 경영에도 디지털시대의 경영원리가 적용되어야 한다는 측면에서 이의 필요성을 인식하고 이를 실천에 옮길 수 있는 자질을 갖춘 인물이 대통령이 되는 것이 성공적인 정부혁신을 위한 첫 번째 요건이라고 할 수 있다. 미국의 성공사례 역시 분명한 자유주의 철학을 가진 레이건 대통령과 실용주의적 철학으로 시장친화적 정부혁신을 구체화시킨 클린턴 대통령이 있었기에 가능하였던 것이다.

다음으로 중요한 일은 노무현 정부에서 대폭 늘어난 정부규모를 축소하는 것이다. 이를 위해서는 청와대 직속위원회와 각 부처에 설치된 356개의 각종 위원회를 과감하게 폐지 또는 통폐합하여야 할 것이다. 그리고 131명에 달하는 장·차관급 정무직을 해당 부서의 통폐합을 통해 100명 수준으로 대폭 축소하여야 한다.[11) 이와 아울러 '신이 내린 직장'으로 알려진 28개의 공기업과 314개의 정부산하기관을 단계적으로 민영화하는 로드맵을 만들어 지속적으로 추진해나가야 할 것이다. 또한, 2006년 말 현재 8천여 개에 달하는 중앙정부의 행정규제도 적어도 절반 이상으로 줄이는 조치를 다음 정부에서 우선적으로 추진해야 한다.

끝으로, 외환위기 이후 급속도로 악화된 재정수지 개선을 위한 노력도 강화해나가야 할 것이다. 이 문제의 조속한 해결을 위해서는 미국에서 시도했던 바와 같이 정부지출의 증가를 정부세입증가율 미만으로 억제토록 하는 특별법의 추진도 고려해 볼 필요가 있다. 노무현 정부의 어설픈 사회주의 모방실험이 가져온 재정위기를 조속히 수습하는 것이야말로 다음 정부가 출범초기부터 해결해야 할 난제가 될 것이다.

제20장

시장경제를 위한 정치개혁[1)]

정책정당 만들기

우리는 지금 중상주의적 관치경제의 틀에서 벗어나 21세기 디지털화된 세계화시대에 걸맞는 자유주의적 시장경제의 새로운 틀을 짜야 하는 시대적 과제를 안고 있다. 이러한 시대적 과업은 과거 관치경제의 수혜자라고 할 수 있는 정부관료들에게 맡겨서는 이루어질 수 없는 일이다. 이들이 자신의 기득권을 박탈하는 개혁을 선도할 이유가 없기 때문이다. 결국, 이 과업은 시대의 흐름을 읽고 이를 국정에 반영하겠다는 참신한 정치세력에 의해서만 이루어질 수 있을 것이다.

그러나 불행하게도 이제까지 한국의 정당들은 정책문제에 별관심을 갖지 않으면서 오로지 정권을 잡기 위한 경쟁에만 열을 올려왔던 것이 사실이다. 그래서 한국의 정당들은 '무정책 정당'이라는 말을 듣고 있는 것이다. 정치를 시장에 비유하여 설명할 때 정책은 한 마디로 시장에서 판매자와 소비자를 연결시켜 주는 상품에 해당하는 것인 바, 선거에서 정당이 유권자에게 내놓는 상품이 바로 정책이라 할 수 있다.

그런데 한국에서는 소비자인 유권자가 선거에서 지지정당을 선택하는 기준으로 정책보다는 후보의 이미지 또는 정당지도자의 지역연고 등 비합리적인 요소에 더 큰 비중을 두기 때문에 정책이 선거시장에서 상품으로서의 가치가 별로 높지 않은 것이다. 그 결과, 정당은 자연히 정책문제에 소홀하게 되고 정책전문가는 한국정치의 중심에 설 수 없게 되는 것이다.

나는 1988년 4월 정치권에 입문한 이후 당에서 줄곧 정책분야 업무를 담당하였다. 처음에는 당정책위원회 정책조정 부실장을 맡다가 얼마 후 정책조정실장으로 승진하여 당의 경제정책을 총괄하는 직책을 맡았고 1998년에는 잠시 정책위원회 의장직을 수행하기도 하였다.

이 과정에서 내가 느낀 것은 정책문제에 당 지도부의 관심이 높지 않다는 것이다. 그렇기 때문에 정책문제는 나와 같은 소수의 전문가들에게 일임하고 당 지도부는 여·야 간 쟁점이 되는 이른바 '정치현안'에 관심을 집중시키는 것이 보통이다. 그 결과 나는 집권 여당의 경제정책을 전문위원으로 구성된 정책실무진의 도움을 받아 거의 도맡아 관장하는 '막중한' 임무를 수행하게 되었다. 수시로 진행되는 당정협의 과정에서 당의 입장을 정리하는 것은 물론 주요 선거에서 당의 선거공약을 개발하는 것도 모두 내 몫이 되었다.

정책전문가 자격으로 정치권에 들어온 내 입장에서는 중요한 역할을 수행하게 된 데 나름대로 보람을 느낄 수 있는 계기가 된 것이 사실이나 당이나 정치권 전체의 입장에서는 집권당의 정책결정을 전문가한 사람에게 위임하는 것이 결코 바람직한 일이라고 할 수 없다. 사정이 이렇다 보니 정책위원회의 활동은 당내 예산 또는 인원의 배정과정에서 항상 우선순위에서 밀리는 결과를 가져왔다.

한국의 정당들이 정책정당으로 거듭나기 위해서는 정당 스스로 많은 변신의 노력을 해야 할 것이다. 우선 정당 구성원들이 자신들의 입신을 위해 집권가능성이 있는 정당을 따라다니는 것이 아니라 자신과 정치이념을 같이 하는 정당에 가입하여 활동을 해야 한다. 그런데 한국의 실정은 보수정당인 한나라당에도 진보색깔이 분명한 인사들이 있으며 얼마 전까지 집권여당으로 좌파 성향이 분명한 열린우리당 역시 보수성향의 인사들이 많이 포진되어 있었다.

또한, 정당들도 주요 선거에서 정당이 지향하는 정치이념과 정책을 분명히 해야 한다. 정당이 자신의 정책을 분명히 하여 이를 근거로 유권자로부터 표를 받고 집권을 하면 그 결과에 따라 유권자로부터 심판을 받는 것이 민주주의의 기본이다. 그러나 우리의 정치현실은 이와는 정반대이다. 비록 평상시에는 의견을 달리 했다고 하더라도, 우리나라의 정당들은 선거철이 되면 선거결과를 좌우하는 중도세력의 표심을 얻기 위해 중도적 입장의 정책들만 쏟아내 놓는다.

노무현 정권은 선거기간 중에는 진보성향을 감추었으나 당선된 후에는 경제, 안보, 외교, 사회 등 거의 모든 분야에서 정권의 좌파진보성향을 분명히 하였다. 그 결과는 매우 참담하였고 노무현 대통령과 열린우리당의 인기는 폭락하였다. 그러나 이들은 '헤쳐모여' 방식으로 국민들을 헷갈리게 하려는 시도를 하고 있다. 열린우리당 식구들이 몇 개의 그룹으로 나누어 탈당하여 각기 창당을 한 후 이를 다시 합쳐 '대통합민주신당'이라는 새로운 정당을 만든 것이다. 그리고 노무현 정권 5년 간의 실정에는 아무도 책임을 지려하지 않는다.

반시장적 부동산정책, 규제일변도의 교육정책 등 노무현 대통령 집권기간 중 추진된 각종 반시장적 정책에 보수를 자칭하는 한나라당 역시 강력한 반대의사를 표명하지 못한 경우가 많았다. 혹시, 강남으로 상징되는 부유층을 옹호하는 것으로 비춰질까 염려를 하였기 때문이다. 대표적 보수정당이 반시장적 정책에 제 목소리를 내지 못한다면 이 땅에 시장경제가 제대로 뿌리내릴 수 없을 것이다.

이제 정당은 자신의 정책노선을 분명히 하고 집권을 하면 이를 추진함은 물론 그 결과에도 책임을 지는 책임정치의 관행이 정착되어야 한다. 정치인 역시 자신과 뜻을 같이 하는 정당을 선택하여 활동하고 그 결과에 대해 유권자에게 책임을 져야 할 것이다. 이를 위해서는 정당이 특정지역을 대변하는 지역정당이 아니라 분명한 정치철학에 바탕을 둔 정책정당으로 전환되어야 하는 것이다.

일하는 국회 만들기

정책이 뒷전으로 밀리는 현상은 국회의 의정활동에도 그대로 나타났다. 국회에서 가장 중요한 활동은 입법활동이라 할 수 있다. 그러나 국회의원들이 실제로 입법활동에 할애하는 시간은 그리 많지 않다. 우선, 입법부인 국회 자체가 입법활동을 국회의원보다는 정부에 의존하고 있다.

법안심의의 질적 측면에서도 많은 문제점을 지적할 수 있다. 우선, 국회의원이 법률안 심의에 소비하는 시간이 너무 적다. 의회가 상시 열려 있는 미국 등 선진국과는 달리 한국에서는 100일 이내의 회기로 매년 9월 1일 열리는 정기국회를 제외하고는 여·야 합의에 의해 임시 국회를 소집하며 회기는 30일로 되어 있다. 결국, 여·야 합의가 없는 한 국회는 닫혀 있는 셈이니 국회의원이 일하는 시간이 상대적으로 짧은 것은 당연하다.

이에 더해, 정부는 대부분의 정부입법안을 정기국회에 제출한다. 그러나 정기국회에서는 국정감사와 예산심의 등이 동시에 실시되기 때문에 국회의원은 매우 바쁘다. 또한, 법률안의 실질적인 심의가 이루어지는 분야별 상임위원회는 상당시간을 해당 부처와 산하기관의 현황 업무보고와 이와 관련한 정책질의에 소비하기 때문에 법안을 심의하는 것은 회기 말에 가서나 이루어진다.

나는 정계에 입문한 1988년부터 6년 간 계속해서 예산결산위원회에 참여하는 국회기록을 세운 바 있다. 예산결산위원회는 지역구 사업을 챙겨야 하는 지역구 국회의원에게는 일종의 '특권'으로 되어 있기 때문에 이러한 특권은 의원 임기 4년 중 보통 한 번 정도 주어지게 되지만 나는 당의 정책위원회를 대표하여 매년 이 과정에 참여하게 된 것이다. 경제전문가로 매년 예산심의에 참석하는 나도 예산 전체를 파악하기 어려운데 비전문가로 처음 활동하는 의원의 경우는 어떠한지 잘 알 수 있는 것이다. 결과적으로 국가운영의 핵심인 국회의 예산심의가 제대로 이루어지지 않고 있는 것이다.

언론의 각광을 받는 국정감사 역시 부실하기는 마찬가지이다. 그 이유는 국회의원의 국정감사 활동을 뒷받침해 주는 전문조직이 없기 때문이다. 보통 하나의 상임위원회가 관장하는 국가기관의 업무는 매우 방대하다. 소관 정부부처와 수많은 산하기관을 포함하기 때문에 국회의원이 업무를 소상히 파악하여 감사를 한다는 것은 거의 불가능하다. 그래서 현행 국정감사는 소관 부서업무의 철저한 분석과 조사에 의한 것이라기보다는 수박 겉핥기식의 질의나 내부 불만자의 제보에 의한 비리폭로 등에 의해 진행되고 있다.

이를 시정하기 위해서는 감사원의 국회 이관이 추진되어야 하나 이는 대통령 권한의 약화로 인식되기 때문에 대통령과 여당은 야당일 때는 이러한 주장을 하다가도 집권하면 이의 추진에 절대 반대하여 왔다. 결국, 국정감사도 '소리만 요란한 빈 수레'와 같이 진행되고 있는 것이다.

국회진행 방식도 개선해야 한다. 현재는 상임위원회가 열리면 해당 부처의 장관은 물론 거의 모든 간부들이 국회에 출석하여 시간을 허비하고 있다. 따라서, 상임위원회 정책질의가 현재와 같이 부처 소관업무 전체를 형식적으로 다룰 것이 아니라 그때그때 현안이 되는 정책과제 하나씩을 선정하고 이에 필요한 최소한의 정부측 간부만을 참석시키는 방향으로 전환되어야 한다.

　법안심의가 더욱 철저하게 이루어지기 위해서는 당해 법안의 공청회 또는 청문회의 개최가 필수요건으로 관행화되어야 한다. 또한, 일하는 국회를 만들기 위해서는 소위원회 활동이 활성화되어야 한다. 국회가 상시 회의체로 전환된다고 하면 앞으로는 소위원회가 국회활동의 중심을 이루게 될 수 있을 것이고 그러면 국회의원의 활동도 더욱 전문화되어 일하는 국회의 상(像)을 정립하는 데 크게 기여할 수 있을 것이다.

　국회운영과 관련하여 대대적인 수술을 가해야 하는 부분은 예산심의 과정이다. 이의 개선을 위해서는 현행 예산결산위원회를 '예산위원회'와 '세출위원회'로 나누고 이를 매년 새로 구성되는 특별위원회가 아닌 2년 임기의 상임위원회로 개편해야 한다. 예산위원회는 예산편성 과정을 담당하고 세출위원회는 편성된 예산의 지출과 결산을 담당하도록 하면 될 것이다.

정당제도의 개선과 공직후보 선출의 민주화

　현대정치는 정당정치이기 때문에 정치제도의 개혁은 정당에서부터 시작되어야 한다. 그런데 한국의 정당을 살펴보면 한국정치의 문제점이 그대로 노정되어 있음을 알 수 있다. 한국의 정당정치는 아직도 유동적이고 구조화되어 있지 못하다. 정치의 기본단위가 되는 정당이 하루살이처럼 나타났다가 사라지는 상황에서 안정적인 정치발전을 기대하기는 사실상 어려운 것이다.

한국정치의 첫 번째 과제는 정당구조가 안정되어 정당정치가 체계화되는 것이다. 이를 위해서는 현재 정치엘리트 중심의 정당이 대중적 지지를 바탕으로 한 대중정당으로 탈바꿈하여야 한다. 한국정당들이 대중정당이 되지 못하였던 근본적인 원인은 확고한 이념이 아니라 특정 명망가를 중심으로 정당이 만들어졌기 때문이다.

그러나, 이제 '3김정치'시대가 막을 내리고 있고 정치가 진보와 보수로 나뉘어 이념과 정책노선으로 경쟁하는 시대가 열리고 있다. 따라서 지금부터는 그 동안 한국정당을 지배해온 지역주의에서 벗어나 이념을 같이하는 지지자들이 정당의 중심이 되는 대중정당 그리고 정책정당의 시대가 열려야 한다.

이를 위해서는 정당운영의 민주화가 우선적으로 이루어져야 할 것이다. 정당의 존재 이유 중 가장 중요한 것이 권력의 장악이며 민주주의 국가에서 정당이 권력을 장악하기 위해서는 선거에서 공직을 담당할 후보를 내세우고 당선시켜야 한다. 따라서 공직후보를 선출하는 것은 정당이 수행해야 하는 업무 중 가장 중요한 일이다.

정당의 공직후보 선출의 개방성과 민주성은 누가 선출권을 갖느냐에 의해 결정된다고 할 수 있다. 공직후보 선출에서 당수 1인이 절대적인 권한을 행사한다면 그 정당은 가장 폐쇄적으로, 반대로 유권자 누구나 참여할 수 있다면 가장 개방적인 것으로 분류될 수 있을 것이다. 얼마 전까지만 해도 한국에서 국회의원선거 공천권은 여당은 대통령이, 야당은 야당 당수가 절대적인 권한을 행사하였다. 대통령과 야당

지도자에 의한 사당화가 한국정당 정치의 현주소였던 것이다.

그러나 김영삼, 김대중 대통령이 정계를 은퇴하면서 정당민주화는 급속도로 진전되고 있으며 이제 적어도 대통령 후보나 당 대표는 당원 다수가 참여하는 개방적 방식에 의해 선출되고 있다. 그렇지만 아직도 국회의원선거와 지방선거 후보자 선출은 경선방식이 보편화되지 못하고 있다.

2004년 총선에서 경선비율은 한나라당이 7%로 가장 낮았고 민주당 34%, 열린우리당 38%로 나타났다. 이런 관점에서 2008년 총선은 새로운 분기점이 될 수 있다. 대선후보를 선출하는 경선방법을 변형하여 지구당 별로 당원과 일반 유권자들의 여론이 반영되는 공천이 이루어진다면 정당민주화에 새로운 이정표가 될 수 있을 것이다.

공직후보의 민주적 선출문제를 근본적으로 해결하기 위해 우리나라에서도 미국과 같은 예비선거제(primary) 도입을 제안한다. 미국에서는 주마다 세 가지의 다른 예비선거제도를 실시하고 있으나 이 중에서 우리에게 가장 적합한 것은 공개예비선거제(open primary)라고 생각된다. 이는 유권자가 당에 등록하거나 소속을 공개할 필요 없이 예비선거일 투표소에서 자신이 참여하기를 원하는 정당 투표용지에 투표하는 것이다.

예비선거는 정당공천을 필요로 하는 본 선거 1~2개월 전에 실시될 수 있을 것이며 이의 관리 역시 기존의 선거관리위원회가 담당하면 될 것이다. 공개예비선거제가 실시되면 다음과 같은 장점이 있을 것으로 기대된다.

무엇보다도 정당을 지지하는 저변인구가 대폭 확대될 수 있을 것이다. 이제까지 한국의 정당원들은 특정정당을 지지하는 다수의 유권자라기보다는 정치엘리트들이 자신의 정치적 목적 달성을 위해 구성한 사조직의 회원성격이 강했다고 할 수 있다. 이러한 상황에서 공개예비선거제의 도입은 유권자가 자신의 선호정당을 외부에 공개할 필요가 없기 때문에 본선거에 투표의사가 있는 상당수 유권자가 예비선거에 참여할 가능성이 높다는 이점이 있다. 따라서 여러 차례의 예비선거가 치러지는 과정에서 많은 유권자들이 특정정당을 선호하게 될 것이며 이는 장기적으로 정당지지의 폭을 넓게 하여 주요 정당들이 대중정당으로 발전할 수 있는 계기가 마련될 수 있을 것으로 생각된다.

또한, 공개예비선거제가 도입된다면 당내 민주화는 명실공히 뿌리내릴 수 있는 것이다. 국회의원을 포함하여 정당공천이 필요한 모든 선거에 출마하는 정치인들은 현재 공천권을 독점하고 있는 소수 정당지도자의 굴레에서 벗어나 자신을 지지해 준 유권자의 충실한 대변자 역할을 할 수 있을 것이다.

그러나 공개예비선거제 도입의 문제점으로 과다한 선거비용을 지적할 수 있다. 전유권자를 대상으로 하는 예비선거제의 실시는 공직선거의 출마자 입장에서는 선거를 두 번 치르는 것에 해당하기 때문이다. 이는 상당히 일리가 있는 비판으로 예비선거제를 실시하고 있는 미국에서 그렇지 않은 서유럽국가보다 선거비용이 많이 소요되고 있는 것이 사실이다. 이 문제의 해결을 위해서는 선거공영제의 확대 실시가 필요할 것으로 생각된다.

예비선거의 관리비용을 국고에서 부담하고 선거운동방식도 자금이 많이 소요되는 조직가동을 기반으로 하는 '지상전'을 최소화하고 TV, 신문, 인터넷 등 대중매체를 통한 '공중전'을 활성화하여 비용이 적게 드는 방법으로 후보들이 유권자에게 자신을 알릴 수 있는 방안을 적극 모색해야 할 것이다. 또한, 대중매체 이용비용을 국고에서 전액 보조하는 방안을 마련하면 후보자들의 정치자금 수요를 크게 줄일 수 있을 것이다.

대통령무책임제에서 내각책임제로

한국정치의 드라마는 '대통령 만들기'에서 시작해서 '대통령 만들기'로 끝난다고 해도 과언이 아니다. 모든 유력 정치인들은 대통령이 되기 위해 혼신의 노력을 경주하고 있고 이 중 일부는 '대통령 병 환자'라고도 할 정도로 집착해 있다. 주요 정당은 '대통령 만들기'에 성공하기 위해 치열한 각축전을 벌이고 있다.

대통령제는 한국정치에서 '만병의 근원'이 되고 있으며 이 중 가장 문제가 되는 것은 대통령제의 '승자독식' 현상이라 할 수 있다. 한국정치가 상생(相生)의 정치관행을 정착시키지 못하고 서로 헐뜯기 경쟁에 몰입하게 되는 것은 대선에서 승자는 권력을 독식하고 패자는 정계은퇴 또는 정치탄압의 대상으로 전락한다는 사실에 기인하는 바 크다. 그래서 정경유착과 불법정치자금 문제도 내각제보다는 권력집중 현상이 심한 대통령제에서 더욱 두드러지게 나타나게 되는 것이다.

내각이 연대책임을 지는 내각제에서는 장관은 대부분의 경우 내각 수반인 총리와 임기를 같이 하나 대통령제의 장관은 대통령에 의해 손쉽게 해임되는 경우가 많다. 한국에서 민주화 이후 출범한 역대 정권에서 장관의 평균 재임기간이 1년 정도로 나타났으며 장관의 70% 이상이 본인의 잘못과는 관련 없는 '정치적 이유'로 해임되었다.

대통령제에서는 국민과 언론의 정치적 관심이 대통령과 유력 대통령 후보들에게 집중되기 때문에 정당이 사당화(私黨化)되는 경향이 있으며 이는 이제까지 한국에서 정당정치가 뿌리 내리지 못하는 근본적인 원인이 되고 있다. 역대 대통령들은 집권하면 자신의 추종세력만으로 새로운 정당을 만들었으며 이렇게 만들어진 여당은 국회에서 '거수기' 노릇을 하는데 급급했다.

또한 유력 대통령 후보군에 속하는 야당지도자들도 강한 지역기반을 바탕으로 자신이 적을 두고 있는 정당을 사당화하였으며 한국정치에서의 지역주의는 이러한 정치관행에서 생성되어 왔다. 정당이 정치지도자를 만든 것이 아니라 정치지도자가 정당을 만들어 왔기 때문에 한국정당은 이념과 정치철학을 바탕으로 한 대중정당이 되지 못하고 정치지도자 중심의 붕당형태를 취하게 된 것이다. 이 역시 대통령제의 폐단인 것이다.

대통령과 야당 정치지도자가 지배하는 정당구조는 필연적으로 국회를 무력화시키게 된다. 국회의원들이 대통령과 야당 정치지도자들의 거수기 또는 대리투쟁 역할을 담당하기 때문에 국회는 국가정책을 토론하고 좋은 법안을 만드는 '일하는 장소'가 되지 못하고 대통령의 독주를 야당지도자들이 견제하는 '투쟁의 장소'로 전락해 버렸으며 이런 과정에서 국민의 국회신뢰는 추락하였다. 국회 위상의 하락은 대통령에게는 상대적으로 더 큰 힘을 행사할 수 있는 기회를 주게 되었고 이러한 악순환은 지금까지도 되풀이되고 있다.

대통령제는 필연적으로 이중적 정통성 문제를 야기한다. 대통령과 국회의원 모두 국민이 직접 선출하기 때문에 여당이 국회 과반의석을 확보하지 못할 경우 대통령과 국회는 서로 충돌할 수밖에 없으며 이를 중재할 기구는 대통령제에서 존재하지 않는다. 반면, 내각제에서는 국회다수 의석을 확보해야 집권할 수 있기 때문에 국회와 행정부가 충돌하는 경우가 발생하지 않으며 이에 따른 국정혼란도 없다. 내각제에서 국정이 더 안정적인 이유가 바로 여기에 있는 것이다.

대통령제에서 대통령은 국정운영을 독점하나 그 결과에 책임을 지지 않는다. 특히, 현행의 단임 대통령제에서 대통령에게 정치적 책임을 묻는 것은 사실상 불가능하다. 탄핵제도가 있으나 노무현 대통령의 탄핵파동에서 나타났듯이 많은 정치·사회적 혼란을 야기하게 된다. 그러나 내각제에서는 내각불신임과 총선실시 등의 방법으로 내각에 책임을 묻는 장치가 제도적으로 보장되어 있다. 이 역시 현행의 '대통령무책임제'를 내각책임제로 전환시켜야 하는 이유이다.

내각제를 채택하면 정국이 불안해진다고 생각하는 것은 4·19 혁명 직후 집권한 장면 정권의 1년도 안 되는 내각제 경험에서 유래된 잘못된 인식이다. 당시의 정국불안은 내각제라는 제도보다는 4·19 이후의 사회혼란과 장면 총리의 정치력 부재에 기인하였다는 것이 좀더 정확한 분석일 것이다. 내각제와 대통령제를 비교·분석한 연구결과에 의하면 장관의 평균 재임기간이 대통령제보다 내각제에서 두 배나 길고 장관경험이 있는 인사가 장관을 하는 경우도 내각제에서 세 배나 많은 것으로 나타나고 있다.

임기가 고정된 대통령제보다 내각제에서 유능한 정치지도자의 집권기간이 길었다는 사실 역시 내각제가 대통령제보다 훨씬 더 안정적인 정치제도라는 것을 말해 준다고 할 수 있다. 대통령제에서 대통령은 능력과 관계없이 고정된 임기를 채우게 되나 내각제의 총리는 유능하면 오래 집권하고 무능하면 단기집권으로 끝나기 때문에 내각제가 대통령제보다 더 합리적인 권력구조인 것이다.

이와 같이 한국정치의 많은 문제점이 대통령제라는 제도 자체의 취약점에 기인한 것이라면 21세기를 향한 새로운 정치설계를 위해서는 지금까지 우리정치를 속박해 온 대통령제라는 껍질을 과감히 부수어 버리는 결정을 해야 한다고 생각한다. 이것이 바로 현재 한국 정치개혁의 가장 중요한 과제인 것이다.

제21장

창의력을 키우는 교육[1]

혁신과 창의력이 경쟁력의 기본

21세기 경영의 화두는 혁신(innovation)이다. 그 이유는 디지털혁명으로 기술의 발전속도가 과거 어느 때보다 빨라졌고 세계화로 기업간 경쟁이 치열해진 상황에서 남의 것을 베끼는 전략으로는 기업이 성공할 수 없기 때문이다. 새로운 기술을 만들고 이를 바탕으로 새로운 비즈니스 모델을 개발하여야 국제경쟁에서 살아남을 수 있는 것이다.

반도체칩 생산부문에서 세계 부동의 1위를 오랫동안 유지하고 있는 인텔(Intel)을 이끌어 온 앤디 그로브는[2] 외부의 환경변화가 있을 때 변신에 실패하면 기업은 망하고, 성공을 하면 새로운 도약의 기회가 될 수 있다고 말한다. 경영전략의 근본적인 전환을 추진해야 하는 전환점에서 경영자는 종래의 고정관념을 모두 버리고 새롭고 창의적인 아이디어로 승부를 걸어야 한다고 그는 강조하고 있다. 미첼 레비도[3] 디지털시대에는 아무도 비즈니스의 미래를 알지 못하기 때문에 스스로 자신의 창의력을 발휘하여 생각해내야 한다는 점을 역설하고 있다. 디지털시대에는 고정관념에서 벗어나지 못하는 개인이나 기업은 도태당하고 창의적으로 생각할 수 있는 개인과 기업만이 진화의 길을 갈 수 있다는 것이다.

우리나라 최대의 기업인 삼성전자의 이건희 회장도 창조경영을 강조하면서 한 사람의 천재가 수만 명을 먹여 살린다는 사실을 지적한다. 통합경영학회는[4] 창조경영의 중요성을 강조하면서 창조경영을 가능하게 하는 기반으로 '창조적 인재육성'과 'CEO의 확고한 의지'를 지적하면서 장애요인으로는 '변화와 혁신을 원치 않는 조직문화'를 꼽고 있다.

혁신은 개인이나 기업의 창의성에 의해 이루어지기 때문에 창의성을 갖춘 인재를 양성하는 것은 21세기 국가정책의 기본이라고 할 수 있다. 윤정일은[5] 창의적인 인재의 특성으로 독창성, 융통성, 유창성, 호기심, 생산성, 대응성, 그리고 합리성 등을 지적한다. 그리고 다이어(Dyer)는[6] 창의력 개발을 위한 전략으로 ① 자신의 인생은 자신이 지휘하라. ② 먼저 자신을 사랑하라. ③ 다른 사람들의 눈치를 보지 말라. ④ 자신에게 붙어 있는 꼬리표를 떼어라. ⑤ 자책과 걱정을 버려라. ⑥ 미지의 세계를 즐거라. ⑦ 의무에 끌려 다니지 말라. ⑧ 정의의 덫을 피하라. ⑨ 결코 뒤로 미루지 말라. ⑩ 다른 사람에게 의존하지 말라 등의 열 가지를 제시하고 있다.

창조경영의 대표적 사례로 최근 세계적으로 주목을 받고 있으며 스탠퍼드대학 디자인학과 교수가 창업한 IDEO 회사의 혁신비결에 창업자의 동생인 켈리는[7] 다음의 열 가지를 지적하고 있다. ① 언제나 새로운 눈과 마음으로 사물을 관찰하는 인류학자(anthropologist)가 되어라. ② 실패에도 굴하지 않고 언제나 새로운 것을 시도하는 실험가(experimenter)가 되어라. ③ 다양하고 이질적인 것을 창조적으로 서로 연결시키는 매개자(cross-pollinator)가 되어라. ④ 이기주의, 관료주의 그리고 초기의 실패를 뛰어넘는 장애물경기 선수(hurdler)가 되어라. ⑤ 동료들과 함께 팀플레이를 할 수 있는 합작자(collabolator)가 되어라. ⑥ 스스로 감독(director)이 되어라. ⑦ 경험을 체계적으로 축적하는 경험설계자(experience architect)가 되어라. ⑧ 창조적 작업을 할 수 있는 환경을 만들 수 있는 셋 디자이너(set designer)가 되어라. ⑨ 고객에 개별적 관심을 쏟는 간호사(caregiver)가 되어라. ⑩ 자신의 일을 설득력 있게 설명할 수 있는 작가(storyteller)가 되어라.

창의적 교육

이와 같이 21세기 인재의 핵심적인 요건으로 창의력이 강조되고 있으나 우리나라의 교육현실은 정반대로 가고 있다는 것이 전문가들의 공통된 견해이다.

세계적인 미래학자 앨빈 토플러는[8] 한국교육의 창의적 인재양성

능력에 대한 견해를 다음과 같이 부정적으로 피력하고 있다. "교육은 한국이 제3의 물결에서 매우 앞설 수도, 처질 수도 있는 분야이다. 한국은 다행히 교육을 강조하는 문화를 갖고 있으나, 어제의 교육을 강조하고 있다. 이제 새로운 형태의 교육체제를 창안해야 한다. 현재의 교육체제는 '공장생산 방식'이다. 자녀들은 마치 원료처럼 똑같이 원료검사－생산－품질검사－시중판매와 같은 과정을 밟는다. '숙제를 더 많이 내라', '수업시간을 늘려라', '교실 학생수를 줄이자' 등의 개혁안은 '공장'이야기이다. 이런 것은 학생들의 사고방식을 바꾸지 못한다. 내 주장은 언론의 힘과 컴퓨터의 위력, 교사와 사회 내 각종 교육받은 이들의 힘을 한 데 모으자는 것이다. 교육구조 개혁 속에서 창의력과 혁신 능력, 어떻게 사고할 것인가 등을 강조해야 할 것이다."

창의력 개발보다는 기존 관습과 관행의 습득을 교육목표로 생각하는 것이 우리나라 교육의 현주소이다. SBS는[9] 다음과 같이 보도하고 있다. "미적분 수학문제를 풀고, 영어로 듣고 이해하기가 생활인 7살짜리 아이가 검정고시를 통해 초등학교를 건너뛰고 상급학교에 진학할 수 있을까요? 우리 교육제도 아래선 불가능합니다. 이 아이의 부모가 행정소송을 냈습니다. 인터넷으로 미국의 인권운동가 마틴 루터 킹 목사의 영어연설을 들으며 시작됩니다. 아이는 2차 방정식 정도는 쉬운 문제, 고등학생도 쩔쩔매는 미적분까지 술술 풀어갑니다. 친구들에 비해 너무 뛰어나서 유치원도 '왕따' 때문에 그만 둔 아이 부모는 아들을 학교에 보내는 대신 당장 검정고시를 보게 해 달라고 요청했습니다. 정부당국은 의무교육의 취지는 지식만이 아니라 사회성을 가르치는 것으로 국민들은 누구나 자녀를 학교에 보내야 한다고 했고, 결국 그 아이의 부모는 검정고시의 연령 제한을 풀어달라는 행정소송을 제기했습니다. 이것이 우리 교육의 현주소입니다."

그런데 외국의 상황은 정반대이다. "10살 때 대학에 입학해 9년 동안 학부와 대학원 석·박사 과정을 마친 올해 19살짜리 소년이 아칸소대에서 물리학 박사학위를 취득했다. 화제의 주인공은 존 카터로 4살 때 이미 읽고 쓰는 것을 익혔으며, 9살 때 대학 기초수학과정을 모두 이수했다. 카터의 부모는 카터가 10세가 되는 해에 핵물리학자 그레그 베일에게 보내 배우도록 했으며 초등학교 4학년 나이에 대학생이 된 카터는 학교당국으로부터 정상적인 나이의 학생에 비해 훨씬 더 우수한 학생으로 인정받았다. 카터는 미주리주 네오쇼에 있는 크라우더 칼리지에서 올 여름학기부터 교수로 일할 예정이다."[10] 우리나라의 교육제도가 외국에 비해 창의력을 키우는 영재양성에 얼마나 경직적인가를 실감할 수 있는 사례가 아닐 수 없다.

전문가들은[11] 학생의 창의력을 높이는 교육은 학교와 가정에서 동시에 이루어져야 함은 물론 사회환경도 창의력을 존중하는 방향으로 정립되어야 함을 강조하고 있다. 이를 위해서 무엇보다도 학교에서 창의력을 중시하는 교육이 이루어져야 할 것이다. 학교에서 흔히 사용하고 있는 지능검사는 학생의 창의력을 판단하는 지표로 불충분하다는 것이 전문가들의 의견이다. 예를 들어, IQ점수만으로 선별된 학생들의 최상위 집단 20% 중 30%만이 창의력 척도에서 상위 20% 안에 속한다는 것이다. 따라서 학생의 창의력을 평가하려면 각 교과과목의 학업성취도를 창의적인 관점에서 평가해야 한다는 것이다.

　다음으로는 창의적인 학생들은 사회적응력이 부족하고 집단생활에 관심이 적기 때문에 이들을 보는 교사들의 인식이 전환되어야 한다. 많은 교사들은 창의적인 학생들이 학교에서 규율을 흔든다는 이유로 이들의 자유로운 생각과 활동을 저지하려고 한다. 따라서 교사들은 이러한 학생의 행동이 잘못된 것이 아니라 창의적 성향을 갖고 있는 사람의 특성으로 이해하고 학생이 바람직한 방향으로 발전할 수 있도록 도와주어야 할 것이다.

　창의력 교육은 가정에서 출발해야 한다는 것 역시 전문가들의 공통된 견해이다. 예술, 체육 등의 분야에서 출중한 인물들의 부모가 그 분야에 조예가 깊은 경우가 많다는 사실이 이를 잘 입증한다고 할 수 있다. 또한, 가정환경이 경직적이고 타율적인 것보다는 유연하고 자율적인 것이 창의적 인재를 키우는 데 기여한다는 것 또한 잘 알려진 사실이다. 따라서 강압적인 방법으로 자녀의 창의력을 개발해보려는 부모들의 편견도 시정되어야 하는 것이다.

　끝으로, 창의력을 존중하고 그 결과에 보상을 해주는 사회환경이 조성되어야 할 것이다. 이를 위해서는 언제나 학습하는 평생학습체계가 구축되고 남의 것을 모방하기보다는 새로운 것을 만들어내는 창의적 인재들이 주도적 역할을 하는 사회가 되어야 한다. 이미 앞에서 지적한 대로, 21세기 우리의 환경은 기업들이 창의적인 인재를 찾고 이들이 직장과 사회에서 각광을 받는 사회로 급속히 전환되고 있다. 따라서 문제의 핵심은 이러한 인재를 키우는 데 효율적인 학교교육과 가

정교육이 이루어지도록 하는 것이다.

　우리나라의 교육은 창의적 인재양성 측면에서 볼 때 많은 문제점을 갖고 있다. 우선, 교육과정은 왜곡된 대학입시의 영향으로 창의성을 평가하기보다는 정형화된 대학입시에 필요한 정답만을 요구하는 형태로 편성되어 운영되고 있다는 사실이다. 정형화된 지식의 반복학습을 통한 성적위주의 학습풍토가 만연하기 때문에 창의성 교육을 평가하기 위한 타당한 준거와 방법이 부재한 상태인 것이다.[12]

　또한, 교육제도도 과도한 규제중심의 학교행정이 교육부에 의해 의무화되어 있기 때문에 학생의 능력과 적성에 맞는 교육을 실시하기가 사실상 불가능하다. 이와 아울러, 일선교사들의 창의성 인식 및 전문지식이 부족하고 창의성 교육에 필요한 물적 기반마저 미흡하여 창의성 교육이 실제로 이루어지기가 어려운 형편이다. 정부당국 역시 교육의 창의성보다는 형평성을 강조하는 정책을 오랫동안 추진하여 왔기 때문에 우리나라에서 창의력 교육은 사실상 최악의 상태에 있다고 해도 과언이 아니다.

　따라서 창의성 교육을 실천하기 위해서는 현재 정부규제를 통한 평등성 중심의 교육정책 기본방향을 자율과 다양성 속에서 창의성과 수월성을 추구하는 방향으로 재정립하여야 한다. 이를 위해서는 이미 제3장에서 지적한 대로 교육의 정부규제가 대폭 철폐되어야 할 것이다. 대학입시는 완전히 대학자율에 맡기고 초·중등교육은 시도교육위원회에 일임하여 지역 간 경쟁이 이루어지도록 유도하여야 할 것이다.

다시 말해, 교육인적자원부의 각급 교육기관의 통제기능을 철폐하고 교육인적자원부는 시도교육위원회와 대학을 배후에서 간접 지원하는 기능만을 수행하는 것이다. 이 경우, 시도 교육감과 교육장은 광역자치단체장과 기초단체장과 같이 주민의 직접선거로 선출되도록 하고 지방정부의 교육지원 기능을 대폭 확대해야 할 것이다. 그리고 평준화제도의 시행 여부는 주민들이 직접 선택하도록 하며 사립학교에게는 교육과정 편성, 학생선발 및 등록금 책정에 자율권을 보장해줌으로써 경쟁촉진자 및 교육실험의 선도자 역할을 담당하도록 해야 할 것이다. 아울러 공립학교도 사립학교와 같이 책임경영 개념을 점진적으로 도입하여 공립학교의 경영효율을 제고해야 할 것이다.

영재교육의 허와 실

우리나라에서 정규교육이 창의성이나 수월성보다는 형평성과 획일성을 추구하는 방향으로 고착되어 있기 때문에 창의성 교육은 이른바 '영재교육'을 통해 이루어지고 있다. 영재교육의 필요성을 처음으로 언급한 것은 김영삼 정부가 1995년 발표한 '5·31 교육개혁보고서'이다. 이 보고서의 건의에 따라 한국교육개발원과 대학에 영재교육센터가 설치되었고 2000년에는 영재교육진흥법이 제정되었다. 그 후 2002년에는 '영재교육진흥종합계획'이 발표되었고 2004년에는 '창의적 인재 양성을 위한 수월성교육 종합대책'이 마련되기도 하였다.

그 결과 영재교육 담당기관이 크게 증가하였다. 예를 들어, 2005

년 5월 현재 교육청 산하에 295개의 영재학급, 225개의 영재교육원과 33개의 대학부설 과학영재교육원이 있다. 또한, 2005년 5월 현재 전국적으로 3만 2천 명의 영재학생이 있으며 이를 각급 학교별로 살펴보면 초등학생이 1만 5천 명, 중학생이 1만 6천 명으로 주종을 이루고 고등학생은 불과 2천 명에 불과하다. 이는 영재교육이 대학진학과 직접 연결되어 있지 않아 고등학생은 영재교육을 기피하기 때문인 것으로 판단된다. 과목별 영재교육 분포를 살펴보면 과학이 1만 4천 명으로 가장 많고 다음이 수학 1만 3천 명으로 대종을 차지하고 있다. 영재교육이 시작되어 불과 10년 만에 이룬 성과로는 양적인 측면에서 성공적이라고 할 수 있을 것이다.

영재교육의 이러한 양적 성장에도 불구하고 우리나라의 영재교육은 몇 가지 문제점이 있음을 지적하지 않을 수 없다. 무엇보다도, 영재교육이 정규교육과 완전히 분리되어 추진되기 때문에 학생들은 일반학교교육과 영재교육을 동시에 받아야 하는 부담이 있으며 대학진학과의 연계성 결여로 고등학교 수준에서는 영재교육이 이루지기 어렵다는 사실이다.

특히, 영재교육의 목표와 교육방법이 일반학교와는 정반대이기 때문에 두 가지 교육을 모두 받아야 하는 학생에게는 혼란을 일으킬 수 있으며 영재교육대상에서 제외된 학생의 창의성과 수월성 교육은 어디에서도 이루어지지 못하고 있다. 또한, 영재교육의 범위가 수학과 과학으로 국한되어 있어 더욱 폭넓은 분야에서의 영재교육이 이루어지지 못함은 물론 영재의 인성교육이 전혀 이루어지지 못한다는 취약점도 있는 것이 사실이다.

　나는 지난 몇 년 간 모교인 스탠퍼드대학이 개발한 영재교육프로그램(EPGY)[13]을 한국에 도입하여 이를 운영한 경험이 있다. 이 프로그램을 한국의 영재교육과 비교해보면 다음과 같은 차이가 있다. 첫째, 과정이 온라인(on-line)으로 되어 있어 학생들이 언제 어디서나 그 내용에 접할 수 있다는 것이다. 또한, 온라인과정이기 때문에 교육의 효율성을 높이기 위해 IT기술이 많이 활용되고 있고 학습도 자기주도적으로 진행되고 있다. 둘째, 과정의 내용이 수학, 물리는 물론 영작문, 음악이론, 컴퓨터과학 등 매우 다양하며 특히 수학과 물리는 대학과정까지 포함되어 있어 고등학교 학생이 이를 이수하면 대학진학 후 해당과목을 학점으로 인정받을 수도 있다.

　셋째, 영재교육과정의 내용이 학교의 정규교육과정과 연계되어 있다. 따라서 이를 이수하면 학교에서 해당과목을 면제받을 수 있기 때문에 영재과정 수강이 학생들에게 이중부담이 되지 않는다는 것이다. 또한, 대학진학에 필요한 AP(advanced placement) 시험준비도 같이 할 수 있어 많은 고등학생들이 이를 수강하고 있다. 더 나아가, 스탠퍼드대학은 사이버 고등학교도 동시에 운영함으로써 영재교육과정만을 이수하여도 대학진학이 가능하게 하고 있다. 정규 학교교육과는 완전 별개로 운영되고 있는 한국의 영재교육과는 매우 대조적이지 않을 수 없다.

　김미숙은[14] 우리나라 영재교육의 중장기 발전방향으로 다음을 제안하고 있다. ① 평가와 컨설팅 제공을 통한 체계적인 프로그램 질 관리가 필요하다. ② 영재교육의 영역을 지속적으로 확대할 필요가 있다. ③ 학부모 및 일반인들의 영재교육정책의 바른 이해와 공감대가 필요하다. ④ 소외계층의 배려로 사회정의의 요소가 첨가되어야 한다. ⑤ 장래 영재교육 실행 및 운영관리의 주체가 점진적으로 학교 내부로 이동되어야 한다.

영재교육진흥법 제2조 제1항에 의하면 영재는 "재능이 뛰어난 사람으로서 타고난 잠재력을 개발하기 위하여 특별한 교육을 필요로 하는 자"로 정의하고 있다. 그래서 한국의 영재교육은 이들에게 학교교육과는 별도의 교육을 제공하는 것을 목표로 하고 있다. 그러나 이러한 별도의 교육과정은 대학진학과 직접 연계가 되어 있지 않기 때문에 고등학교에서는 영재교육을 계속 받기가 어려워지는 것이다.

따라서 스탠퍼드대학의 영재교육 프로그램과 같이 한국에서도 영재교육을 정규학교 교육과정과 연계하여 개발하고 영재는 이런 과정을 다른 학생보다 좀 더 빨리 수료하고 상급학교에 조기 진학할 수 있도록 해야 한다. 그러면 영재교육의 이중부담문제도 자연히 해결됨은 물론, 영재교육이 고등학교는 물론 대학까지 연결하여 계속 진행되는 효과를 얻을 수 있을 것이다.

"영재는 많은 지식을 갖고 있는 학생이 아니라 새로운 지식을 습득하는 능력이 뛰어난 학생이다"라는 스탠퍼드 영재교육 담당자의 말이 생각난다. 영재는 별도의 교육을 받아야 하는 사람이 아니라 기존의 교육을 남보다 빨리 소화하여 상급학교에 진학하는 학생이라는 개념이 하루 속히 우리나라에서 정착되어야 할 것이다.

창의성 신장을 위한 초·중등교육시스템 구축

우리나라에서 창의성 교육은 영재교육이라는 특수교육에서만 강조되고 일반교육과정은 수월성보다는 평등성이 강조되도록 구축되고 운영되기 때문에 매우 심각한 문제를 안고 있는 것이 사실이다. 실제로 일반 초·중등학교 교육 전체에서 학생의 창의성을 개발하고 이를 육성하기 위한 구체적이고 체계적인 교육정책은 전무하다고 해도 과언이 아니다. 이는 앞에서도 지적한 대로 영재가 정규 교과목을 통해서는 육성될 수 없는, 따라서 정규 교과목과는 별도로 행해지는 특별과정을 통해 길러지는 것이라는 잘못된 인식에 기인한다.

영재는 별도교육이 필요한 학생이 아니라 정규교육을 남보다 빨리 이수할 수 있는 능력을 가진 학생이기 때문에 이들에게 정규교육을 조기에 이수하도록 정규교육과정의 운영을 더욱 신축적으로 하면 되는 것이다. 또한 창의성 교육은 영재에게만 필요한 것이 아니라 21세기에는 모든 학생에게 필요하다는 인식에서 정규교육과정 전체에 창의성을 키우고 이를 평가하는 방법이 도입되어야 하는 것이다.

사정이 이렇다 보니 창의성 측면에서 문제는 거의 모든 분야에 걸쳐 있으며 그 정도 역시 매우 심각한 것으로 전문가들은 진단하고 있다. 무엇보다도, 창의성 교육을 하기에는 현행 초·중등학교의 교육분량이 너무 많다. 현재 초등학교 980시간, 중학교 1,156시간, 고등학교 1,224시간으로 되어 있는 정부가 획일적으로 정한 국민공통기본교육과정의 시간배정은 너무 과다하여 창의성 교육에 필요한 특성화 교육은 실제로 불가능하다는 것이 일선교사들의 공통된 의견이다. 이에 더해, 창의성을 조장하는 학습환경이 이루어져 있지 않으며 창의성을 키우는 학습문화도 부재하다. 또한, 교사들의 대다수가 학생들의 창의적 사고나 행동을 수용할 만큼 허용적이지 못하고, 창의성 교육에 필요한 전문지식과 훈련도 받지 못한 것이 오늘의 현실이다.

결국, 초·중등교육의 방향과 그 내용을 전면적으로 개편해야 창의성 교육이 이루어질 수 있다는 결론에 도달하게 된다. 노석준은 창의성 교육을 위한 정책을 다음과 같이 제안하고 있다.15) ① 기존의 교육정책을 창의성 신장에 중점을 둔 방향으로 재정립해야 한다. ② 현행 초·중등교육과정의 교육내용을 대폭 축소·재편성해야 한다. ③ 다양한 교수방법을 활성화하고, 창의성과 같은 고등정신 능력을 측정할 수 있는 다양한 평가방법이 마련되어야 한다. ④ 교사나 학습자가 학교급별, 교과목별에 따른 창의성 증진을 위한 다양한 교육 프로그램과 자료를 활용할 수 있도록 행·재정적, 기술적 지원 등이 적절하게 제공되어야 한다. ⑤ 창의성을 조장하는 학교·교실 학습환경 및 문화를 조성해야 한다. 한마디로, 현행 초·중등교육의 대혁신이 필요하다는 것이다.

고등교육의 개혁을 통한 국가경쟁력 제고

지식사회에서 고급두뇌를 생산하는 대학의 경쟁력이 국가경쟁력의 핵심임은 쉽게 알 수 있다. IMD의 국가경쟁력보고서에 의하면 국가경쟁력과 대학경쟁력 간 긴밀한 상관관계가 있음을 알 수 있다. 예를 들어, 국가경쟁력 측면에서 최상위를 차지하고 있는 미국, 홍콩, 싱가포르, 아이슬란드, 캐나다, 핀란드 모두 대학교육경쟁력 부문에서도 최상위를 기록하고 있다. 반면, 한국은 국가경쟁력에서는 2005년 현재 29위를 기록하고 있으나 대학교육경쟁력은 52위를 나타내고 있다. 이는 우리나라의 대학교육경쟁력이 상대적으로 떨어지는 것이 국가경쟁력이 취약한 주요 원인으로 작용하고 있음을 보여준다고 할 수 있다.

우리나라의 대학교육은 양적인 측면에서는 세계 최고수준이라고 할 수 있다. 예를 들어, 2004년 현재 대학진학률은 한국이 81.4%로 미국의 63.3%, 일본의 49.1%를 훨씬 상회하고 있으며 대학이수율 역시 한국이 39.8%로 IMD 조사국 60개국 중 5위를 기록하고 있다.

그러나 우리나라 대학교육의 질은 매우 미흡한 것으로 평가되고 있다. IMD조사에 의하면 2005년 현재 '대학교육이 경쟁적인 사회요구에 부합하는 정도' 부문에서 한국은 52위를 기록하고 있으며, '유능한 엔지니어를 노동시장에서 쉽게 구할 수 있는 정도' 부문 역시 45위를 나타내고 있다. 또한 '기업과 대학 간 지식이전이 충분한 정도' 부문에서 한국은 21위를 보이고 있다. 대학교육이 양적 성장에도 불구하고 질은 아직도 매우 미흡하다는 것이 이 지표들이 보여주는 의미라고 할 수 있다.

이와 같이 우리나라 대학교육의 질이 낮은 것은 아직도 대다수의 대학들이 경직적이며 획일적인 교육을 하고 있기 때문이다. 무엇보다도 전공분야의 선택과정이 경직적이고, 교육내용도 학습자보다는 교수중심으로 되어 있으며, 전공분야의 분포는 물론 교육내용이 사회요구에 부합되지 못하고 있다.

또한, 대학들이 각기 차별성을 갖고 다양한 교육수요에 대응하지 못하고 서열중심의 구조에서 '일류학교 따라잡기'에 몰두한 결과 차별성이 없는 단일발전모형으로 고착되어 있다. 거의 모든 대학들이 학부뿐만 아니라 석·박사과정을 도입하고 있으며 전공분야도 거의 모든 분야를 망라하는 종합대학의 성격을 띠고 있는 것이다.

한국교육개발원은[16] 우리나라 대학교육의 문제점을 다음과 같이 지적하고 있다. "고급 전문가 훈련에서는 의사를 배출하는 의과대학을 제외하면 전문분야에서의 인력을 집중적으로 강도 있게 훈련시킬 제도적 장치와 교육여건이 마련되어 있지 않다. 또한 학과나 학부의 교수 수로 본 대학원의 연구인력은 연구와 훈련을 지속적으로 할 수 있는 최소 수준에도 못 미치고 집중도가 낮아 효율성이 매우 낮은 것으로 평가되며, 학부의 경우 과대규모의 양산체제로 강도 높은 훈련을 시킬 준비가 되어 있지 않다. 전문대학의 경우 전문가 또는 준전문가로서의 훈련을 받을 준비가 안 된 고졸자들을 받아들이고 열악한 교육여건으로 강도 높은 훈련이 불가능해 보인다." 결국 모든 고등교육기관이 심각한 구조적 문제점을 안고 있다는 결론인 것이다.

이를 개선하기 위한 정책제안으로 한국교육개발원은 다음을 건의하고 있다. ① 차별화와 특성화를 위한 대학 스스로의 역할 정립이 필요하다. ② 공급이 수요를 초과하는 시대를 맞아 대학의 통·폐합과 구조조정은 필수적 요건이며 통합과 구조조정의 실제적 주체는 학과 또는 계열단위가 되어야 한다. ③ 대학의 질을 제고하고 연구교육역량을 확대하기 위한 정부의 재정지원이 필요하고 대학 간 컨소시엄은 핵심적인 역량을 보유한 대학을 중심으로 주변의 연구역량을 결집하는 형태로 이루어져야 한다. ④ 전문대학의 역량강화를 위해서는 중앙정부와 지방정부 그리고 산업계와의 연계와 지원이 확대되어야 한다. ⑤ 대학과 학문 그리고 연구의 기초가 되는 학문단위 조직의 강화에 역점을 두어 이 조직들이 다양한 요구에 부응할 수 있도록 하여야 한다.

삼성경제연구소는[17] 대학발전의 유형을 지역적으로 '전국기반' 또는 '지역기반', 역점분야로 '연구' 또는 '교육' 그리고 포괄범위로 '종합' 또는 '집중'으로 나누어 여덟 개로 분류하고 대학이 이 중 하나를 자신의 발전모델로 선정하여 차별화할 것을 권고하고 있다. 예를 들어, 전국기반의 연구중심 종합대학으로는 미국의 하버드대학과 스탠퍼드대학을 모델로 그리고 우리나라의 성공사례로는 성균관대학을 지목하고 있으며, 전국기반 교육중심 집중대학으로는 미국의 윌리엄스대학을 모델로 그리고 국내 성공사례는 한동대학을 예시하고 있다.

이 보고서는 다음과 같은 정책건의를 하고 있다. ① 각 대학은 차별화된 대학발전모델을 도입하여 대학 스스로의 혁신과 경쟁역량 제고 노력에 최우선을 두어야 한다. ② 정부의 대학규제를 과감히 철폐하고 대학정보를 공개하여 시장과 경쟁원리가 작동될 수 있게 한다. ③ 대학종합평가기준을 전략유형별로 차등도입하고 학문분야의 질적 수준제고를 위해 학문분야별 인증제도를 도입한다. ④ 국립대학의 법인화, 시·도립대학 전환 등의 지배구조 개혁을 통해 과감한 대학경쟁체제를 도입한다. ⑤ 지역사회-기업-대학이 공생하는 대학생태계를 형성한다. 결국 대학교육도 거의 모든 분야에 걸친 대개혁이 필요하다는 것이 이 보고서들의 요지인 것이다. '세상은 넓고 할 일이 많은 것'이 우리나라 교육의 현주소이다.

제22장

모두 함께하는 복지사회

복지국가의 생성과정과 위기

복지(welfare)는 인간의 건강, 행복, 물질적 번영 등 삶의 질을 의미하기 때문에 모든 인간은 자신의 복지증진을 위해 꾸준히 노력하고 있다. 이러한 시각을 사회공동체 차원으로 확대하면 국가나 사회는 그 구성원 개개인은 물론 공동체 전체의 복지향상을 위해 부단히 노력하는 것이 사회공동체의 존립근거라고 할 수 있을 것이다. 그렇기 때문에 국가가 사회복지의 증진에 관심을 갖는 것은 당연한 일이며 근대국가들은 사회복지를 정부정책의 핵심과제로 선정하고 이를 위해 나름대로 최선을 다하고 있다.

과거 전근대적 국가들도 사회복지에 전혀 관심을 갖지 않은 것은 아니나 그 노력은 간헐적인 것에 불과하였다. 산업혁명 이후에 등장한 근대국가에서 사회복지에 더욱 많은 관심을 갖게 된 것은 우선 산업혁명으로 국가의 경제력이 크게 향상되어 사회적으로 낙오가 된 계층에 국가차원의 지원이 가능해졌음은 물론 중산층의 발달로 정치체제가 민주적으로 변화되었기 때문이다. 다시 말해, 민주화의 진전으로 정치적 차원에서 상대적으로 어려운 계층에 국가 차원의 배려가 불가피해짐은 물론, 산업혁명의 결과 경제적으로도 이러한 정부 차원의 활동이 가능해진 것이다.

이런 시각에서 보면, 1차 산업혁명을 주도하고 민주주의 발전에도 선도적 역할을 한 영국이 사회복지 개념을 국가 차원에서 처음으로 적용했다는 것은 지극히 당연한 일이라고 할 수 있다. 빈민구제의 의무를 교구에 일률적으로 부과하기 위해 만들어진 1601년 구빈법은 사회복지정책의 시작이었다. 그러나 그 당시에는 국가의 능력에 한계가 있었기 때문에 교회에 빈민구제사업을 일임한 것이다. 당시 구빈법은 빈민의 노동을 강제하고 노동을 거부하는 자는 투옥시켰으며 노동능력이 없는 빈민은 생활을 부양하고 빈곤아동은 강제적으로 도제(apprentice)로 보내는 것을 그 내용으로 하고 있었다. 그리고 이에 필요한 재원은 교구 단위로 주민에게 구빈세(poor tax)를 부과하여 충당하였다.

그 후 지역 간 부담능력과 이에 따른 급여수준의 편차문제를 해결하기 위해 1834년에 신(新)구빈법이 마련되었다. 그러나 좌파는 이 법이 빈민에게 비인간적인 처우를 한다는 이유로 반대했고 우파는 이 법의 운영을 지방자치가 아닌 중앙집권식으로 한다는 이유로 반대하였다.

　한층 적극적인 차원의 사회복지가 시작된 것은 19세기 말에 실시된 빈곤조사가 사회적 관심으로 부각된 데 기인한다. 찰스 부스(Charles Booth)는 1889년 빈곤계층을 대상으로 빈곤의 원인조사를 하였는데 과음, 게으름, 무절제 등의 이유는 13~14%에 불과하고 저임금과 부정기적 수입이 55~68%, 질병이 19~27%를 차지하였다. 부스의 조사로 인해 빈곤 대처가 개인 차원에서 불가능한 경우가 대부분이라는 새로운 사실을 알게 된 것이다. 또한 부스는 런던 인구의 30%가 빈곤상태에 있다는 사실도 발표하였다.

　빈곤연구는 그 후 라운트리(Roundtree)가 더욱 발전시켰다. 1889년과 1936년 요크(York)시 노동자가구를 대상으로 한 라운트리의 빈곤조사는 당시 처칠(Chuchill)과 같은 유력정치인에게 큰 영향을 주었고 그 결과 영국에서 사회복지정책이 본격적으로 추진되게 하는 밑거름이 되었던 것이다.

　산업혁명을 주도하고 민주주의 불씨를 지핀 영국에서 사회복지에 국가 차원의 관심이 높아지고 있었으나 실제로 사회보험이 처음으로 도입된 곳은 민주주의와 경제발전이 상대적으로 뒤늦었던 독일이었다.

　'철혈(鐵血) 재상'으로 잘 알려진 독일의 비스마르크는 1883년에 질병보험법을, 1884년에 산업재해보험법을 그리고 1889년에 노령연금법을 제정하였다. 비스마르크가 사회보험을 도입한 것은 당시 열악한 환경에 처해 있는 노동자들이 영국과 같이 정치세력화하는 것을 막기 위해서였다. 따라서 독일의 사회복지는 아래로부터의 요구에 의해서가 아니라 위로부터 주어진 것, 즉 사회복지가 국가의 의무라는 가부장적 개념에서 추진된 것이다. 따라서, 사회보험의 운영체계도 고용주나 노동자가 아닌 국가가 통제권을 갖는 형태를 갖게 되었다. 비스마르크는 사회주의의 일부를 사회보험에 수용함으로써 독일의 사회주의를 방지하려는 것이었으며 그의 이러한 노력은 성공을 거두었다.

권위주의적 정치체제를 갖춘 독일에서는 사회보험이 집권자의 결심에 의해 일거에 추진되었으나 민주주의적 정치체제의 영국은 점진적으로 사회복지체제가 발전되었다. 1908년에 노령연금법이 만들어졌고 1911년에는 건강과 실업문제를 다루는 국민보험법이 제정되었다.

개인주의와 자유에 강한 가치를 두고 있는 미국은 대공황과 이에 따른 대량실업 사태를 겪은 후에야 빈곤에 대해 국가가 책임을 느끼게 되었다. 은퇴한 의사였던 타운젠트(Townsend)는 1933년 노령연금운동을 대대적으로 전개하였으나 법안통과에는 실패하였다. 그 후 1933년에 루스벨트(Roosevelt)가 대통령으로 당선되면서 미국도 1935년에 노령연금, 실업보험과 공적부조가 포함된 사회보장법을 제정함으로써 정부 차원의 본격적인 사회복지사업이 시작되었다. 사회보장법에 건강보험은 누락되었으며 아직도 미국에서는 건강보험이 국가보험이 아닌 민간보험 형태로 운영되고 있다.

프랑스에서는 1930년에 질병, 노령문제를 다루는 사회보험법이 제정되었고 실업보험은 1958년에 이르러서야 시작되었다. 프랑스가 영국이나 독일보다 사회보험 도입이 늦어진 이유는 프랑스에서는 기존질서에 집착하는 비임금 중산층 노동자와 농촌지역 인구비율이 높

앉기 때문이다. [1)]

'요람에서 무덤까지'로 잘 알려진 복지국가의 청사진은 당시 실업문제 전문가인 베버리지(Beveridge)가 위원장을 맡은 위원회의 보고서 형태로 1942년에 만들어졌다. 베버리지 보고서는 보편성의 원리, 보험의 원리, 정액갹출과 정액급여의 원칙, 최저생계의 원칙, 국민최저한(national minimum)의 원칙 그리고 행정관리의 일관성원칙에 근거하여 강제적 사회보험과 보조적 제도로서 국가부조제도를 건의하였고 이는 1945년 노동당 정부가 법제화했다. 처칠 등 당시 보수당 정치인은 이를 '공상의 유토피아'라고 비판하였으나 전쟁의 폐허에서 많은 어려움을 경험한 당시 영국 국민들은 노동당의 복지국가 비전을 지지하였다. 제2차 세계대전 이후 서유럽 선진국을 지배한 복지국가 모델이 베버리지와 노동당에 의해 영국에서 처음으로 실현된 것이다.

제2차 세계대전이 끝난 후부터 1973년의 제1차 오일파동까지의 기간을 복지국가의 완성기라고 한다. 서유럽 각국에는 이 기간에 다양한 정치성향의 정당들이 집권을 하였으나 모두 복지국가의 필요성에 공감하면서 복지국가정책의 확충에 노력하였다. 이와 같이 복지국가에 국민적 합의가 형성될 수 있었던 것은 두 차례의 세계대전과 경제대공황을 겪으면서 자본주의의 취약성을 체험하였고 이를 제도적으로 보완하여야 한다는 공감대가 형성되었기 때문이다.

또한, 소련을 중심으로 동유럽국가에 급속도로 번지는 공산주의의 위협으로부터 자유민주주의 체제를 보호하려면 취약계층 보호가 국가 차원에서 이루어져야 한다는 위기의식도 공유하게 되었다. 물론 이 기간에 지속된 인플레이션 없는 경제성장이 복지국가 확충에 필요한 사회복지지출을 가능하게 하였다. 예를 들어, OECD 국가의 연평균 경제성장률은 1950년대에는 4.4%였고 1960년대에는 이보다도 높은 5% 수준을 유지하였다. GDP 대비 복지비 지출비중도 1960년의 10% 수준에서 1970년에는 20~35% 수준으로 크게 확대되었다.

그러나 1970년대에 들어와 두 차례의 오일파동을 겪고 미국과 주요 서유럽 국가들이 수출시장에서 일본과의 경쟁에서 밀리면서 복지국가의 비판이 제기되었고 상당수의 국가에서 복지국가체제의 변화가 시도되었다. 경제상황이 어려워지면서 이른바 '복지국가의 위기'가 부각된 것이다. 예를 들어, OECD 국가의 GDP 성장률은 1960~1973년에는 4.9%였으나 1973~1981년에는 2.4%로 하락하였고, 인플레이션은 같은 기간에 3.9%에서 10.4%로 증가하였다. 그 결과, OECD 회원국들의 사회복지지출은 1960~1975년에는 매년 8%씩 증가하였는데 1975~1981년에는 증가율이 4%로 줄어들었다.

복지국가를 지향한 국가들이 경제적 어려움을 겪으면서 미국과 영국을 중심으로 신자유주의 사상이 정치권을 휩쓸게 되었고 이 역시 해당국가에서 복지국가 모형에 대대적인 수술을 가하는 이론적 근거가 되었다. 1979년 영국에서 대처(Thatcher) 정권이 출범하였고 미국에서는 1980년 레이건(Reagan) 정권이 탄생하였다. 하이에크(Hayek), 프리드먼(Friedman) 등의 학자들이 전파한 신자유주의 경제이론은 많은 선진국에서의 경제침체의 주된 원인을 과다한 복지정책에서 찾으면서 근로의욕을 떨어뜨리는 공적 부조사업의 폐지 또는 근본적인 수술을 주장하고 나섰다. 사회보험의 경우에도 공적 보험은 최소한 수준의 보장에 그치고 나머지 부분은 민간보험이 담당해야 한다는 것이 이들의 일관된 주장이다. 사회복지 부문에서 정부의 역할을 대폭 축소하라는 것이다.

선진국에서 복지국가가 어려움에 봉착하게 된 또 하나의 이유는 여성의 노동시장 참여가 높아지면서 출산율이 떨어지고 노령화가 급속히 진전되었다는 사실이다. 이와 동시에 연금제도가 성숙단계에 진입하면서 연금수급자의 수가 급격히 증가하고 낮은 출산율로 노동시장의 신규참여 인구가 감소하면서 연금지출은 급속히 증가하고 수입은 상대적으로 적게 증가하였다. 예를 들어, OECD 국가의 노인인구 비율은 1960년에는 9.4%였으나 최근은 14%를 상회하고 있다. 이러한 추세는 앞으로도 지속되어 2010~2035년에는 노인인구 비율이 23%가 넘을 것으로 전망되고 있다.

사회보험의 재정은 앞으로 더욱 어려워질 것이 분명하다. 그렇기 때문에 대다수의 선진국은 정치적 철학과 관계없이 현행 사회보장제도의 개혁을 추구할 수밖에 없는 것이다.

외국의 대응사례와 교훈

이러한 외부적 환경변화에 대응하기 위하여 선진복지국가는 다음의 세 가지 형태로 재구조화되고 있다는 것이 전문가들의 견해이다.[2] 그 첫 번째가 재상품화이다. 사람들은 일을 하여 자신들의 노동력을 시장에서 팔아야 하는데 복지국가에서는 근로자들이 노동시장을 떠나는 탈상품화 수준이 높아져 복지재정이 어려움에 봉착한 것이다. 따라서 재상품화는 사회복지 수급의 자격을 까다롭게 하여 수급자 수와 급여액을 줄이는 것이다. 다양한 방법으로 사람들의 근로의욕을 강화시켜 이들에게 시장에서 일을 하도록 만드는 것이 재상품화이다. 복지국가 변화의 두 번째 형태는 사회복지 지출을 줄이는 것이다. 그리고 세 번째 변화는 복지제도 자체를 재정비하여 제도의 효율성을 높이는 것이다.

복지국가를 흔히 자유주의적 복지국가, 사회민주적 복지국가, 그리고 조합주의적 복지국가로 분류한다. 자유주의적 복지국가에서는 민간부문의 역할이 강조되고 사회복지지출이 상대적으로 낮은 것이 특징이다. 미국이 그 대표적인 사례로서 앞에서 언급한 노동력의 재상품화를 강조한다.

예를 들어, 미국은 1996년 복지개혁(welfare reform)을 통해 '아동부양가족세대보호제도(AFDC)'를 '가족빈곤구휼제(TANF)'로 대체하면서 아무리 저임금이라도 일을 하면 국가가 일정수준의 보조금을 주는 '근로소득보전제도(EITC)'를 도입하였다. 임금유연성을 강조하기 때문에 아무리 낮은 임금이라도 일을 하는 사람은 보조금을 주고 일을 하지 않는 사람에게는 사회복지 급여액을 낮추는 것이 미국에서 복지개혁의 기본취지인 것이다. 반면, 노인집단과 중간층의 지지를 받는 공적 의료보호제도(Medicare)나 국민연금의 축소는 추진하지 않았다.

사회민주적 복지국가는 국민 모두를 대상으로 높은 수준의 사회보험 프로그램을 시행하며 노인, 아동, 장애인 등 취약계층의 공적 서비스 역시 발전되어 거의 모든 국민이 양질의 사회복지 서비스를 받는 나라이다. 스웨덴 등 북유럽국가들이 이에 해당하며 이 국가들에는 강력한 친(親)복지국가연맹이 형성되어 있다.

이 나라들은 신자유주의적 가치를 강조하는 정치가들의 입지가 상대적으로 약하고 복지국가의 포기로 오해될 수 있는 노동력의 재상품화보다는 사회복지 프로그램의 효율성을 높이려는 재정비화를 강조한다는 것이 특징이다. 또한 사회민주적 복지국가에서는 근로여성을 위한 다양한 복지서비스가 제공되기 때문에 여성의 경제활동 참여율이 매우 높은 것이 또 하나의 특징이다.

독일, 프랑스, 네덜란드 등 유럽대륙국가들에게 해당되는 조합주의적 복지국가는 비스마르크시대의 전통을 이어받아 강력한 사회보험 프로그램을 갖고 있으며 사회보장세율 역시 상대적으로 높은 특징을 갖고 있다. 그러나 사회민주적 복지국가와는 달리 공공부문의 고용이 적고 공공부문에 의한 사회복지서비스도 상대적으로 미약하다. 이 국가들의 또 하나의 특징은 복지국가 관련정책들이 대개 조합주의적으로 결정된다는 것이다.

예를 들어, 임금은 노조의 단체협상과정의 결과로 결정되며 정치제도도 여러 이익집단들이 자신들의 의견을 개진할 수 있는 다당제를 채택하고 있으며 사회민주당보다는 기독교민주당과 같은 중도우파가 복지국가정책에서 중요한 역할을 한다. 조합주의적 복지국가에서 사회복지정책의 개혁은 고용기회를 확대하여 실업률을 낮추고 과다하게 팽창한 사회보험 지출을 억제하는 것이다. 그러나 이러한 개혁노력은 네덜란드에서는 상대적으로 성공하였으나 독일과 프랑스에서는 정치적 합의를 이루지 못해 실패한 것으로 평가되고 있다.[3]

복지국가의 대표적 성공사례로 알려진 영국은 1970년대에 들어와 경제상황이 어려워지면서 복지국가의 위기를 경험하게 되었고 1979년에 등장한 보수당의 대처 정부는 탈규제와 유연화를 목표로 하는 시장주의적 복지개혁을 추진하였다. 전반적으로 국가개입을 축소하면서 복지제도의 수급자격을 엄격히 하고 급여범위를 축소시켰다.

1997년에 집권한 노동당의 블레어 정부는 대처의 시장주의적 개혁기조를 유지하면서 전통적인 사회민주주의 전략을 가미하는 이른바 '제3의 길'에 기초하여 복지개혁을 추진하였다. 복지와 고용을 결합한 '고용촉진적 복지국가'를 목표로 내세우고 복지개혁을 추진한 것이다.

'일을 위한 복지(welfare to work)'라고도 하는 블레어 정부의 복지개혁은 공적 연금과 사적 연금 간의 파트너십을 형성하고, 복지급여와 노동 간의 연계를 강화하는 것을 그 골자로 하고 있다. 복지수급자 중 노동능력이 있는 사람들을 노동시장으로 보내 자립할 수 있도록 청년 뉴딜, 장기실직자 뉴딜, 한 부모 뉴딜, 장애인 뉴딜 등의 프로그램을 강력히 추진하였다. 영국이 복지국가의 건설에서도 모델이 되었듯이 위기에 처한 복지국가를 개혁하는 과정에서도 블레어 정부의 복지개혁은 자유주의적 가치관과 사회민주주의적 가치관을 적절히 결합하여 성공적인 결과를 얻은 대표적인 사례로 평가되고 있다.

미국에서는 1960년대 이후 복지개혁의 필요성이 지속적으로 제기되었고 역대 행정부마다 나름대로 개혁노력을 경주하였으나 대체로 큰 성과를 거두지 못하였다. 그런데 앞에서 언급된 1996년의 '복지개혁법'은 1935년 사회보장법의 기본철학과 틀을 바꾸는 역할을 하였고 그 성과도 좋은 것으로 평가되고 있다. 1996년 복지개혁법은 당시 상·하원을 장악한 공화당이 제출한 법안으로 이를 민주당의 클린턴 대통령이 거부권을 행사하지 않고 그대로 받아들인 것이다.

신자유주의적 사고에 입각한 복지개혁안을 진보성향의 민주당 대통령이 이를 추진한 것이다. 이는 복지개혁에 보수와 진보 진영 간 정치적 합의가 이루어졌기 때문에 개혁추진에서 정치적 걸림돌이 없었음을 의미한다. 영국의 복지개혁이 보수당이 만든 신자유주의적 복지개혁의 상당부분을 사회당 정부가 그대로 수용·발전시킨 것과 같이 미국에서도 공화당의 개혁안을 민주당 정부가 그대로 수용함으로써 정치적으로 어려운 복지개혁에 성공을 한 것이다.

사회민주주의 복지국가의 대표적인 사례인 스웨덴에서도 복지개혁의 필요성이 1970년대부터 꾸준히 제기되었다. 경제여건이 악화되는 상황에서 과다한 사회복지는 필연적으로 국가재정의 위기를 초래하였기 때문이다. 1976년에 반세기 만에 처음으로 우파정권이 집권에 성공하여 질병보험 급여를 삭감하는 복지개혁을 시도하였으나 국민들의 지지결여로 실패하였고 1982년에 사민당에게 권력을 내주고 만다. 다시 집권한 사민당은 복지개혁의 필요성에는 공감을 하였으나 실제로 별다른 개혁을 하지 못하고 1991년 우파연립정부에게 권력을 넘겨주게 된다. 우파연립정부는 복지개혁까지는 이루지 못했으나 1994년

'연금개혁 가이드라인'을 의회에서 통과시키는 데 성공하여 스웨덴에서 복지개혁의 기초를 마련한 것이다.

사민당이 1994년 복지급여 축소와 세금인상을 선거공약으로 내세우고 집권에 성공하면서 스웨덴에서 본격적인 복지개혁을 시작하게 된다. 사민당은 사회보장 기여금을 포함한 세금인상을 추진하면서 앞에서도 언급한 대로 사회복지 프로그램의 효율성 증진을 위한 재구조화 노력을 경주하였다. 연금생활자의 주택보조를 줄이고, 실업보험부문에서 소득대체율을 하향 조정하는 등의 합리화 조치를 추진하였다.

사민당의 복지개혁은 상당히 성공적인 것으로 평가되며 성공의 이유로는 사민당이 복지개혁의 필요성을 스스로 인정하고 이념보다는 현실주의에 기초한 개혁조치를 추진하였기 때문이다. 스웨덴 국민들로부터 여전히 많은 지지를 받고 있는 전통적 사회민주주의 복지국가의 기본틀을 유지하면서도 각종 복지프로그램의 효율성을 제고하기 위한 개혁조치를 우선적으로 추진한 것이다.

독일과 프랑스는 개혁방향에 정치세력 간 합의가 잘 이루어지지 않아 복지개혁이 성공하지 못한 사례로 지적되고 있다. 제2차 세계대전 이후 독일에서의 사회복지정책은 여야와 상원의 합의로 이루어졌으나 1990년대 이후에는 보수와 진보세력 간의 합의가 이루어지지 않아 개혁이 표류하고 있다. 1990년 이후 보수정당인 기민당과 자민당은 비대해진 사회복지 프로그램을 축소해야 한다는 입장을 유지하고 있으나 사민당은 보수정당의 개혁을 '약자의 부담증가'라는 이유로 반대하고 있다.

프랑스에서도 과다한 사회복지문제의 인식이 높아가고 있으나 실제로 이를 복지개혁으로 연결시키지는 못하고 있다. 그 이유 역시 독일과 마찬가지로 보수와 진보세력 간 새로운 복지제도에 합의를 이루지 못하고 있기 때문이다. 그러나 복지재원의 확보방식에 있어 종래의 사용주 부담을 줄이고 이를 조세로 대체하려는 새로운 움직임이 있다. 1990년에 제정된 사회기여세가 그 대표적인 사례이다. 또한 복지행정기관의 운영에서 자치관리원칙을 지켜왔으나 점차 국가와 의회의 역할이 증대되고 있다. 이를 두고 프랑스의 복지제도가 종래의 비스마르크 복지모형에서 점차 베버리지 복지모형으로 이동하는 있다고 전문가들은 지적하고 있다.

한국 복지제도의 원형이라고 할 수 있는 일본의 사회복지제도 역시 경제사회적 환경변화에 맞추어 몇 차례의 변화를 겪게 되었다. 일본은 선진국 중에서 미국과 더불어 경제규모에 비해 사회복지체제가 빈약한 '복지후진국'으로 간주되어 왔다. 이를 시정하기 위해 1973년을 '복지원년'으로 선언하고 사회복지제도의 획기적 개선을 시도하였다. 그러나 이러한 시도는 오일파동으로 좌절되었고 오히려 복지의 축소가 우파를 중심으로 새로운 이데올로기로 발전하게 되었다. 이것이 바로 1979년에 등장한 '일본형 복지사회'이다. 서유럽의 '복지병'을 피하기 위해서는 서유럽의 국가중심 방식보다는 일본 전통의 가족과 지역사회를 참여시키는 '일본형' 사회복지방식을 새로 정립해야 한다는 것이었다.

그러나 현실적으로 가족으로부터 보호를 받기 어려운 노인단독가구 등이 증가함에 따라 일본형 사회복지 시도는 실패하게 된다. 1990

년대에 들어와 일본은 다시 사회보장제도의 개혁을 시도하게 되는데 그 대표적인 사례가 1995년 사회보장제도심의회의 건의안이다. 그 내용은, 첫째로 노인에게 양질의 종합적인 서비스를 제공하는 '개호(介護)보험' 등 새로운 제도의 도입과, 둘째로 연금급여와 부담의 적정화 및 공사(公私)연금의 적절한 조화 등 기존제도의 재정비방안을 포함하고 있다.

일본 사회복지제도의 가장 큰 고민거리는 급격히 진행되고 있는 인구의 노령화추세이다. 그래서 1995년 사회보장 개혁의 핵심도 노인들의 새로운 수요는 개호보험이라는 새로운 제도를 만들어 대응하며 고령화의 급진전에 따른 각종 연금의 재정문제는 급여수준의 적정화와 공사보험의 연계강화로 대처해 나간다는 것이다. 아직도 일본의 사회보장제도는 많은 문제점이 있는 것이 사실이나 적어도 새로운 환경변화에 정부가 신속히 대응하려는 노력은 높게 평가되어야 할 것이다.

새로운 개혁안의 수립에서도 정부주도보다는 민간 전문가들이 마련한 안을 정부가 받아들이는 형태를 취한 것도 우리에게 시사하는 바가 크다고 할 수 있다. 또한, 사회보장과 복지문제가 일본 사회에서 주요 쟁점으로 부상하고 토론이 활발하다는 것도 문제에 대한 사회 전체 차원의 대응을 가능하게 하는 요인이 되고 있다.

브라질, 아르헨티나 그리고 칠레는 미국이나 일본보다도 먼저 20세기 초에 유럽의 복지선진국과 같이 국가사회보장체제를 구축하였다. 예를 들어, 연금의 도입연도는 아르헨티나가 1904년으로 남미국가 중 가장 빠르고, 그 다음으로 브라질이 1923년, 칠레가 1924년으로 미국의 1935년, 일본의 1941년보다 앞섰다. 이 남미 국가들은 풍부한 지하자원과 비옥한 농지 등의 자연여건에 힘입어 일찍이 경제발전을 이루어 20세기 초에 거의 선진국 대열에 있던 국가들이다. 그러나 국가의 대내지향적이며 대중인기에 영합하는 경제정책은 경제성장을 어렵게 하였고 때로는 경제위기를 초래하기도 하였다.

경제적 위기에 봉착하자 선진국수준의 사회보장제도는 자연히 개혁의 대상이 되었고 경제위기 극복을 위해 신자유주의적 경제정책을 채택한 멕시코와 칠레를 중심으로 사회보장제도의 대대적인 개혁작업에 착수하였다. 개혁의 첫 번째 대상은 재정적자의 원흉으로 지목된 공적연금을 민영화하는 것이었다. 멕시코, 칠레와 볼리비아는 공적연금을 사적연금으로 완전히 대체하였고, 아르헨티나, 페루, 콜롬비아는 공적연금과 사적연금 간의 연계를 강화하는 개혁조치를 취했으며, 우루과이는 사적연금을 도입하되 공적연금을 기초연금으로 조정하였다. 반면, 코스타리카는 공적연금의 수급액을 낮추고 기여율은 높이는 부분적 개혁조치를 취했다.

의료보험의 분야에서도 재정은 중앙정부가 계속 담당하되 예방의학과 기초적인 의료서비스를 공급하는 책임은 지방정부에게 자율성을 주는 방향으로 개혁이 이루어지고 있다. 반면, 보편주의적 공공의료서비스 원칙에 따라 적용률은 계속 확대하면서 의료공급의 효율성 개선을 위해 경쟁체제를 도입하는 개혁안을 추진하고 있다. 또한 공적부조의 적용대상도 지속적으로 확대하고 있다.

다시 말해, 남미 국가들의 사회보장개혁의 핵심은 취약계층의 지원은 확대하면서 기존연금제도의 불합리한 부분은 민영화 등의 방법으로 과감히 수술을 하는 것이다. 이러한 조치들은 우파정권은 물론 브라질의 룰라 정부와 같은 좌파정권에서도 핵심적 개혁조치로 추진되고 있다. 오랫동안 경제적 어려움을 겪던 남미 국가들이 칠레, 멕시코, 브라질을 시발로 점차 경제상황이 개선되는 것도 사회보장부문에서 이러한 시장친화적 개혁조치들이 취해지고 있기 때문이다. 이 국가들의 경험은 심각한 연금재정 적자문제를 안고 있는 우리에게도 시사하는 바가 크다고 하겠다.

이상의 외국사례들을 통해 잘 알 수 있는 것은 새로운 경제상황변화에 대응하기 위해 선진국은 물론 남미 국가들까지도 사회복지부문을 개혁하고 있다는 사실이다. 그리고 개혁의 방향은 사회보장부문 중 낭비요인이 많았던 공적연금과 같은 부문은 과감히 낭비요인을 제거하는 제도적 장치를 마련하는 반면, 사회보장의 사각지대에 있는 노인 및 빈곤계층의 정부차원의 보호는 오히려 강화하는 것이다. 낭비요인을 없애고 정말로 어려운 계층은 추가적으로 보호한다는 원칙에 보수와 진보세력 간 정치적 합의가 이루어진 경우에는 사회복지 개혁이 성공을 한 반면, 보수와 진보세력 간 합의가 어려운 경우에는 개혁노력이 큰 성과를 거두지 못한다는 사실 역시 잘 알 수 있다.

한국복지제도의 변천과 현주소

1945년 해방이 되고 1948년에는 대한민국 정부가 수립되었으나 이승만 정부에서는 이렇다 할 복지시책이 추진되지 못하였다. 당시 헌법 19조는 "노령, 질병, 기타 근로능력이 없는 자는 법률이 정하는 바에 의하여 국가의 보호를 받는다"라고 명시하였으나 이 취약계층들의 보호를 위한 법률은 1947년에 제정된 미성년자 노동보호법 하나에 불과하였다. 1952년에 한국사회사업연합회가 창립되었으나 민간자선단체의 활동도 미약하여 주로 외국원조단체가 활발한 구제사업을 전개한 것이 당시 사회복지활동의 주가 되었다.

한국에서 복지국가의 시작은 박정희 정부에서 비롯되었다. 1963년 군정을 갓 마친 박정희 정부는 공무원연금과 군인연금제도를 1963년에 도입하였고 다음 해에는 산재보험제도도 실시하였다. 이외에도 사회보장에 관한 법률과 생활보호법을 제정하고 아동복리법과 윤락행위 등 방지법을 마련하였다. 드디어 사회복지를 위한 제도적 기반이 마련된 것이다.

1960년대에 도입된 한국의 사회보장체제는 정부주도로 이루어졌다는 측면에서 비스마르크 복지모형이라고 할 수 있을 것이다. 그러나 이러한 기반확충에도 불구하고 정부정책의 초점은 사회복지보다는 경제성장에 있었기 때문에 선진국 수준의 사회보장보다는 특수직역의 연금보장과 구호차원의 취약계층 보호가 주종을 이루었다.

1970년대에 들어와 박정희 정부는 종래의 구호차원을 벗어나 좀 더 체계적인 사회복지사업을 추진하려고 노력하였다. 예를 들어, 제3차 경제개발 5개년(1972~1976년) 계획에서 사회보장이라는 단어가 처음으로 언급되었고 1977년에는 근로계층을 대상으로 하는 의료보험과 저소득층을 대상으로 하는 의료보호가 시행되었다. 국민복지연금은 1974년 실시를 목적으로 준비되었으나 오일파동으로 무기한 연기됨으로써 본격적인 복지국가시대를 열지는 못하였다.

1980년대 초 출범한 전두환 정부는 처음에는 복지국가 건설을 국정목표로 제시하면서 이를 위한 청사진을 한국개발연구원(KDI)에 의뢰하였고 김만제 원장과 나는 1981년 초 청와대 국무회의에서 이를 보고하였다. 그러나 당시 제2차 석유파동으로 경제상태가 안 좋은 상황에서 본격적인 사회복지정책을 추진하는 것은 불가능하였다. 결국, 경제정책의 초점은 복지보다는 경제안정에 두어졌고 정부재정은 임기 중 계속 긴축기조를 유지하였다.

이런 와중에서도 정부는 한국개발연구원에 종합적인 영세민 대책 수립을 의뢰하였고 나는 이에 관한 보고서를 1983년에 제출하였다. 근로능력이 있는 계층에게 취업기회를 확대하고, 근로능력이 없는 계층에는 정부가 직접 재정지원을 하며, 빈곤의 세습화를 막기 위해 저소득층자녀의 학자금 지원을 확충하는 내용의 KDI 건의안은 정부정책으로 채택되었다. 또한 1987년에는 내가 팀장이 되어 국민연금 시행을 위한 연구보고서를 작성하였고 이는 정부정책으로 채택되어 1988년에는 오랫동안 보류되었던 국민연금도 시행하게 되었다.

민주화 이후 처음 출범한 노태우 정부는 복지부문에서는 이미 시행이 확정된 국민연금을 시작하고 1989년에는 최저임금제를 실시하는 등의 성과를 거두었으나 사회복지의 종합적인 청사진을 제시하지는 않았다. 김영삼 정부는 초기에는 경제정책의 초점을 금융실명제 실시를 통한 경제의 투명성 제고에 두었고 임기 중반에는 세계화위원회를 구성하여 한국경제의 개방화와 국제화에 역점을 두었다.

1993년 말 보건복지부 장관에 취임한 나는 당시 근로자만을 대상으로 실시되고 있었던 국민연금을 농어촌지역으로 확대하였고 1995년을 '선진복지의 원년'으로 선언하였다. 이를 위해 의료보장제도를 합리화하고 응급의료체계를 확립하며 국가 차원의 노인치매정책을 수립하는 등의 노력을 경주하였으나 1995년 중반에 장관직에서 물러남으로써 사회복지 부문에서 정부 차원의 노력도 약화되었다.

외환위기가 발생한 직후 출범한 김대중 정부는 복지를 국정이념으로 내세우고 당시 경제불황으로 인해 어려워진 계층의 대책을 강구하였다. 고용보험 대상을 확대하고 급여수준도 크게 개선함으로써 당시 대량실업사태에 대응하였다. 또한 공공근로사업도 확대하였으나 실효성 측면에서는 문제가 제기되기도 하였다. 김대중 정부는 영국의 블레어 노동당 정부의 복지정책을 원용하여 '생산적 복지'의 기치를 내세우고 한국형 복지국가모형을 만들어보려 하였다. 1999년에는 국민연금을 도시 자영업자에게도 확대하여 전국민연금제를 확립하였고 2000년에는 저소득층의 정부지원을 국민의 기본권리로 규정하는 기초생활보장제도를 도입하였다.

공적부조사업에 대한 기본철학을 바꾸는 기초생활보장법이 국회에서 여야합의로 통과될 수 있었던 것은 당시 내가 위원장이었던 한나라당의 실업대책위원회가 이를 적극 지지했기 때문이었다. 또한, 김대중 정부는 같은 해 의료보험통합과 의약분업 등의 개혁조치도 취하였다.

그러나 의약분업은 의료보험재정의 악화를 초래하였고 이는 결국 보험수가 인상으로 연결되었다. 의료보험 통합 역시 위험부담의 분산이라는 장점이 있음에도 불구하고 보험재정의 방만한 운영이라는 단점도 있는 것이 사실이다. 그럼에도 불구하고 김대중 정부는 민주화 이후 처음으로 범정부 차원의 사회복지정책 청사진을 제시하는 성과를 거두었다고 할 수 있다.

2003년에 출범한 노무현 정부는 '참여복지'의 기치를 내세우고 김대중 정부의 생산적 복지를 한 단계 승화시킬 것을 약속하였다. 이를 위해 사회복지의 재정지출을 크게 늘리고 2006년 8월에는 복지국가 청사진이라 할 수 있는 '비전 2030'을 발표하기도 하였다. 사회복지부문에서는 기초생활수급자와 의료급여수급자를 확대하고 장애수당 대상자를 늘리는 등 기초보장의 개선을 추진하였다. 보건의료부문에서는 2008년까지 의료보장성을 70%까지 확대하고 공공의료를 강화하는 대책을 추진하였다. 2005년에는 긴급복지지원법을 제정하여 '보건복지 통합콜센터 129'를 운영하고 있다.

이러한 노력에도 불구하고 노무현 정부의 복지정책은 재정지출의 확대에 비해 그 효용성이 낮은 것으로 평가되며 임기 말에 마련된 비전 2030 계획도 재원조달 방안이 애매모호한 비현실적인 청사진이라는 비판을 받고 있다.

성장과 복지는 동전의 양면

　새로운 사회복지 전략을 마련하기 위해서는 급속히 변하는 복지환경에 대한 이해가 선행되어야 할 것이다. 무엇보다도 복지서비스의 대상이 크게 변하고 있다. 저출산과 인구고령화로 인하여 아동복지대상은 축소되는 반면 노인복지대상은 급격히 증가하고 있다. 또한, 기혼여성의 경제활동 증가는 취업여성을 위한 복지서비스 확대를 불가피하게 하고 있다. 복지환경의 두 번째 변화는 세계화의 확산으로 빈부격차가 커져 사회의 양극화현상이 심화되고 있으며 가족기능의 저하로 사회복지에서 정부기능의 확대가 불가피하다는 것이다.

　셋째, 세계화로 국제경쟁이 치열해지는 상황에서 복지제도도 효율성을 중시하는 방향으로 개편되어야 한다는 것이다. 이는 이미 복지국가의 위기를 경험한 선진국에서 공통적으로 나타난 현상으로 한국이 복지선진국을 만들어 감에 반드시 유념해야 할 원칙이기도 한 것이다. 넷째, 정부의 복지재정을 크게 증가시키기 어려운 상황에서는 복지서비스 공급의 주체를 다양화해야 한다는 것이다. 민간 차원의 복지서비스 공급을 확대하는 방안이 강구되어야 함은 물론이고 중앙정부와 지방정부 간 적절한 역할분담도 이루어져야 사회복지서비스 공급의 효율성이 높아질 수 있을 것이다. 다섯째, 한국사회가 급속히 정보화사회로 전환되고 한국이 IT강국으로 부상하는 상황에서 세계최고수준의 복지정보 네트워크를 구축하여 사회복지체계의 효율성을 극대화하는 방안이 강구되어야 한다는 것이다.

현재 우리나라의 사회복지수준은 선진국에 비해 상대적으로 낮은 것으로 평가되고 있다. 한국보건사회연구원에 의하면[4] 한국의 사회복지수준을 나타내는 77개 지표 중 양호한 상태를 나타내는 4점 이상은 불과 10개에 불과한 것으로 나타났다. 복지지표를 분야별로 살펴보면 의료 및 건강보장이 64.2점으로 가장 높고 다음은 일자리 보장 59.0점, 보육·교육 보장 45.1점, 안정된 소득보장 40.3점의 순이며 가장 취약한 부문은 복지인프라 스트럭처 24.3점, 복지서비스 32.8점으로 나타났다. 협의의 사회복지부문인 복지인프라와 복지서비스가 매우 취약하며 이는 그 동안 한국의 경제발전이 대체로 선(先)성장 후(後)복지의 전략을 채택했기 때문인 것으로 판단된다.

이와 같은 상황을 종합하여 볼 때 복지선진국 실현을 위해서는 다음과 같은 전략의 채택이 필요할 것으로 판단된다. 첫째, 성장과 복지는 양자택일의 선택문제가 아니라 이를 동시에 달성해야 하는 동전의 양면과 같다는 인식을 가지고 성장정책과 복지정책을 추진해야 한다는 것이다. 다시 말해, 성장정책을 추진함에 경제성장의 복지적 파급효과가 증대되도록 노력해야 하며 복지정책의 추진에는 정책과 제도의 경제·사회적 효율성 극대화에 역점을 두어야 하는 것이다.

둘째, 최근의 고용 없는 성장추세를 감안하여 적극적 고용전략을 추진하여 중산층이 빈곤층으로 추락하는 것을 사전에 예방하여야 한다. 셋째, 국민연금 및 특수직역연금제도 등의 과감한 개혁을 통해 기존 사회보장제도의 효율성을 극대화하는 노력을 경주해야 할 것이다. 넷째, 치매, 보육서비스 등 새로이 부각되는 복지서비스 수요를 충족시키려는 노력을 대폭 확대해야 한다. 다섯째, 복지서비스 공급자의 다원화를 위해 민간과 지방정부의 사회복지 기능을 더욱 활성화시키고 중앙정부 서비스와의 연계성을 강화하여야 한다. 여섯째, IT기술을 활용하여 전국적인 복지 네트워크를 구축·운영함으로써 복지체계의 효율성을 극대화해야 한다.

우리는 오랫동안 성장과 복지는 양자택일의 문제라는 편견을 갖고 있었다. 보수세력은 선성장 후복지 전략이 한국의 상황에서 불가피하다는 인식을 갖고 있으며, 진보세력은 전자의 생각을 근본적으로 부정하면서 복지를 위해서는 성장을 다소 희생시켜도 된다는 정반대의 생각을 하고 있는 것이다. 그러나 성장과 복지는 정책선택을 잘한다면 동시에 이룩할 수도 있다는 사실을 지적하지 않을 수 없다.

우리나라 1960년대의 경험이 좋은 증거이다. 당시 우리는 노동집약적 수출산업을 육성하여 고도성장을 이룩함은 물론이고 소득분배도 개선되는 일석이조의 성과를 거두었다. 그 이유는 성장이 고용증대를 수반하였기 때문이다. 따라서 앞으로도 정부는 고용이 수반되는 성장이 되도록 많은 정책적 노력을 해야 하는 것이다. 이와 아울러, 현재 취약부문으로 지적되고 있는 사회복지서비스 부문의 일자리 확충은 사회복지와 고용을 동시에 촉진시키는 방법이 될 수 있기 때문에 적극적으로 추진되어야 할 것이다.

우리는 지금이 성장과 복지를 동시에 추구하지 않으면 안 되는 시점이라는 사실을 명심하여야 한다. 날로 치열해지는 국제환경에서 경제성장을 저해하는 복지추구는 불가능한 일이다. 또한 복지후진국의 멍에를 아직도 벗어나지 못하고 있는 현재의 상황에서 복지를 고려하지 않는 성장정책은 정치사회적으로 받아들여지기가 곤란하다. 따라서 성장과 복지 모두를 추구하는 전략만이 현 시점에서 우리가 채택할 수 있는 유일한 선택이라는 인식이 필요한 것이다.

고용증대를 수반하는 성장정책은 성장과 복지를 동시에 달성하는 최상의 전략이다. 그러나 최근 IT부문에서의 급속한 기술발전은 고용증가 없이 성장을 가능하게 하여 사회의 양극화를 오히려 심화시키는 요인으로 작용하고 있다. 그래서 정부 차원의 고용증대를 위한 별도의 정책적 노력이 필요한 것이다.

한국경제의 비교우위상태를 고려할 때 IT 등 제조업부문에서의 성장은 고용을 크게 확대시킬 것을 기대하기 어렵다는 결론을 얻게 된다. 따라서 고용증가는 제조업보다는 서비스부문에서 주로 이루어져야 하는 것이다. 그러나 우리나라의 서비스산업은 생산성이 상대적으로 낮아 국제경쟁력이 매우 취약한 것으로 분석되고 있다. 따라서 서비스부문을 통한 고용확대는 기존 서비스부문의 생산성을 개선하고 국제경쟁력이 있는 새로운 서비스 부문을 육성함으로써 달성될 수 있을 것이다.

그런데 문제는 정부가 일자리를 직접 만들어 낼 수 없다는 것이다. 결국 정부는 민간부문이 일자리를 많이 만들어 내도록 유도하는 수밖에 없는 것이다. 이를 위해서 정부는 불필요한 규제를 완화하여 기업하기 좋은 환경을 만들어야 함은 물론 노동시장의 유연성을 높이는 노력을 경주해야 한다. 그러나 우리나라는 정부규제와 노동시장의 유연성 측면에서 세계에서 최하위수준을 나타내고 있다.

특히, 노무현 정부는 이 부문에서의 개선은커녕 불법노사분규를 비호하고, 비정규직 근로자 보호를 위한 법제화를 통해 노동시장의 유연성을 오히려 약화시키는 정책을 펼쳐왔다. 이러한 상황에서 사회복지만을 확대하면 '성장 없는 복지'가 되어 많은 선진국과 같이 복지국가의 위기를 겪지 않을 수 없는 것이다. 그러나 노동시장의 유연성이 보장된다면 사회복지의 확충은 복지의 염려 없이 노동시장의 유연성이 더 증대될 수 있는 환경을 만들 수 있어 성장과 복지 모두를 달성할 수 있는 선순환을 시작할 수 있는 것이다. 여기서 핵심연결고리는 노동시장의 유연성이라는 사실을 명심해야 할 것이다.

이외에도 고용촉진을 위해 여러 가지 정책들을 고려할 수 있을 것이다. 인구의 노령화를 고려할 때 정년의 연장과 임금피크제의 도입은 날로 증가하는 노인계층 복지수요의 상당부분을 노인 스스로 감당할 수 있게 하는 대책이 될 수 있을 것이다. 앞에서 지적된 서비스산업의 생산성 증대는 이 부분에서의 과감한 개방이 가장 좋은 처방이 될 것이다.

최근 타결된 한미 FTA에서는 서비스부문이 많이 포함되지 않은 것은 유감이며 향후 FTA 논의에서는 교육, 금융 등 서비스부문이 보다 많이 포함되어야 한다. 또한, 치매, 보육 등 취약한 사회복지서비스 부문에서 고용기회의 창출은 고용과 복지를 동시에 달성하는 수단이기 때문에 정부 차원의 적극적인 노력이 필요한 분야라고 할 수 있다.

사회보장제도의 개혁

　사회복지 개혁과 관련하여 가장 어려운 분야는 이미 도입되었으나 막대한 규모의 재정적자요인을 안고 있는 국민연금과 특수직역연금제도를 개혁하는 일이다. 얼마 전 국회에서 국민연금의 급여수준을 하향조정하는 개혁안이 통과되었으나 이는 임시방편책에 불과하고 더욱 근본적인 대책이 마련되어야 할 것이다. 현행 국민연금제도의 문제점은 기존 노인계층에게는 별도움이 되지 않으면서 장기적으로 많은 적자요인을 안고 있다는 사실이다.

　이를 근본적으로 개선하기 위해서는 국민연금을 모든 노인들의 기본생계를 보장하는 부과방식의 기본연금으로 대체하고 나머지는 남미국가에서와 같이 과감하게 민간연금으로 전환시키는 방안이 강구되어야 한다. 민간연금으로의 전환 대신에 적립방식의 소득비례 공적연금도 고려할 수 있으나 정부의 재정보조가 없고 소득재분배 기능이 없다면 이를 굳이 공적연금 형태로 보존할 이유가 없다고 판단된다.

　기본연금의 도입으로 연금의 사각지대 문제를 해결함은 물론 공적연금의 국민적 지지도 높일 수 있을 것이다. 현행 연금제도는 기존 노인계층의 지원이 미미하여 연금의 국민적 지지가 취약한 반면 저부담·고급여의 구조로 인해 장기적으로 막대한 재정적자 요인을 안고 있다. 기초연금의 도입이 단기적으로 재정부담의 증가가 유발되나 이는 연금사각지대의 제거와 공적연금의 국민적 지지확대라는 측면에서 정당화될 수 있을 것이다.

또한, 이미 막대한 재정적자를 유발하고 있는 공무원연금과 군인연금은 가입자의 부담을 늘리고 급여수준은 낮추는 방향으로 하루 속히 개편되어야 한다. 이 과정에서 기득권 계층의 적극적인 반대가 예상되나 이를 극복하지 못하면 정부의 복지재정이 정말로 취약한 계층의 보호보다는 복지수준이 이미 상대적으로 높은 계층의 추가보호를 위해 소진되는 결과를 초래할 것이다. 또한, 국민연금보다 재정적자요인이 큰 특수직역연금을 개혁하지 않고 일반국민을 대상으로 하는 국민연금만을 개혁의 대상으로 삼는다면 이 역시 국민적 반발이 만만치 않을 것이다.

건강보험 역시 근본적인 개혁이 필요하다. 개혁의 기본방향은 예방 및 건강증진과 중증질병은 조세로 충당하고, 소액진료비는 '의료저축계정'제도를 도입하여 수익자부담원칙을 적용하며, 기타 질병은 기존의 의료보험제도를 유지하는 방안[5]이 합리적이라고 생각된다. 이와 동시에 현행의 행위별 수가제(fee for service)를 진료비총액목표제로 전환하여 과다진료로 인한 의료비의 낭비를 억제토록 하여야 할 것이다.

고용보험은 외환위기 이후 급속히 발전하였음에도 불구하고 아직도 가입률이 낮기 때문에 영세사업자의 가입을 촉진하는 대책이 마련되어야 한다. 40여 년의 역사를 갖고 있는 산재보험은 의료보험 및 연금과의 연계성을 강화하고 산재근로자의 노동시장 진입을 위한 재활서비스를 강화할 필요가 있다.

사회복지서비스부문은 수요는 급속히 늘어나는 반면 이를 위한 양질의 서비스가 제공되지 못하는 것이 우리의 실정이다. 예를 들어, 사회복지서비스분야 고용비중이 한국은 10.8%로 OECD 평균 22.5%의 절반에 불과하다. 사회복지서비스는 변화의 적응력이 높고 맞춤형 서비스가 가능하며 국민 간 합의도출이 비교적 용이하다는 측면에서 바람직한 사회복지 촉진방안임에 틀림없다. 이러한 인식에서 정부는 기획예산처 산하에 '사회서비스 양성기획단'과 보건복지부 산하에 '사회서비스 혁신사업단'을 구성하여 운영하고 있으나 아직은 실적이 미흡하다는 것이 일반적인 평가이다. 따라서 사회서비스 확충을 위한 더욱 적극적이며 효율적인 대책이 마련되어야 할 것이다.

사회복지서비스의 형태로는 첫째, 스웨덴과 같이 정부가 주도적인 역할을 하는 공공서비스 모델, 둘째 스페인과 같이 가족이 중심적 역할을 하고 정부는 보조적 역할만을 담당하는 가족주의 모델, 셋째 미국, 영국과 같이 자산조사로 대상자를 선별하는 자산조사－시장의존 모델, 넷째 독일과 같이 종교단체 등이 주도적 역할을 하고 정부는 보조적 역할을 하는 보충주의 모델로 분류할 수 있다.[6]

한국은 아직 가족주의 모델에 가까운 것으로 판단되며 일본 등 대다수의 아시아 국가들이 이 부류에 속하는 것으로 알려져 있다. 그러나 한국에서도 탈가족화 현상이 급속히 진행되고 있고 사회복지서비스에 대한 다양한 수요가 급증하고 있기 때문에 기존의 가족주의 모델에서 벗어나 종교단체와 기업 등 민간의 역할을 강화함은 물론 정부의 사회복지서비스 기능도 더욱 활성화되어야 할 것이다.

이런 관점에서 한국이 지향해야 할 복지서비스부문의 발전방향은 '시장과 국가 간 복지혼합' 모델이 되어야 할 것이다.[7] 이 경우 비영리

제3섹터의 역할이 중요하며 아직 한국에서는 생소한 제3섹터를 적극적으로 발전시키는 노력이 필요하다. 이를 위해서는 정부가 민간에게 분명한 역할을 부여하고 민간도 정부 정책결정과정에 참여할 수 있도록 해야 할 것이다. 현재 한국에는 기독교, 불교 등 각종 종교단체의 활동이 급성장하고 있고 기업의 사회적 역할 역시 강조되고 있기 때문에 정부의 의지만 확고하다면 이 종교단체들과 기업들을 사회복지서비스를 제공하는 제3섹터로 육성하는 것은 어려운 일이 아닐 것으로 판단된다.

사회복지서비스 공급에 있어 중앙정부보다는 수요자와 더 가까운 거리에 있는 지방정부의 역할이 강화되어야 할 것이다. 기본적으로 사회복지서비스의 공급은 지방정부가 주도적 역할을 하고 중앙정부는 보조적 역할을 하는 것이 바람직하다. 우리나라에서도 사회복지서비스업무의 상당부분이 지방정부로 이양되었으나 기초와 광역자치단체 간의 역할분담이 불투명하고 지방정부 간 재정 및 행정능력의 차이가 문제점으로 부각되고 있다. 현재는 지방재정이 취약하여 지방정부의 사회복지서비스 재정의 92.7%가 국고 보조사업이며 자체사업은 7.3%에 불과하다.

기초와 광역자치단체의 역할은 기초자치단체가 주도적 역할을 하고 광역자치단체가 보조적 역할을 하여야 할 것이며 지방정부 간 재정 격차문제는 보조금과 교부금의 차별지원방법으로 해소해 나가야 할 것이다. 중앙정부는 지방정부의 재정지원뿐만 아니라 복지시설 및 종사자의 자격을 정하고 이를 관리하여 사회복지서비스의 질을 유지하는 역할을 하여야 할 것이다.

이와 같이 사회복지서비스의 공급자가 정부와 민간 그리고 중앙정부와 지방정부 등으로 다원화되면 다양한 복지수요와 복지서비스 공급자를 연결시키는 복지네트워크의 구축이 절대적으로 필요할 것이다. 이 역할을 중앙정부가 할 수도 있겠으나 정부가 이를 직접하기보다는 정부의 재정지원을 받은 민간단체가 이 기능을 대행하는 방법이 더 효과적일 것이다.

이런 취지로 정부는 국가복지정보시스템을 세 차례에 걸쳐 구축하여 이의 운영을 한국사회복지협의회에 위탁한 바 있다. 처음에는 장애인복지정보에서 시작하여 다음에는 노인복지와 아동복지 정보를 구축하여 수요자와 공급자에게 필요한 정보를 제공하고 이들을 연결시켜주는 역할을 하고 있다. 이러한 사업이 더욱 활성화되어 사회복지서비스체제의 효율성이 한층 극대화될 수 있도록 하여야 할 것이다.

제23장

흡수통일의 길[1)]

왜 흡수통일인가?

1990년 동독이 무너지면서 독일통일이 이루어지고 이어 한국이 소련, 중국 등 사회주의 진영 국가들과 외교관계를 수립하면서 한반도에서도 한국 주도의 흡수통일에 대한 기대감이 높아졌다. 특히, 1994년 김일성 주석이 사망하면서 국내외 북한전문가 대다수가 5년 이내 북한 김정일 정권이 붕괴될 것이라고 예측하였다.

김정일 정권의 조기붕괴를 주장한 근거는 북한이 경제적으로 심각한 어려움을 겪고 있으며 김일성의 사망으로 북한 권력 내부에 분열이 일어날 가능성이 높으나 김정일이 이를 수습할 능력이 없을 것이라는 판단에 근거를 두었다. 그러나 이러한 북한 김정일 정권의 조기붕괴론은 실현되지 않았다.

북한 김정일 정권은 1990년대 중반의 극심한 식량난에도 무너지지 않았고 2000년부터는 한국과 서방국가들의 도움으로 북한의 경제상황도 점차 개선되고 있다. 또한, 북한은 중국과 러시아와 여러 차례의 정상회담을 통해 과거의 동맹관계를 회복해 나가고 있고 최근에는 그 동안 적대적 관계를 유지해 온 미국과도 대화의 길을 열고 있다.

이와 같이 북한이 조기 붕괴론을 극복하고 세계화시대 초강대국인 미국의 집중적 비난 속에서도 정권을 유지하면서 핵무기를 담보로 '벼랑끝 외교'까지 전개하고 있는 것은, 1973년부터 후계자로 지명되어 '통치수업'을 받아 온 김정일의 정치능력이 조기 붕괴론을 주장한 전문가들의 예측과는 달리 나름대로 상당한 수준임을 보여준다고 할 수 있다.

김정일 정권이 조기에 붕괴할 것이라는 10년 전 예측이 빗나갔다고 해서 김정일 정권이 영구히 지속될 것이라고 생각하는 것은 잘못이다. 김정일 정권이 현재 표면적으로는 안정을 유지하고 있지만 내면적으로는 많은 체제 불안요인을 안고 있기 때문이다. 우선 북한이 현재 군사력에 의해 통치되고 있다는 사실 자체가 북한체제의 불안을 입증해 주는 것이다.

북한체제 변화의 연구는 1990년대 초부터 지속적으로 이루어져 왔다. 통일연구원은[2] 북한체제 변화에 영향을 주는 변수들을 선정하고 이를 계량화하여 북한체제 변화를 예측하고 있다. 이러한 연구의 결론은 다음과 같다. 우선, 비록 북한의 김정일 정권이 붕괴되지는 않았지만 정권의 안정을 나타내는 객관적 여건은 지난 10년 간 계속 악화되어 왔으며 이러한 상황은 앞으로도 계속될 가능성이 높다는 것이다.

또한 현재와 같은 상황이 지속된다고 하면 미래의 어느 시점에 이르면 북한 김정일 정권의 붕괴가 불가피해질 것이라는 사실이다. 물론 통일연구원의 조사가 북한 이탈주민을 대상으로 실시되었기 때문에 북한의 현실을 실제보다 더 나쁘게 볼 수 있는 가능성을 배제할 수 없으나 적어도 북한의 김정일 체제가 결코 안정적이라고 볼 수 없다는 사실은 이러한 연구를 통해 분명히 확인할 수 있다고 생각된다.

통일연구원 연구결과를 지수별로 살펴보면, 북한체제의 붕괴를 초래할 가능성이 높은 지수는 경제의 정상화, 체제응집력, 남한체제 동경 등인 것으로 나타나고 있다. 이 지수들 모두 2005년 또는 2006년에 붕괴가능성인 1미만의 수치를 보여주고 있다. 반면 주민 이동의 자유화와 김정일의 체제장악력 및 통제력 지수는 각각 2016년과 2018년에 붕괴수준을 나타내고 있고, 지도자와 주민의 변화의지와 경제자유화는 각각 2026년과 2052년에 붕괴 수준을 보여주고 있다. 따라서 한국의 대북정책도 북한 김정일 체제의 붕괴가 언제든 가능하다는 전제에서 수립되고 집행되어야 할 것이다.

햇볕정책이 궁극적으로 지향하고 있는 단계적 경제통합도 결국은 흡수통일이라고 할 수 있다. 경제통합의 최종목표가 현재 남한경제의 기본을 이루는 시장자본주의 체제이기 때문이다. 김대중 대통령의 3단계 통일방안도 3단계에서의 연방정부는 시장경제와 민주주의를 바탕으로 구성될 것이라는 점을 분명히 하고 있다. 따라서 단계적 통일방안은 흡수통일이 단계적으로 이루어짐을 의미한다고 할 수 있다.

정치체제가 다른 형태로 분단된 국가의 경우 통일은 예외 없이 한쪽이 다른 쪽의 체제를 흡수하는 형태로 이루어졌다. 독일과 예멘은 공산주의체제가 무너지고 민주주의 시장경제 체제로 통일이 이루어진 경우이며, 베트남은 시장경제 체제의 베트남이 무너지고 사회주의 경제체제로 통일된 경우였다.

　　한국도 북한의 사회주의 체제가 갑자기 붕괴되거나 상당기간에 걸쳐 시장경제로 전환되어 남북한이 시장경제 체제로 통합되든지 그렇지 않으면 남한의 시장경제 체제가 무너지고 북한의 사회주의 체제로 통일이 이루어지는 양자 중 하나가 될 것이다. 그러나 사회주의 체제가 무너지는 전세계적 추세와 남북한의 경제력 차이를 감안할 때 후자의 가능성은 매우 희박하기 때문에 한반도에서의 통일은 남한의 민주주의 시장경제 체제로 북한이 흡수되는 형태로 이루어질 수밖에 없는 것이다. 다만, 통일 시나리오에 따라 북한이 흡수통일되는 시기와 방법이 다를 뿐이다.

통일의 정치경제학

　　경제학 측면에서 통일분석은 통일비용과 편익을 계량화하여 이를 비교하는 데에서 시작된다. 독일통일이 이루어진 후 동독의 재건과 동독주민의 복지 증진을 위해 서독주민의 세금부담이 늘어나면서 한국 국민들의 통일비용에 대한 관심이 높아졌으며 사회일각에서 '개인의 희생이 수반된다고 하면 굳이 통일을 할 필요가 있는가'는 의구심마저 일어나고 있다.

한반도 통일이 이루어지는 경우 현실적으로 북한이 통일비용을 부담할 능력이 없기 때문에 통일비용은 '통일로 인해 남한이 부담해야 하는 경제적 비용'으로 인식될 수 있을 것이다. 통일비용 추계는 그 방법에 따라 큰 차이를 보이는 것이 사실이다. 예를 들어, 동서문제연구원은[3] 통일비용을 3,880억~8,418억 달러로 추정하고 있다. 또한, 한국개발연구원은[4] 통일비용을 통일 후 첫 5년 간은 남한 GDP의 8.7~11.3%, 그 후 5년 간은 GDP의 7.5%로 추계하고 있으며, 미국의 국제경제연구소(IIE)는[5] 통일비용 총액이 6천억 달러를 넘어 통일 후 10년 간 남한 GDP의 11% 수준에 달할 것으로 예측하고 있다.

이러한 통일비용에 대한 추계는 독일통일의 경우보다 상대적으로 높은 수준이다. 그 이유는 남북한 소득 격차가 동서독의 경우보다 훨씬 크기 때문이다. 현재 남북한 간 소득격차는 15배수에 이르고 있으나 통일 당시 서독의 소득수준은 동독보다 2~3배 높은 수준에 불과하였다. 경제적 비용 측면에서 한반도 통일이 독일통일보다 더 어려운 것은 바로 이런 이유에 기인하는 것이다.

이러한 연구결과를 종합해 볼 때 북한의 붕괴로 통일이 급속히 진행될 경우 통일 후 상당기간 남한 GDP의 최소 5% 이상을 통일비용으로 지출해야 한다는 것을 알 수 있다. 그러나 한반도 통일이 단계적 경제통합 과정을 통해 점진적으로 이루어진다고 하면 통일비용은 크게 감소할 수 있을 것이다. 북한 자체의 개혁·개방노력으로 통일 이전에 남북한 소득 격차가 크게 줄어들 수 있을 것이기 때문이다.

이와 같이 통일비용에 관한 연구는 비교적 활발히 전개된 반면, 통일로 인해 발생하는 경제적 그리고 비경제적 편익의 실증적 연구는 매우 미흡한 실정이다. 이는 통일편익을 정량화하는 것이 상대적으로 어렵기 때문이다. 한국개발연구원은[6] 통일이 이루어지는 경우 국방비 경감에 따른 경제적 효과만 해도 GDP의 2.4%에 이를 것으로 추정하고 있다. 미국의 IIE는 경제통합에 따른 생산성 증가 효과가 북한의 경우에는 GDP의 40~80%에 이르며 남북한 전체의 경우에도 GDP의 12% 수준이 될 것으로 추계하고 있다. 또한 동서문제연구원은 통일에 따른 편익규모가 통일비용의 세 배 정도가 될 것으로 예측하고 있다.

　통일 비용과 편익의 발생과정에서 중요한 것은 통일비용은 통일 후 10~15년의 일정기간 중에만 발생하나 통일편익은 통일 후 계속해서 발생하게 된다는 사실이다. 통일의 시기와 방법에 따라 통일비용이 달라지는 것은 사실이나 대체로 통일에 따른 경제적 이득이 경제적 비용을 상회할 것이라는 결론을 도출할 수 있을 것이다.

　또한, 통일방법에서도 북한이 점진적 개방을 하여 남북한 간 소득격차가 상당히 축소된 시점에서 통일이 이루어지는 것이 북한의 붕괴로 갑작스럽게 통일이 되는 경우보다 통일비용을 절약할 수 있다는 사실을 알 수 있다. 그러나 북한이 개혁·개방에 실패하여 남북한 간의 소득격차가 계속 확대되는 경우에는 통일시기가 늦춰질수록 통일비용이 증가하게 될 것이다.

　통일은 앞에서 지적된 경제적 이득 외에도 많은 비경제적 편익을 초래하게 될 것이다. 우선 통일은 한반도에서 전쟁 또는 무력 충돌의 위협을 해소시키고 통일된 한국의 국제적 위상 역시 크게 제고될 것이다. 또한, 북한지역에서 민주화가 이루어지면 북한주민의 인권이 크게 신장될 수 있을 것이고 이산가족문제 역시 원천적으로 해결될 것이다. 이러한 비경제적 편익을 감안할 때 한반도 통일은 반드시 성취되어야 할 민족적 과제임에 틀림없다. 따라서 통일비용이 과다하기 때문에 분단상태가 계속되는 것이 나을 것이라는 소극적이고 잘못된 시각은 시정되어야 할 것이다.

개혁 · 개방 시나리오

남북한이 단계적 경제통합을 추진하는 것은 통일비용을 최소화하고 통일에 따른 정치·사회적 갈등을 완화할 수 있다는 측면에서 최상의 통일시나리오라고 하겠다. 그런데 문제는 통일이 이러한 방법으로 이루어질 가능성이 매우 낮다는 사실이다.

무엇보다도 김정일과 북한 군부지도자들이 궁극적으로 남한의 민주주의 시장경제 체제로 북한이 흡수되는 통일방안을 받아들일 이유가 없다. 경제난 극복을 위해서는 이 방법밖에 없다는 논리를 전개할 수도 있겠으나 북한 인민들의 복지향상보다는 자신들의 신변안전을 우선시하는 김정일과 북한 권력자들의 성향으로 미루어 북한이 현정권의 붕괴를 초래하게 할 가능성이 높은 개혁·개방의 길을 선택할 가능성은 매우 낮다고 할 수 있다.

따라서 북한이 개혁·개방의 길로 가기 위해서는 북한 정치리더십의 교체가 불가피할 것으로 생각된다. 그러나 북한에서는 시민사회가 전혀 발달되어 있지 않고 노동자들의 조직도 자율성이 결여되어 있다. 따라서 북한에서 정치리더십의 교체는 동독이나 다른 동유럽국가에서와 같이 시민들이나 노동자들의 집단적 행동보다는 정치엘리트 계층 일부의 반란에 의해서만 이루어질 수 있을 것이다.

그 첫 번째 대상으로 김일성 사망 이후 북한의 김정일 체제를 실제로 유지하고 있는 군부를 생각해 볼 수 있다. 그러나 북한에서 군부 쿠데타가 발생할 가능성은 그리 높지 않다는 것이 전문가들의 공통된 견해이다. 이대근은[7] 선군정치로 북한에서 군의 상징적 역할은 크게 증가한 것이 사실이나 정치적 영향력이 함께 증가하지는 않았으며 북한에서 주요 정책과 노선은 김정일과 당의 권한에 속한다고 주장하고 있다.

다시 말해 북한 군부는 민중소요 사태가 발생했을 때 이를 진압하는 역할은 담당할 것이나 김정일 체제에 도전하지는 못할 것이라는 이야기이다. 그러나 당이 개혁과 개방의 노선을 선택하면 군부는 그 노선을 충실히 따를 것이며 체제전환기에서 당이 지도력을 상실하고 분열이 되면 위기수습과정에서 군이 일정한 역할을 담당할 수 있을 것이라고 한다.

김정일은 집권 후 지난 10년 간 군사주의와 경제적 실용주의를 동시에 추구하는 이중전략을 구사하여 왔다. 군사주의로 북한 내부안정을 추구하면서 경제적 실용주의로 당면한 경제난을 극복해 보려는 것이다. 이 과정에서 군부는 전자를 그리고 근로인텔리와 전문엘리트는 후자를 대표한다고 할 수 있다.

김정일은 1998년 7월의 최고인민회의에서 대대적인 세대교체를 단행하여 50~60대의 신진인사들을 대거 내각에 등용하였고, 대의원의 60% 이상을 혁명 2세대를 상징하는 새 인물로 교체하였다. 이와 동시에 김정일은 군 인사들의 당내 서열을 높여주고 선군정치를 강조하고 있다. 실용주의와 군사주의의 균형이 철저히 유지되고 있는 것이다.

이러한 사실은 김정일이 정권을 쥐고 있는 한 북한 내부요인이 아니라 외부요인에 의해서만 북한체제가 무너질 수 있음을 시사해 주고 있다.

현상유지 시나리오

이 시나리오는 북한이 본격적인 개혁·개방을 하지 않으면서 현체제를 유지하는 것을 의미하며 이는 현재 김정일 정권이 가장 바라는 시나리오이다. 또한 북한이 본격적인 개혁·개방을 할 가능성이 낮으며 북한체제가 내부도전이나 외부의 무력사용으로 붕괴되기도 쉽지 않다는 측면에서 앞으로 상당기간 실현가능성이 가장 높은 시나리오라고 할 수도 있다.

그러나 이 시나리오는 통일비용 측면에서 가장 비효율적인 것이기도 하다. 북한이 개혁·개방을 지연시킴으로써 남북한 간 경제력 격차는 더욱 확대될 것이기 때문이다. 또한 북한의 군사주의가 지속되어 한반도에서 군사적 긴장이 고조되는 것이 바로 이 시나리오이기도 하다.

사회주의 경제전문가들은 북한이 동유럽의 루마니아의 길을 가고 있다는 지적을 하고 있다. 북한과 루마니아는 공통점이 많다. 우선 두 나라 모두 정치지도자의 카리스마에 의해 철권정치를 했으며 가족중심의 권력행사를 했다는 것이다. 북한과 루마니아 모두 대외적으로 독자적인 외교노선을 유지하였다. 경제정책에서는 북한과 루마니아 모두 중공업을 집중육성했으며 중앙집권적 기획경제 체제를 견지했다. 두 나라 모두 중공업 투자확대를 위해 외자 유치를 했고 경제난으로 외채상환이 어려운 상황에 봉착하게 되었다.

루마니아의 첫 번째 교훈은 심각한 경제난은 차우세스쿠 같은 독재정권도 결국은 붕괴시키고 만다는 것이다. 이는 1990년대 최고조에 달했던 북한의 경제난이 한국 등 외부의 지원 없이 장기화되었다고 하면 북한의 김정일 정권도 붕괴되었을 가능성을 배제할 수 없음을 보여주고 있다. 루마니아의 두 번째 교훈은 경제구조의 왜곡이 심한 경우 시장경제로의 체제 전환이 매우 어렵다는 것이며 특히 이 과정에서 정치적 안정이 이루어지지 않으면 경제개혁의 성공 역시 기대할 수 없다. 이는 북한에서 김정일 정권이 붕괴되어 좀 더 개혁적인 사고를 지닌 정치세력이 정권을 장악한다고 해도 정치안정이 이루어지지 않으면 개혁조치가 성공을 거두기 어려울 것이라는 전망을 가능하게 한다.

북한체제 붕괴 시나리오

이 시나리오는 동독과 같이 북한 공산주의 체제가 붕괴되어 남한으로 흡수통일되는 것을 의미한다. 북한의 김정일 정권이 지난 10년 간 심각한 경제난에도 불구하고 정권을 유지했다고 해서 앞으로도 무너지지 않고 생존을 계속할 것이라는 보장은 없다. 북한체제가 결국은 붕괴할 것이라는 주장은 다음과 같은 이유에 근거하고 있다.

우선, 한국 등 외부의 지원에도 불구하고 북한의 경제난은 지속될 것이라는 사실을 지적할 수 있다. 이제까지 자기 스스로 발전하려는 노력 없이 외부의 인도주의적 지원만으로 경제발전에 성공한 나라는 없다. 세계화시대에 북한이 경제발전에 성공할 수 있는 유일한 방법은 시장경제로의 체제전환과 개방을 북한 스스로 과감히 추진하는 것이다. 그러나 북한은 이러한 조치들은 체제붕괴의 위험이 있기 때문에 채택을 꺼리고 있으며 이러한 상황에서 북한의 경제상황이 크게 호전되리라는 것을 기대하는 것은 불가능한 일이다. 결국, 북한은 경제난에서 벗어날 수 없을 것이며 이는 사회불안을 야기하여 궁극적으로 체제붕괴로 이어질 가능성이 높은 것이다.

설령 북한이 개혁·개방의 길을 선택한다고 해도 북한체제가 붕괴될 가능성이 높다. 루마니아 등 동유럽 국가들의 경험은 시장경제로의 체제전환이 얼마나 어려운 과제인가를 잘 보여주고 있으며 그 과정에서 정치·사회적 혼란이 야기될 수 있음을 알 수 있다. 체제의 경쟁상대가 없는 경우에는 체제 전환과정에서 발생하는 어려움이 정권의 붕괴로 연결되지 않을 수도 있으나 북한과 같이 남한이라는 체제 경쟁상대가 존재하는 경우 정치·사회적 혼란은 독일에서와 같이 북한 체제붕괴와 흡수통일로 이어질 가능성이 높은 것이다.

결국 북한은 개혁·개방을 안 하면 경제난으로 무너지고, 정치·

사회 불안정으로 붕괴되는 '이길 수 없는 상황(no-win situation)'에 처해 있다고 할 수 있다. 햇볕정책이 추진되면서 한국사회에는 북한이 붕괴하지 않을 것이며 붕괴하는 것이 바람직하지 않다는 인식이 만연하고 있다. 그러나 이는 분명히 잘못된 상황인식이라고 할 수 있다.

이미 지적한 대로 북한의 공산주의 체제는 붕괴될 수밖에 없는 것이 작금의 국내외 여건이며 체제의 성격이 변하지 않는 한 현재의 북한정권은 한반도에서 군사적 긴장상태를 조장하고 한국의 안위를 위태롭게 하며 한국내부의 사회갈등을 심화시킬 것이다. 또한 통일비용 측면에서도 어차피 치러야 할 일이라면 현재의 분단상태가 지속되어 남북한 간 소득격차가 더욱 벌어지고 사회·문화 등의 부문에서 동질성 훼손이 심화되는 것을 조기에 막는 것이 바람직하다고 할 수 있을 것이다.

독일 통일의 교훈

독일의 통일경험은 우리에게 많은 것을 시사해 주고 있다. 독일 통일의 첫 번째 교훈은 통일의 기회가 왔을 때 이를 놓치지 않고 잡아야 한다는 것이다. 역사의 우연적 사건이었던 한반도 분단과는 달리 독일의 분단은 통일독일을 두려워한 제2차 세계대전 승전국들의 정치적 계산에 의해 이루어졌기 때문에 베를린 장벽이 무너지고 호네커가 실각을 했어도 통일이 쉽게 이루어질 것으로 생각한 사람은 별로 없었다. 그러나 서독의 콜 총리는 조기통일론을 강하게 밀어붙였다.

독일 통일의 두 번째 교훈은 공산주의 체제가 한번 붕괴되기 시작하면 그 속도는 걷잡을 수 없이 빨리 진전되며 주민들 스스로가 점진적 통일보다는 조기통일을 강력히 희망한다는 사실이다. 독일통일의 세 번째 교훈은 브란트 총리의 '접촉을 통한 변화'를 지향하는 '신동방정책'이 독일통일에 견인차 역할을 했다는 일반적인 인식과는 달리 동독의 붕괴는 소련의 변화에 기인하는 바가 컸다는 점이다.

독일통일의 네 번째 교훈은 통일비용이 만만치 않은 것이 사실이나 통일에 따른 각종 편익이 통일비용을 훨씬 상회한다는 것이다. 독일통일은 국제적으로 독일의 위상을 크게 제고하는 역할을 하였다. 통일 후 독일은 경제적으로는 물론 정치적으로도 유럽 전체를 이끌어 가는 핵심적 역할을 담당하고 있다.

독일통일의 다섯 번째 교훈은 통일에 대비한 준비를 철저히 하고 통일 후 통합과정에서 시행착오를 최소화하면 통일비용을 상당히 절감할 수 있다는 것이다. 통일준비나 통일 후 통합과정을 비교적 성공리에 마무리 했다는 평가를 받고 있는 독일도 많은 시행착오를 하여 통일비용을 확대시키고 통합과정의 효율성을 저하시키는 결과를 초래하였다. 우선 서독정부는 통일 전 동독의 경제상황을 정확히 진단하지 못했고 통일 후 경제통합의 전망도 지나친 낙관론으로 일관하였다.

통일 후 경제통합 과정에서도 정치적 이유로 동독 근로자의 임금 수준을 너무 높게 책정하여 동독경제의 국제경쟁력을 상실케 했으며 과다한 사회복지비 지출을 불가피하게 하였다. 이는 높은 임금을 요구하는 동독 근로자들의 요구를 들어주면서 통일로 인한 일자리의 감소를 걱정하는 서독 근로자들의 희망도 받아주는 정치적 선택이었으나 경제적으로는 동독경제의 침체와 이로 인한 사회복지비 증가를 초래한 것이다.

독일에서 통일비용이 많이 소요된 또 하나의 이유는 통일 전 서독이 상당한 수준의 사회보장체계를 갖추고 있었으며 통일 후에도 이러한 제도가 동독주민에게 그대로 적용되었기 때문이다. 그 결과 통일비용의 60% 정도가 동독의 경제개발을 위한 투자가 아니라 사회복지비 형태로 사용되었다. 이러한 독일의 경험은 한반도에서 통일이 이루어지는 경우에 좋은 교훈이 될 수 있을 것이다.

북한의 급변사태에 대한 대응전략

북한이 개방을 해도 망하고 하지 않아도 망한다고 생각하면 북한의 급변사태에 대응전략을 마련하는 것은 무엇보다도 시급한 정책과제임에 틀림없다. 그럼에도 불구하고 한국정부는 김대중 정권 출범 이후 햇볕정책을 추진하기 시작하면서 북한의 급변사태의 논의 자체를 금기시해왔던 것이 사실이다. 그 이유는 이러한 논의로 인해 북한 김정일 정권을 자극해서는 안 된다는 것이었다.

심지어는 북한의 급변사태에 대비한 한미 양국의 군사적 대비책인 '작전계획 5029'를 2003년 말 미국의 제의로 국방부 차원에서 계획수립에 착수하였으나 2005년 4월 한국의 국가안전보장회의가 미국과의 협의를 중단할 것을 국방부에 지시하였다. 다행히 2006년 6월 한미 양국이 이를 작전계획이 아니라 개념계획 수준에서 보완하기로 합의하였으나 한국 정부가 북한의 급변사태에 얼마나 안이한 태도로 일관하고 있는가를 잘 알 수 있다.

최근 김정일 위원장의 건강에 적신호가 켜졌다는 외신보도가 부각되면서 북한의 급변사태는 새로운 현안이 되고 있다. 2007년 8월 일본의 시사주간지 『주간현대』는 "김정일이 심근경색을 일으켜 북한 당국이 독일에서 비밀리에 의사를 초빙해 5월 초에 수술을 했다"고 보도한 바 있으며 9월 3일 중국 외교부장과 면담에서 "김 위원장은 머리카락이 많이 빠지고 눈에 띠게 수척해진 모습이었다"라는 외신보도도 있었다. 또한, 2007년 상반기 김정일 위원장의 공개활동 횟수도 전년에 비해 절반 이하인 것으로 언론들은 보도하고 있다. 최근 남북정상회담에서 비쳐진 김정일 위원장의 모습 역시 건강에 이상이 있는 것으로 보인다는 것이 많은 사람들의 공통된 의견이었다.

우선, 북한 급변사태의 유형으로 첫째, 김정일 위원장의 자연사 또는 암살로 인한 급변사태를 생각해 볼 수 있으며; 둘째 극좌 군부 또는 개혁세력에 의한 쿠데타가 발생하는 것이며, 셋째 내부로부터 변화요구가 급증하여 주민봉기가 일어나는 경우로 상정해 볼 수 있을 것이다. 현재 김정일 위원장이 군부를 확실히 장악하고 있으며 군부가 북한사회를 통제하고 있는 상황에서 두 번째와 세 번째 이유로 인한 급변사태의 가능성은 현실적으로 낮다고 보아야 할 것이다. 결국, 김정일 위원장의 자연사 또는 암살로 인한 급변사태 가능성이 가장 높다는 것이 전문가들의 공통된 의견이다.[8]

북한에서 급변사태가 발생하였을 경우 중요한 고려사항은 국제법 상의 문제이다. 현재 남한과 북한은 각각 UN가입국이기 때문에 국제 법상 별개 국가라는 것이 전문가의 의견이다.[9] 따라서 북한에 급변사 태가 발생하여 군사적 개입이 불가피한 경우 국군의 단독개입은 사실 상 불가능할 것으로 생각된다. 중국은 물론 미국도 이에 찬성하지 않 을 것이기 때문이다. 다음으로 한미연합에 의한 군사개입을 상정할 수 있으나 이 경우 중국이 강력히 반대할 것이고 필요하면 국경지역을 중 심으로 중국도 군사적 개입을 시도함으로써 한미연합군과 무력충돌의 가능성도 배제할 수 없을 것이다. 결국, 국제사회의 공동개입이 가장 현실적인 방안으로 그 형태는 UN평화군이 될 가능성이 많다.

UN평화군에 의한 군사적 개입은 여러 가지 장점이 있다고 생각된 다. 우선, 미국과 중국 등 주변강대국 간 갈등이 발생하는 것을 막을 수 있다는 것이다. 이에 더해, UN 평화군은 북한 붕괴시 재건비용을 국제사회가 분담하게 하는 부수적인 효과가 있을 것으로 판단된다.

현재 북한핵이 단순히 한국과 미국의 관심사가 아니고 6자회담에 참여하는 중국, 일본, 러시아 모두의 관심사가 되었고 북한 핵실험의 대북제재도 UN안전보장이사회를 통해 이루어졌기 때문에 북한 문제 는 이미 국제사회 문제로 부상되었다. 그렇기 때문에 북한의 급변사태 에 대해서도 UN 차원의 대응이 바람직하며 이는 주변 강대국 간 분쟁 소지를 줄임은 물론이고 통일비용의 상당부분을 국제사회가 부담하는 실익을 한국에게 줄 수 있는 것이다.

UN평화군의 개입으로 급변사태 발생 직후 야기될 수 있는 혼란상태가 진정되면 북한을 UN 신탁통치 형태로 관리하는 것이 바람직하다고 생각된다. 이는 통일비용을 국제사회가 분담한다는 이점 이외에도 갑작스러운 남북통합으로 인한 경제·사회적 혼란을 최소화할 수 있다는 부수효과가 있기 때문이다.

급변사태가 발생하면 북한은 식량과 생필품 부족에 따른 초인플레이션 발생 등 심각한 경제난에 봉착할 것으로 분석되고 있다.[10] 남한 역시 예금인출, 외환불법유출 등 경제적 불안정을 경험할 수 있기 때문에 이의 적절한 대비책이 필요하다.

이를 위해서는 무엇보다도 신속한 대북 식량 및 생필품 지원을 통해 북한 주민의 생존을 보장해주는 것이 시급할 것이다. 또한, 북한 난민 발생의 최소화를 위해 임시조치법 또는 긴급명령을 발동하는 등의 비상대책이 마련되어야 할 것이다. 이와 아울러 북한경제 재건을 위한 단기 및 중장기대책을 조기에 확정하여 추진하여야 할 것이다. 앞에서 언급한 바와 같이 북한이 UN 신탁통치 형태로 관리된다면 이러한 계획은 UN의 이름으로 국제사회가 공동으로 마련하여 집행하는 형태가 될 것이다.

급변사태가 발생하면 북한은 사회적으로도 큰 혼란상태가 될 것으로 생각된다. 사회적 혼란을 막기 위해서는 무엇보다도 경제적 안정을 조속히 이루어야 할 것이다. 탈북자의 사례를 보더라도 경제적으로 안정될 경우 사회적 적응이 비교적 순탄하나 그렇지 못하면 사회적 문제가 더욱 심각해질 수 있다는 것을 잘 알 수 있다.

급변사태가 발생하는 경우 더욱 장기적인 시각에서 북한사회의 변화를 유도하는 노력을 경주해야 한다는 것이 전문가들의 공통된 의견이다.[11] 예를 들어, 북한의 대안으로 남한 인식시키기를 유도하면서 대사면 선언 등으로 북한 간부를 회유하는 방안도 검토될 수 있을 것이다. 또한, 남한 국민들에게는 북한의 급변사태가 바로 통일로 이어지지는 않는다는 점을 설명하고 통일이 단기적으로는 혼란을 야기해도 중장기적으로는 경제도약의 새로운 돌파구가 될 수 있음을 인식시켜야 할 것이다.

통일 후 통합전략

경제통합은 통일 후 통합전략의 핵심이 되고 있다. 그 이유는 경제통합이 성공적으로 이루어져야 통일비용을 줄이고 통일편익을 극대화할 수 있으며 성공적 경제통합은 통일 후 정치·사회적 안정을 이루는데 필수조건이 되기 때문이다. 경제통합을 위한 구체적인 대책마련에 독일통일의 경험은 매우 소중한 자료가 되고 있다. 우리는 독일의 경험을 통해 시행착오를 최소화할 수 있는 경제통합 방안을 수립할 수 있을 것이다.

경제통합의 핵심적인 정책과제는 북한경제의 사유화, 통화 및 금융제도의 통합 그리고 북한 주민의 인구이동문제로 요약될 수 있다. 한반도 통일시 경제통합의 연구가 많았으나 여기서는 한국개발연구원의 연구결과와[12] 독일통일의 경험을 중심으로 핵심과제에 대한 입장을 정리해 보기로 한다.

북한경제를 사유화하는 데 기본적인 고려사항은 통합 후 북한주민의 기초생계와 경제활동이 보장되어야 한다는 형평논리와 시장기능이 작동되어 효율적 자원배분이 이루어져야 한다는 경제효율 논리가 적절한 조화를 이루는 것이다. 이런 차원에서 폴란드, 체코, 헝거리 등 동유럽 국가들이 사유화과정에 사용한 바우처 분배방식을 사용하는 것이 타당할 것이다. 한국개발연구원은 가족별 점수제에 의한 무상분배원칙에 의해 바우처를 분배할 것을 제안하고 있다.

사유화과정에서 쟁점이 되는 사항은 원소유자의 보상문제이다. 독일의 경우 원소유자의 권리를 인정하였고 이는 사유화 과정을 지연시키고 통일비용을 높이는 결과를 초래하였다. 따라서 통일이 이루어지는 시점에서 특별법 제정 또는 대통령 긴급명령권 발동을 통해 원소유자의 권리를 인정하지 않는 원칙을 조기에 한층 분명히 해 두어야 할 것이다.

통일이 되면 북한기업들의 기존부채를 모두 탕감해 주어 사회주의 체제에서 누적된 경영적자가 통일 후 새로운 시장환경에서 북한기업들이 경쟁하는 데 제약요인이 되지 않도록 해 주어야 할 것이다. 기업들의 민영화가 추진되는 경우 자본은 넉넉지 않으나 북한 사정을 잘 아는 북한 출신 기업인의 기업인수를 지원하는 제도적 장치도 아울러 마련되어야 할 것이다.

북한경제의 사유화 못지않게 중요한 과제는 남북한 간 통화와 금융제도를 통합하는 것이 될 것이다. 통화통합이 이루어지는 경우 핵심 결정사항은 전환비율을 결정하는 것이다. 남북한 통합의 경우 기준화

폐는 당연히 남한의 원화가 될 것이며 북한 원화의 교환비율은 공정환율보다는 북한의 적정통화량을 추정하여 이러한 통화수요를 충족시켜줄 수 있는 수준에서 결정되어야 할 것이다. 금융제도의 통합은 대체로 한국은행을 포함한 남한의 금융기관이 업무영역을 북한으로 확대하는 방법으로 이루어져야 할 것이다. 이는 남한의 금융제도와 관행이 북한경제에 그대로 적용되는 것을 의미한다.

한반도 통일시 또 하나의 중요한 정책과제는 북한주민의 인구이동 대책을 세우는 것이다. 남북한 간의 현격한 소득 및 생활수준 격차를 감안할 때 통일이 급격히 이루어지는 경우 북한 주민의 대규모 남한 이주가 이루어질 가능성이 높다. 인구이동 문제의 근본적인 대책은 북한지역 근로자의 생산성을 향상시키고 북한지역에 투자를 확대하여 북한 근로자의 임금수준이 저절로 남한지역과 비슷한 수준까지 높아지도록 하는 것이나 이의 실현을 위해서는 상당한 시간이 필요하다는 것이 문제이다.

결국 통일이 되면 임금결정은 시장기능에 일임하고 이에 따른 북한주민의 이동문제도 정부 차원의 인위적인 개입을 최소화하는 것이 최상의 정책선택이라고 생각한다. 북한지역에서 임금수준이 낮게 결정되어 대규모 인구이동이 일어난다고 하면 이를 있는 그대로 받아들여야 하며 그 결과로 발생할 남한지역에서의 임금 하락현상도 당연히 수용해야 할 것이다. 이는 단기적으로 남한주민에게 고통이 될 것이다. 그러나 임금의 하락은 한국경제의 국제경쟁력을 높여주는 계기가 되어 시간이 경과하면서 통일로 인한 경제적 편익을 국민 모두가 느낄 수 있는 계기가 될 것이다.

한반도 통일시 대두되는 또 하나의 문제는 사회보장제도의 통합이다. 이 문제를 한국개발연구원은 전체적인 일괄통합보다 부분적이고 단계적인 통합을 건의하고 있다. 이는 우선적으로 남한의 공적부조제도를 북한에 적용하여 북한 주민의 최저생활을 보장하고 의료보험이나 연금제도를 점차적으로 통합하자는 제안이다.

한반도 통일시 정치통합은 남북한 총선거 실시로 이루어지게 될 것이다. 그 결과를 예측할 수는 없으나 독일의 경우와 같이 북한체제 붕괴로 흡수통일이 이루어진다고 하면 남한의 주요 정당들이 북한에서 후보를 공천할 것이고 그 과정에서 북한의 공산당은 군소정당으로 전락할 가능성이 높다.

정치통합과정에서 어려운 문제는 북한 내에서 반대파의 인권유린 행위를 자행하고 한국전쟁은 물론, 아웅산 폭파사건, KAL기 격추사건 등의 대남 무력행동을 주도한 인사들의 처벌이 될 것이다. 한반도 통일시에도 독일에서와 같은 조치들이 취해져야 할 것이다. 특히, 지난 50년 간 북한 정권의 비인륜적 행위의 규모와 정도가 구 동독정권을 훨씬 능가한 것으로 판단되기 때문에 이 문제는 어떤 형태로든 정리되고 넘어가야 할 것이다.

통일 후 국민통합을 이룬다는 측면에서 관련자의 처벌은 책임자 수준으로 가급적 최소화되고 단순 가담자는 당시의 '불가피성'을 감안하여 관용이 베풀어져야 할 것이다. 통일과정에서의 무력충돌을 막기 위해 상황에 따라 김정일 등 북한 통치수뇌부의 중국 망명 등을 허용하는 방안도 고려될 수 있을 것이다.

　한반도 통일시 북한의 중앙정부 조직은 해체되고 남한의 행정부가 그 업무영역을 북한까지 확대해야 할 것이다. 지방행정은 가급적 기존의 북한 행정관리 인력을 유지하되 남한 행정조직과의 유기적 연대제고를 위해 고위직에는 행정경험이 풍부한 남한인력의 배치가 불가피할 것이다.

　사회통합의 핵심은 교육부문이다. 한반도 통일이 이루어지면 공산주의 사상과 주체사상을 강조하는 북한의 교육과정은 전면수정이 불가피할 것이다. 북한의 교육 역시 철저히 체제의 유지수단으로 활용되어 왔기 때문에 대수술이 불가피할 것이다. 개편방향은 당연히 남한의 교육체계와 학습내용을 북한교육 시스템에 반영하는 것이 될 것이다.

제24장

시장경제시대를 여는 리더십[1]

정치시대에서 경제시대로

건국 후 지난 60년 간을 되돌아보면, 이승만 정권과 장면 정권시기는 정치시대로 그리고 박정희 정권과 전두환 정권시기는 경제시대였다고 특징지을 수 있으며 민주화 이후의 정권들은 거의 모두 정치시대에 속한다고 할 수 있을 것이다. 국정운영의 우선순위가 경제에 집중되었던 경제시대에는 경제가 눈부신 발전을 한 반면, 경제가 정치현안 때문에 뒷전으로 밀렸던 정치시대의 경제는 정체 또는 퇴보의 길을 걸었음을 잘 알 수 있다.

전세계가 정치시대에서 경제시대로 옮겨가고 있는데 한국은 1987년 민주화를 전환점으로 경제시대에서 정치시대로 가고 있는 것이다.

그렇기 때문에 한국 상품은 경쟁력을 잃어 국제시장에서 점유율이 계속 하락하고 있고 한국경제에 대한 대외신인도 역시 지속적으로 떨어지고 있는 것이다. 우리는 이미 치욕적인 외환위기를 경험하였으며 현재와 같은 상황이 계속되면 이러한 것이 반복되지 않으리라는 보장이 없다. 1997년에 경험한 대로 디지털시대의 경제위기는 디지털 스피드로 발생하기 때문에 우리는 한시도 마음을 놓을 수 없는 상태이다.

따라서 현시점에서 정치권의 가장 시급한 과제는 민주화 이후 지속되고 있는 정치시대를 넘어 우리도 세계화 추세에 맞추어 경제시대로 가는 것이다.

민주화 이후 한국정치가 경제를 외면하는 정치시대에서 벗어나지 못하는 이유는 정치권이 과거의 문제로 갑론을박하면서 서로 '헐뜯기' 경쟁에 몰두하고 있기 때문이다. 이러한 과정에서 여·야 정치권은 각자 생존을 위한 치열한 투쟁을 하게 되었고 공격 당한 세력은 상대방의 약점을 들추어내 반격함으로써 정치권의 공방은 더욱 치열해져 왔다.

우리는 아일랜드로부터 화합과 상생의 정치를 배워야 한다. 아일랜드는 오랫동안 극렬한 노조투쟁과 경제침체의 악순환에서 허덕이고 있었으나 1987년 제1야당 당수 앨런 듀크스가 대폭적인 재정지출 삭감계획을 담고 있는 집권당의 예산안에 전폭적인 지지를 한 이른바 '탈라전략'이라는 연설을 하여 노·사·정 간 사회연대의 분위기를 조성하였다.

그 결과 아일랜드 경제는 고도성장의 길로 접어들었다. 1988년 국민소득 1만 달러에서 1997년 2만 달러를 돌파하였고 2002년 3만 달러에 달하여 영국을 제치고 서유럽에서 가장 잘 사는 나라 대열에 합류하게 된 것이다. 아일랜드 사례는 국민소득 1만 달러의 늪에서 벗어나지 못하고 있는 우리에게 좋은 교훈이 아닐 수 없다.

경제시대를 여는 정치가 이루어지기 위해서는 정치권의 다수가 세계화시대에 부응하는 경제철학을 공유하고 있어야 할 것이다. 특히, 진보세력이 집권하여 국회에서 다수의석까지 확보하는 경우 이들의 경제철학이 세계화 시대의 개방정책과 시장원리에 역행하는 것이라면 경제발전은 기대하기 어렵기 때문이다.

세계화시대를 맞아 세계 각국의 좌파 정치세력은 집권을 하면서 자신들의 경제철학을 수정하는 경우가 많아지고 있다. 현재 영국의 노동당이 대표적인 경우로 블레어 내각은 종래의 진보적 노동당 정책노선을 상당부문 수정하여 시장친화적이며 친(親)기업적인 경제정책을 추진함으로써 기업으로부터도 상당한 호감을 얻은 바 있다. 브라질의 룰라 대통령도 좌파정당을 대표하여 선거에 승리하였으나 집권 후에는 보수적 인사들을 경제장관과 중앙은행 총재에 임명하고 시장친화적인 경제정책을 추진함으로써 IMF 등 국제 금융기구로부터 긍정적인 평가를 받았다.

경제시대를 여는 정치지도자

경제시대를 열어 경제발전에 성공하기 위해서는 뛰어난 정치지도자의 역할이 반드시 필요하다. 제2차 세계대전 후 '라인강의 기적'을 일으킨 독일이 그 대표적인 사례라고 할 수 있다. 라인강 기적의 주역은 아데나워 총리와 에르하르트 경제장관이었다. 아데나워 총리는 민족주의를 포기한다는 이유로 독일의 총리가 아니고 '연합국의 총리'라는 비난까지 받으면서도 친서방 외교노선과 시장경제정책 기조를 고수하였고 유럽통합도 적극적으로 추진하였다. 에르하르트 장관은 화폐금융 질서의 안정을 최우선으로 하면서 자유주의 경제정책을 통해 기업하기 좋은 환경을 만드는 데 정책의 역점을 두었다.

제2차 세계대전의 또 다른 패전국인 일본 역시 1950년대 요시다 총리와 1960년대 이케다 총리의 경제우선 정책에 힘입어 세계 제2의 경제대국으로 발전하였다. 요시다 수상은 전후 일본의 기본적인 정책 노선을 경제성장에 두었고 안보는 미국에 의존하였다. 또한, 1955년 보수진영의 자유당과 민주당이 합당하여 자유민주당을 결성하여 1993년까지 장기집권하여 보수세력이 주도하는 정치적 안정을 이룩하였다는 사실 역시 전후 경제발전에 밑거름이 되었다. 1960년 집권한 이케다 총리는 '정치의 시대를 경제의 시대로'라는 슬로건을 내세워 경제우선 정책을 가속화하여 일본 역사상 경제기적을 이룬 지도자로 평가받게 되었다.

싱가포르 역시 정치지도자의 확고한 정치철학과 신념으로 정치안정과 눈부신 경제발전을 이룩한 대표적인 사례라 할 수 있다. 리콴유 총리는 31년 간 장기집권하면서 싱가포르를 완전히 개방된 아시아의 물류 및 비즈니스 중심지로 만들었다. 리콴유 총리는 자신의 노동활동 경력을 100% 활용하여 일찍이 노사안정을 이루는 데 성공하였고 경제는 완전개방하여 다국적기업의 투자를 장려하였다.

중국을 개혁과 개방의 길로 이끌어 오늘날 경제대국으로 급부상하게 한 것은 전적으로 덩샤오핑의 공로라고 할 수 있다. 세 번이나 실각하였다가 1977년 권력의 중심에 서게 된 그는 "개혁·개방을 추진하되 사회주의 체제가 붕괴되는 것은 용납하지 못 한다"는 온건적 개혁노선을 분명히 함으로써 정치적 안정 속에서 경제개혁과 개방을 추진하는 데 성공하였다.

그는 자신을 정치적으로 탄압하고 중국경제를 파탄으로 몰아넣은 마오쩌둥 주석을 국가영웅으로 대접하여 시신도 수도 한복판에 안치해 놓으면서, 자신은 몸을 낮추어 처신하였고 자신의 시신은 화장하여 홍콩 앞바다에 뿌리게 하였다. 또한, 실사구시의 외교전략을 구사하여 미국과도 협조적인 외교관계를 유지하여 중국을 다국적 기업들이 가장 선호하는 투자지역으로 만들어 놓았다. 그의 혜안이 중국의 운명을 바꾸어 놓은 것이다.

영국의 대처는 1959년 국회의원이 되면서부터 정부의 과도한 개입주의와 복지정책을 비판하면서 기업활동의 자유를 주장하였다. 1979년 영국 최초의 여성총리가 되면서 대처는 인플레이션을 해소하고 탄광노조를 굴복시켰으며 감세, 정부지출 삭감 등의 정책을 추진하여 이른바 '영국병'을 치료하는 데 성공하였다. 대처는 11년 간 총리로 보수당 정부를 이끌어오면서 미국의 레이건 대통령과 함께 강력한 반공(反共)노선을 견지함으로써 소련으로부터 '철의 여인'이라는 말을 듣기도 하였고 공산주의와의 냉전을 승리로 이끄는 데 선봉장 역할을 하였다.

미국의 레이건 대통령은 소련이 군비(軍備)경쟁에서 미국을 이길 수 없다는 신념으로 '별들의 전쟁(Star Wars)' 등 강력한 군비증강 정책을 강행하여 소련을 군축협상에 나오게 하였고 궁극적으로 냉전을 종식시켰다. 그 결과 세계화 추세는 더욱 가속화되었고 전세계는 정치시대에서 경제시대로 전환되게 되었다.

변화를 선도하는 정치지도자의 덕목

이러한 외국사례를 통해 얻을 수 있는 교훈은 사회계층 간 갈등이 부각되고 경제 등 민생문제가 뒷전으로 밀리는 정치시대를 넘어 정치안정을 바탕으로 경제발전이 이루어지는 경제시대로 가기 위해서는 정치지도자의 역할이 매우 중요하다는 것이다. 이러한 사실은 건국 후 한국의 경험을 통해서도 확인할 수 있다. 대통령이 국정운영의 최우선순위를 경제문제 해결에 두고 강력한 정치력을 발휘하였을 때 한국경제는 눈부신 성과를 올린 반면 대통령의 국정운영 우선순위가 경제보다는 정치에 있었을 때 경제는 정체 또는 뒷걸음질 쳤다.

시장경제시대를 성공적으로 선도한 정치지도자들의 공통점은 국가장래에 분명한 비전을 갖고 이를 구현시키려는 노력을 지속적으로 하였다는 점이다. 그래서 앞에서 지적한 정치지도자의 여러 가지 덕목 중 경제시대에 가장 필요한 것은 미래의 비전이라고 생각된다. 성공적으로 시장경제시대를 선도한 정치지도자의 또 하나의 특징은 초강대국인 미국의 경우를 제외하고는 모두 실용주의 외교노선을 선택하였다는 점이다. 독일, 일본, 중국과 같은 강대국도 실용주의 외교노선으로 국력을 경제에 집중하는 현실에서 한국의 선택은 자명하다고 생각한다. 실리에 기초하여 기존의 한·미동맹 관계를 지속적으로 유지하면서 동북아의 강대국인 중국과 일본과도 긴밀한 경제협력을 바탕으로 우호적인 외교관계를 발전시켜 나가는 것이다.

　시장경제시대를 선도한 정치지도자 모두가 확고한 대외지향적 시장경제 철학을 소유하고 있다. 대내지향적 경제정책을 추구한 나라는 모두 실패하였으나 대외지향적 경제정책을 채택한 대부분의 나라들은 성공하였다. 1950년대 한국이 전자의 경우였고 1960년대 이후의 한국이 후자에 속한다고 할 수 있다. 또한, 사회주의 경제체제의 실험은 실패로 끝났고 세계 역사상 가장 오래 된 시장경제는 나날이 번성하고 있다. 세계화는 시장경제의 르네상스라고 할 수 있으며 세계화시대에 시장경제 이외의 대안이 없다는 것은 이미 공지의 사실이라 할 수 있다.

　경제시대를 선도하는 정치지도자의 덕목으로 경영관리 능력은 아무리 강조해도 지나치지 않다고 할 수 있다. 대통령은 정부라는 거대한 조직의 수장이기 때문에 성공적인 CEO에 해당하는 덕목이 대통령이 정부를 성공적으로 이끌고 가는 데 절대적으로 필요한 것이다. 무엇보다도 시대의 흐름에 맞는 정부의 역할을 확고히 하고 불필요한 규제를 과감히 철폐하는 등 '작은 정부'를 만드는 노력에 힘을 쏟아야 할 것이다. 또한, '인사가 만사'라는 말은 행정부의 수장으로 경제팀을 포함한 정부부처와 정부관련 기관의 인사권을 쥐고 있는 대통령에게 그

대로 적용된다고 할 수 있다. 우수한 인재들을 발탁하고 이들에게 국정운영의 권한과 책임을 부여하여 그들의 동기를 유발시켜 대통령이 지향하는 목표를 향해 헌신적으로 뛰게 하는 것이야말로 국정운영의 요체라 할 수 있을 것이다.

우선 경제시대를 이끌 경제팀과 관련하여 중요한 것은 대외지향적인 시장경제 철학을 확고히 갖고 있으며 행정부서를 통솔할 수 있는 인사들로 하나의 팀을 구성하는 것이다. 그리고 경제부총리를 경제팀의 수장으로 정하고 경제부총리에게 경제정책 조정과 관련된 권한을 부여해야 할 것이다. 또한, 대통령은 경제팀이 확정한 경제정책을 소신껏 추진할 수 있도록 정치적 후견자 역할을 충실히 수행해야 한다. 특히, 경제개방과 관련하여 피해집단의 반발로 인한 사회적 갈등을 최소화시킬 수 있는 정치력을 발휘하는 것도 대통령의 역할이 되어야 할 것이다. 노사화합 분위기를 조성하여 기업하기 좋은 환경을 만들어 주는 데에도 대통령이 경영자로서의 리더십을 발휘해야 할 것이다.

변혁적 리더십

미국의 아이젠하워 대통령은 "리더십이란 당신이 누군가에게 원하는 것을 하도록 만드는 기술"이라고 하였다. 리더십은 오랫동안 학자들의 연구대상이 되어왔으며 그 결과 리더십의 정의만 350개가 넘는다고 한다.[2] 그러나 한 가지 중요한 사실은 성공적인 리더십의 요건이 시대와 상황에 따라 변해왔다는 것이다.

이미 앞에서 지적한 대로 지금 우리는 IT기술의 급속한 발전으로 변화속도가 가속화되고 대외적으로는 세계화, 대내적으로는 민주화의 물결이 세차게 몰려오고 있는 시대에 살고 있다. 이러한 변화의 시대에 필요한 리더십은 변화를 이끌어 내는 이른바 '변혁적 리더십'이라는 것이 전문가들의 공통된 견해이다. 변혁적 리더십은 리더와 추종자 간의 사회적 교환으로 요약되는 '거래적 리더십'과 대칭되는 개념으로 21세기 급속한 환경변화에 조직과 조직원에게 신속히 대응하도록 선도하는 리더십을 의미한다.

정우일은[3] 변화를 관리하는 세 가지 원칙으로, 첫째 혁신적인 상상력, 둘째 업적을 성취하려는 전문성, 셋째 협동할 수 있는 개방성 등을 지적하고 있다. 또한 코터는[4] 기업에서 대규모 변화를 성공적으로 이끄는 여덟 가지 단계를 다음과 같이 제시하고 있다. ① 변하지 않으면 죽는다는 위기감을 조성하라. ② 우수한 인재들로 '변화선도팀'을 구성하라. ③ 변화선도팀이 상황을 고려하여 비전과 전략을 개발하라. ④ 비전과 전략을 담아내는 간결하고도 심금을 울리는 메시지를 여러 채널을 통해 전파하라. ⑤ 비전에 따라 사람들이 행동하도록 권한을 부여하라. ⑥ 일단 권한을 부여받은 사람은 비전을 달성해 단기간에 1차적인 성공을 이루어라. ⑦ 비전이 최종적으로 실현될 때까지 계속 변화의 속도를 늦추지 말아라. ⑧ 조직 전체를 통해 새로운 문화를 육성함으로써 변화가 고착되도록 한다.

배스는[5] 변혁적 리더십이 거래적 리더십보다 우월하다고 주장하면서 변혁적 리더십의 3대 요소로 다음을 지적하고 있다. 첫째, 변혁적 리더는 변화의 저항을 극복하기 위해 영감적인 동기를 부여할 수 있는 카리스마가 필요하다는 것이다. 사실상 대다수의 변혁적 리더들은 카리스마 리더들이다. 카리스마 리더는 매력적인 비전을 제시함은 물론 이를 강력하고 명쾌하게 전달하는 능력을 갖고 있다. 또한, 비전과 일치하는 행동의 역할모델이 되어 조직과 일체감을 구축한다고 한다.[6)]

둘째, 변혁적 리더는 부하들이 존재하는 가치와 가정에 의문을 제기하고 새로운 해결책을 찾도록 지적 자극을 주어야 한다는 것이다. 지적 자극은 부하들이 자신의 능력을 확인하게 하고 새로운 해결책을 찾도록 할 수 있도록 하기 때문에 변화를 이루는 데 필수적 요건이 되는 것이다.

셋째, 변혁적 리더는 부하들에게 개별적 관심을 보여 주고, 부하들을 독립적인 존재로 대우하면서 조언을 해 주어야 한다. 그래서 부하들이 자신을 특별한 존재로 느끼게 하고 격려와 동기부여를 받도록 하여야 한다는 것이다. 결론적으로, 카리스마를 통한 감정적 결속은 변화의 심리적 저항을 극복하게 하고, 지적 자극은 새로운 해결책을 만들게 하며, 리더와 부하들 간의 개별적 관계는 조직원들에게 강력한 동기부여를 제공한다는 것이다.

변화의 속도가 빨라지고 기업 간 경쟁이 심화되면서 최고경영자(CEO)의 역할과 비중이 점차 증대되고 있다. 그 이유는 변화의 시대에는 기업이 빠른 결정을 내려야 하는데 이를 위해서는 CEO가 주도적 역할을 할 수밖에 없기 때문이다. 디지털시대에는 늦은 결정보다는 다소 잘못되었더라도 빠른 결정이 필요하다고 한다. 결정이 늦으면 사업기회를 영원히 잊어버리나 다소 잘못되었어도 빠른 결정은 상황이 진전되면서 잘못이 드러나면 이를 다시 수정할 수 있기 때문이다. 또한, 격변기에는 관행이나 시스템보다는 CEO의 결단과 실행력이 성패의 관건이된다. 이는 마치 폭풍 속에서 선장의 역할이 중요하며 비상시에는 항공기의 자동장치가 수동으로 전환되는 것과 같은 이치인 것이다.

그래서 CEO가 누구인가에 따라 기업의 가치가 달라지고 있다. 예를 들어, IBM은 루 거스너 회장이 은퇴한 후 이익이 절반으로 감소하였고, GE에서 경영수업을 받은 제임스 맥너니가 3M의 CEO로 부임한다는 소식이 발표되자 3M 주가는 이틀 만에 11%나 상승하기도 하였다.

삼성경제연구소는[7] 성공적 CEO를 ① 성공을 지속적으로 하는 고공행진형, ② 갑자기 기업 가치를 급증시키는 수직상승형, ③ 어려운 여건에서 기업을 구하는 기사회생형, 그리고 실패한 CEO를 ④ 기업가치가 갑자기 추락하는 돌발추락형, ⑤ 위기를 주기적으로 반복시키는 위기반복형으로 분류하고 유형별로 CEO의 성공과 실패요인을 분석하고 있다.

고공행진형 CEO의 특징은 일관성 있게 핵심전략을 추진하면서 일상 속에서 끝없는 개혁을 추진하여 긴장감을 유지하는 것이다. 성공사례로는 월마트(Walmart)의 리 스콧과 GE의 잭 웰치를 지목하고 있다. 수직상승형 CEO는 획기적인 사업모델을 구상하고 이를 성공적으로 확산시키는 결단력과 돌파력을 갖고 있는 특징이 있으며 델(Dell) 컴퓨터의 마이클 델과 이베이(eBay)의 마가렛 휘트먼을 대표적 성공사례로 언급하고 있다.

기사회생형 CEO로는 닛산(Nissan)의 카를로스 곤과 IBM의 루 거스너를 들 수 있으며 이들의 특징은 모두 위기탈출을 위해 외부에서 영입한 인사로서 기존의 악습을 파괴하고 부실한 사업을 과감히 정리하는 것이다. 돌발추락형 CEO는 버블 파열 후 취약한 역량으로 한계를 노출한 경우로 엔론(Enron)의 케네스 레이가 그 대표적 사례이다. 위기반복형 CEO는 사업사양화의 해결책을 마련하지 못하고 우유부단함과 언행불일치 등으로 대외적 불신을 초래하는 경우로 소니(Sony)의 노부키 이데이와 디즈니(Disney)의 마이클 아이즈너를 지목하고 있다.

이러한 성공과 실패의 대표적인 사례를 통해 우리는 무엇보다도 CEO가 기업성패의 중심에 있다는 사실을 실감할 수 있는 것이다. 성공한 CEO는 모두 분명한 비전을 갖고 일관성 있게 자신의 경영방식을 견지하였고 변화를 먼저 읽고 신속히 대응하였다. 또한, 성공한 CEO는 윤리경영과 노블레스 오블리주의 실천 등을 통해 자기관리도 철저히 한 것으로 알려지고 있다. 포춘은[8] 실패한 CEO 사례를 분석하면서 기업전략을 잘못 세워 실패한 CEO는 20%에 불과하고 나머지는 모두 전략을 제대로 실천에 옮기지 못하여 실패하였다는 결론에 도달하고 있다. 경영능력의 중요성을 새삼 일깨워 주는 대목이 아닐 수 없다.

리더십의 위기

매일경제신문의 설문조사에 의하면 국내 여론주도층 인사의 90%가 한국의 리더십에 '문제가 있다'고 응답하였다. 리더십 부재로 대한민국호가 방향을 잃고 갈팡질팡하고 있다는 것이다. 그리고 리더십 회복을 위해서는 응답자의 88%가 정치권이 변해야 한다고 하였다. 정치분야에서 리더십이 회복되는 것이 대한민국호가 제대로 항해하는 데 가장 선결요건이 된다는 이야기이다.

리더십의 위기는 단지 어제오늘의 문제가 아닌 것 같다. 도산 안창호 선생은 "인물이 없다고 한탄하지 말고 자기 스스로 인물이 되도록 노력하라"고 말씀하셨다. 그 당시에도 제대로 된 지도자가 없어 한민족이 수난을 겪고 있다고 많은 사람들이 생각하고 있었음을 알 수 있다. 해방 이후 지금까지도 상황은 마찬가지인 것 같다. 우리나라가 독립국가로 출범한 후 여러 명의 대통령이 있었으나 존경받는 대통령은 거의 없었다고 해도 과언이 아니다. 대통령 중 상대적으로 가장 존경받는 분이 군사쿠데타로 집권하여 유신독재로 정치를 마감한 박정희 대통령이라는 사실 자체가 정치지도자들이 국민들로부터 얼마나 존경을 받지 못하는가를 실감케 하는 대목이 아닐 수 없다.

우리나라의 국민수준은 나름대로 꾸준히 향상되어온 것이 사실이다. 무엇보다도 교육수준이 높아졌고 소득수준과 생활수준도 크게 향상되어 지금은 거의 선진국수준에 도달하였다고 해도 과언이 아니다. 그런데도 우리나라의 지도자 수준은 국민수준의 향상을 따라가지 못하고 있는 것이 사실이다. '구성원 수준을 따라가지 못하는 리더십'이 오늘날 우리나라의 모습이며 문제점인 것이다.

그러면 그 이유는 무엇일까? 나는 그 첫 번째 원인을 우리의 교육에서 찾아야 한다고 생각한다. 입시위주의 획일적 교육을 하고 있는 우리나라는 어린 학생들에게 제대로 된 인성교육을 하지 못하고 있다. 학교성적과 대학입시 준비가 최우선인 상황에서 인성교육은 학교교육에서 뒷전으로 밀린 지 오래 되었고 가정에서도 초등학교만 졸업하면 모든 정열을 대학입시 준비에 쏟아야 하기 때문에 가정에서 인성교육에 관심을 갖는 것은 일종의 '사치'가 되어버렸다. 가정과 학교에서 인성교육이 제대로 되지 않는 데 리더십교육이 잘 될 수가 없다.

노블레스 오블리주(noblesse oblige)는 높은 사회적 신분에 따르는 도덕상의 의무를 뜻하는 말로 초기 로마의 왕과 귀족들이 평민보다 앞서 솔선수범과 절제된 행동으로 국가의 기반을 닦은 데에 그 기원이 있다. 영국, 프랑스 등 서유럽의 선진국들은 이러한 전통을 이어받아 사회 엘리트 계층에게 리더십 교육을 철저히 하여왔으며 이는 이 국가들이 근대사를 선도하는 원동력으로 작용하였다. 영국의 옥스퍼드(Oxford), 케임브리지(Cambridge)대학과 미국의 하버드, 예일(Yale), 스탠퍼드 등 초일류 대학 모두 학부에서는 학생선발 및 교육과정에서 학문에서의 수월성뿐만 아니라 리더십 자질을 중요시하고 있는 것이다.

그러나 우리나라에서는 앞에서 지적한 대로 리더십을 포함한 인성교육이 학교는 물론 가정에서도 제대로 이루어지지 못하기 때문에 최상의 교육을 받은 계층이 리더십 자질을 갖추지 못하고 사회에 진출하고 있다. 그래서 이들은 자기 전공분야에서는 성공을 하여도 리더로서의 역할을 제대로 수행하지 못하는 것이다. 이러한 현상은 정치권에서 더욱 두드러지게 나타나고 있다. 서유럽 선진국에서는 정치지도자가 학교교육 측면에서 사회에서 최상위에 속하는 그룹에서 배출되고 있으나 우리나라는 그렇지 못하다. 일반 국민수준보다도 못한 교육수준의 인사들이 최고의 정치지도자로 부상하고 있는 것이다.

　이승만 대통령과 장면 총리 이후의 최고정치지도자 모두가 당시 최고수준과는 거리가 있는 학력을 소유하고 있었으며 특히, 지난 10년간은 대학을 아예 다니지도 않은 인물이 대통령직을 수행하였다. 국민들의 교육수준은 급속도로 높아지고 있는데 최고정치지도자의 교육수준은 오히려 점차 하락한 것이다. 따라서 '구성원의 수준을 따라가지 못하는 리더십'은 우리나라에서 정치권에 가장 잘 어울리는 표현이라고 하지 않을 수 없다.

　이러한 현상은 대기업 경영분야에서도 그대로 답습되고 있다. 대기업의 최고경영자를 수천 명의 예비후보 중에서 발탁하는 선진국과는 달리 우리나라에서는 대기업의 최고경영자는 거의 예외 없이 창업자의 직계자손이 계승하고 있다. 그렇기 때문에 대기업의 간부는 세계수준의 학력과 경력을 갖고 있으나 이들을 지휘하는 최고경영자의 수준은 수하 간부의 수준을 따라가지 못하고 있는 것이 우리의 현실이다. 국제비교에서 우리나라의 '경영자 신뢰도'가 중하위수준에 이르는 것도 경영권의 세습관행에 기인하는 바 크다고 생각된다.

　기업경영에서 세습이 문제라고 한다면 정치권에서 지도자의 수준이 낮은 이유는 무엇일까? 그것은 아직도 우리나라의 정치가 후진성을 면치 못하고 있어 사회 엘리트 계층이 정계진출을 꺼리고 있기 때문이다. 한국정치가 후진성을 벗어나지 못하는 가장 큰 이유는 대통령제이다. 제20장에서도 지적한 대로 대통령제는 정당정치의 발전을 저해하고 정치인의 양성을 어렵게 하고 있다. 강력한 대통령 밑에서 대다수의 정치인은 여당에서는 대통령의 하수인이고 야당에서는 유력 대통령 후보의 하수인 정도에 불과하기 때문에 대통령이 되고자 하는 사람 이외에는 정치가 별로 매력 있는 직업이 되지 못하는 것이다. 이에 더해, 모든 권한이 집중되어 있는 대통령이 되기 위해서 모든 정치인들이 수단과 방법을 가리지 않고 투쟁하기 때문에 학력과 경력이 우수한 사람은 이러한 사생결단의 싸움에 휘말리지 않으려 하는 것이다.

그래서 결국 대통령이라는 자리는 학력과 경력이 많은 인물보다는 독하고 권력투쟁에 능한 인물이 차지할 가능성이 높으며 1997년과 2002년 대선결과가 이를 잘 입증해주고 있다. 아들 병역문제 등 도덕성 시비로 치명타를 입은 이회창 후보가 자기보다 도덕성 측면에서 훨씬 못한 김대중 후보와 노무현 후보에게 패배한 것이다. 이는 학력이나 경력보다는 투쟁력과 협상력이 대통령 선거에서의 승리를 위한 핵심변수가 됨을 보여주는 것이다.

그러나 대통령 당선 후 국정을 운영하는 데에는 부실한 학력과 경력이 장애요인으로 작용한다는 사실을 우리는 지난 10년 간의 경험을 통해 잘 알 수 있었다. 대통령이 세계적 흐름을 제대로 읽지 못해 대한민국호는 경제정책은 반시장적, 외교정책은 반미·친북적 그리고 교육정책은 획일적 평등주의를 고집하는 엉뚱한 방향으로 가고 있는 것이다. 그리고 초보자적 국가경영능력은 많은 분야에서 시행착오를 거듭하였고 국정을 혼란에 빠뜨리는 결과를 초래한 것이다. 지도자의 자질이 얼마나 중요한가를 실감하지 않을 수 없다.

어떻게 극복해야 하는가?

　　그러면 우리가 당면한 리더십의 위기를 어떻게 극복할 것인가? 그 해답은 위기가 발생한 원인을 제거하는 데에서 찾아야 할 것이다. 따라서 위기해결의 첫 번째 열쇠는 학교와 가정에서 제대로 된 인성교육을 실시하고 엘리트 계층에게 리더로서의 자질을 갖도록 리더십교육을 철저히 하는 것이다.

　　그러면 다음으로 리더십 교육의 핵심내용은 무엇이 되어야 하는가? 앞에서 언급한 사례를 통해 성공적인 리더의 첫 번째 덕목은 변화를 누구보다도 먼저 감지하고 이에 적절한 대비책을 세우는 창의적 능력이다. 그래서 리더십 교육의 핵심 내용은 창의성 교육이 되어야 하는 것이다. 그런데 이미 제21장에서 지적한 대로 우리나라에서 창의성 교육은 실로 심각한 위기에 처해 있다. 이를 개선하기 위한 획기적인 교육개혁안이 마련되고 추진되어야 할 것이다.

　　변화를 선도하는 성공적 리더의 두 번째 덕목은 자신의 비전과 개혁안을 조직원에게 효과적으로 전달하고 이를 확산시키는 능력이다. 그러기 위해서 리더는 조직원들과의 토론을 주도하고 조직원의 의견을 경청하여 이들로부터 신뢰를 받음은 물론 자신의 생각을 조직원에게 설득시키는 능력이 뛰어나야 할 것이다.

　　이런 관점에서 볼 때, 토론과 발표를 통해 자신의 견해도 알리고 다른 사람의 입장도 경청하는 교육방식보다는 입시에 필요한 지식과 정보를 일방적으로 전달하고 이를 기계적으로 암기하는 현재의 경직된 교육방식은 문제가 많음을 지적하지 않을 수 없다. 이는 앞에서 지적된 창의성 교육과도 긴밀히 연결된 문제로서 우리나라 교육의 전반적인 개혁을 통해서만 개선될 수 있을 것이다.

변화를 이끌어 가는 리더의 세 번째 덕목은 노블레스 오블리주의 실천으로 요약되는 철저한 자기관리이다. 그러나 우리나라의 입시중심의 교육 현실은 인성교육의 부재로 노블레스 오블리주를 학생들에게 제대로 가르치지 못하고 있다. 최근 사회봉사 활동이 교과과정에 반영되고 있으나 이 역시 노블레스 오블리주 정신을 습득하기보다는 학교성적 향상을 위해 기계적으로 봉사기관에서 시간을 때우는 형식적인 형태로 시행되고 있다. 이 문제 역시 제대로 된 인성교육이 학교교육 전체에 반영되는 교육개혁을 통해서만 개선될 수 있을 것이다.

학교교육뿐만 아니라 이미 우리사회에서 지도층에 속하는 계층의 노블레스 오블리주 실천은 사회안정과 미래를 위한 성공적인 변화를 이루기 위해 반드시 이루어져야 하는 일이다. 이를 위해서는 사회적으로 큰 영향력이 있는 정치지도자와 기업의 최고경영자 그리고 정부 고위직 관료의 더욱 철저한 자기관리가 필요하다. 최근 언론에 부각되고 있는 우리사회 최고 엘리트 인사들의 스캔들은 국민들에게 엘리트 계층의 부정적인 인상을 심어주어 사회통합에 걸림돌이 됨은 물론 사회 각계각층의 리더들이 변화에 필요한 리더십을 제대로 발휘하지 못하는 원인으로 작용하고 있는 것은 정말로 안타까운 일이 아닐 수 없다.

또한, 노무현 정부의 '강남 죽이기'도 우리사회 부유계층의 노블레스 오블리주 실천이 제대로 되어왔다면 현실적으로 가능하지 않았을 것이다. 따라서 '강남 죽이기'로 요약되는 좌파정권의 대중인기 영합적 정략을 비판하기에 앞서 부유계층의 노블레스 오블리주 실천을 통한 더욱 철저한 자기관리가 이루어져야 할 것이다. 선진국의 노블레스 오블리주 실천이 기독교 정신에 기초한 바 크다는 사실을 감안할 때 우리나라에서 노블레스 오블리주 실천운동은 기독교를 포함한 종교단체들이 앞장 서는 것이 효과적일 것으로 생각된다.

리더의 기본적 자질을 제고하는 방법은 정치의 경우 내각제의 추진이 핵심적인 개혁과제가 될 것이다. 현재 개헌 논의가 주로 대통령 중임제를 중심으로 이루어지고 있으나 이는 대통령제의 결정적인 취약점을 무시하고 우리에게 익숙한 제도를 가급적 유지해보자는 잘못된 생각에 기초하고 있다. 따라서 앞으로의 개헌 논의는 대통령제와 내각제의 장단점을 객관적으로 분석하고 이에 대한 국민의 공감대를 구하는 방향으로 전개되어야 한다. 그러면 자연히 내각제의 우월성이 부각될 수 있을 것으로 확신한다.

또한 자질이 뛰어난 인재의 정치권 진입을 용이하게 하기 위해서는 현재의 폐쇄된 공직선거 후보자 선출방식을 민주적인 방향으로 개혁해야 할 것이다. 다행히 주요 정당에서 대통령 후보 선출은 민주적 경선절차를 밟고 있으나 국회의원과 지방선거에서의 후보자 선출은 당 지도부가 전권을 행사하는 경우가 많다.

이는 정치권에서 소수의 지도자에게 권력이 집중됨을 의미하며 정치권에서 '줄서기' 등의 바람직하지 못한 관행을 정착시킴으로써 유능한 인재의 정계진출을 가로 막는 결과를 초래하고 있다. 따라서 모든 공직선거에서의 후보자를 민주적으로 선출하고 정치문호를 외부인사에게도 과감히 개방함으로써 정치지도자의 수준을 크게 높일 수 있을 것이다.

선거운동의 개혁 역시 정치지도자의 자질을 개선하는 데 반드시 필요한 요건이다. 과거에는 금권·관권 선거가 문제가 되었으나 이제는 선거법의 개정과 유권자들의 수준 향상으로 크게 개선되었다고 판단된다. 그러나 1997년 대선 이후 거의 관행화되고 있는 네거티브 캠페인의 득세는 선거에서 새로운 문제로 부각되고 있다. 자신의 장점과 비전을 제시하기보다는 상대방 후보의 취약점을 부각시키는 것이 효과적인 선거운동 방식이라는 잘못된 생각이 만연해 가고 있는 것이다.

이러한 현상은 모든 것이 걸려 있다고 생각되는 대통령 선거에서 가장 두드러지게 나타나고 있다. 심지어는 선거에 이기기 위해 상대방의 약점을 인위적으로 조작하여 이를 폭로하는 일도 서슴지 않는 것이 최근 대통령 선거에서의 실상인 것이다. 이를 시정하기 위해서는 사실이 아닌 정보를 폭로하는 행위에 엄중한 사법처리 관행이 정착되어야 한다. 또한, 네거티브 캠페인에 의존하는 후보를 역으로 심판하는 유권자의 현명한 판단이 필요하다. 현명한 유권자만이 잘못된 선거관행을 바로 잡을 수 있는 것이다.

기업의 경우에는 대기업의 최고경영자 자리가 세습되는 관행이 시정되는 것이 급선무이다. 기업의 규모가 커지면서 합법적으로 기업의 경영권을 세습시키는 것이 어려워지고 있다. 따라서 이 문제도 모든 것을 법대로만 하면 된다고 생각한다. 법으로 정해진 상속세와 증여세를 다 내고도 경영권의 세습이 가능하면 직계사손에게 경영권을 물려주고 그렇지 못하면 소유권과 관계없이 경영능력만을 고려하여 기업의 CEO를 물색하면 되는 것이다. 비록 창업자라 하더라도 경영은 전문경영인에게 맡기고 경영의 세습은 상상도 하지 않는 선진국의 세계적 기업의 전통이 우리나라에서도 조속히 정착되기를 기대해 본다.

끝으로, 우리사회의 리더는 기업의 최고경영자나 정치지도자만이 아니라 우리 모두가 리더라는 인식이 확산되어야 할 것이다. 사실 가정에서 부모는 자식들에게는 리더이며 조직에서 팀장도 팀원들에게는 리더이다. 따라서 리더십은 거의 모든 사람에게 갖추어야 하는 덕목으로 부각되고 있다. 도산 선생님의 "스스로 지도자가 되도록 노력하라"는 말씀이 우리 모두에게 적용되어야 하는 것이다.

우리 모두가 사회 각 분야에서 제대로 된 리더의 역할을 담당할 때 우리사회는 더욱 진취적으로 21세기 변화에 대응할 수 있는 것이다. 그래서 학교와 가정에서의 리더십 교육이 시장경제시대를 여는 변화를 이루는 데 반드시 필요한 과제가 되는 것이다.

:: 맺음말 ⋯⋯⋯⋯⋯⋯⋯⋯⋯⋯⋯⋯⋯⋯⋯⋯⋯⋯⋯⋯⋯⋯⋯⋯⋯

21세기 태평양시대의 주역이 되자

다가오는 태평양시대

2007년 1월 스위스 다보스에서 열린 세계경제포럼의 주제는 '힘의 이동(The Shifting Power Equation)'이었다. 세계경제의 힘이 유럽과 미국에서 아시아의 중국과 인도로 이동하고 있다는 것이 전문가들의 공통된 의견인 것이다.

제1차 산업혁명이 영국에서 그리고 제2차 산업혁명이 미국의 동부지역에서 시작되면서 19세기와 20세기는 영국과 미국 그리고 서유럽의 선진국들이 중심이 된 대서양시대가 되었다. 그런데 제3의 산업혁명이 미국 서부지역인 실리콘밸리를 중심으로 시작되었고 아시아지역의 국가들이 고도성장을 지속하면서 세계경제의 중심이 점차 대서양에서 태평양으로 이동하고 있는 것이다.

아시아에서는 가장 먼저 장기간의 고도성장을 통해 1960년대에 이미 선진국이 된 나라는 일본이다. 일본을 뒤이어 한국, 대만, 싱가포르, 홍콩 등 이른바 네 마리의 '작은 용(Little Dragon)'이 1960년대 이후 눈부신 경제성장을 이루어 중진국의 위치에 도달하였고 지금도 선진국을 향해 열심히 달리고 있다.

이에 더해, 1980년대 이후 적극적인 개방정책의 추진으로 중국이 고도성장을 이루어 새로운 경제강국으로 부상하고 있으며, 오랫동안 사회주의 경제모델의 시행착오로 경제침체의 늪에서 벗어나지 못하였던 인도도 최근 미국의 실리콘밸리와 긴밀한 분업체계를 구축하면서 IT분야를 중심으로 새로운 도약의 길로 접어들고 있다.

유럽국가는 EU를 중심으로 1999년에는 유로화를 출범시켜 완전한 경제통합을 구축함으로써 미합중국을 정치·경제적으로 견제할 수 있는 '유럽합중국'을 건설하려는 노력을 경주하여왔다. 그러나 이러한 노력에도 불구하고 EU경제는 미국과 같은 활력을 되찾지 못하고 있다. 그 이유는 미국은 꾸준한 이민의 유입으로 상대적으로 낮은 연령 구조를 유지하고 있은 반면, 유럽은 노령화의 진전으로 경제활동인구가 늘지 않고 있고 새로운 기회포착을 위한 노동인구의 국가 간 이동도 일어나지 않고 있기 때문이다.

특히 미국으로의 새로운 인구유입은 중국, 한국, 인도, 베트남 등 주로 아시아 지역의 젊고 근로의욕이 높은 계층이 주종을 이루고 있어 미국이 IT분야에서 비교우위를 유지하는데 큰 보탬이 되고 있는 것이다. 그런데 EU는 경제통합을 완성한 이후 유럽헌법을 채택하는 등 정치통합을 이루려는 과정에서 회원국 간 균형발전이라는 정치논리가 우선하면서 경제통합으로 인한 경제적 시너지효과가 훼손되는 결과를 초래하고 있다. EU정상들이 2003년과 2005년 두 차례나 만나 지식과 혁신, 투자환경 조성, 고용창출 등을 위한 '리스본 전략(Lisbon Agenda)'을 채택하기도 하였으나 별다른 성과를 거두지 못하고 있는 것이다.

이러한 상황을 종합하여 볼 때, 세계경제는 미국 서부지역의 IT산업이 주축이 되고 새로운 성장동력으로 부상하는 중국과 인도 등 아시아국가가 미국과 분업체계를 이루는 태평양시대가 이미 전개되고 있음을 알 수 있다. 2세기 간의 대서양시대가 막을 내리고 세계경제의 중심이 대서양 주변국가에서 태평양 주변국가로 이동하고 있는 것이다. 이것이 바로 다보스 포럼의 주제인 '힘의 이동'인 것이다.

태평양시대 주역이 되기 위한 조건

새로운 태평양시대를 맞아 한국의 입지와 역할은 과연 무엇인가? 한국과 한반도 상황은 아직도 불안요인을 갖고 있는 것이 사실이나 그래도 긍정적인 요인이 더 많다고 생각된다.

무엇보다는 중요한 것은 IT경쟁력이 21세기의 국가경쟁력을 좌우하는 데 한국은 이미 IT강국으로 자리 매김을 하고 있다는 사실이다. 삼성, LG, SK, KT 등 한국을 대표하는 IT기업들은 이미 세계적 기업으로 그 기술력과 마케팅능력을 인정받고 있다. 또한, 인터넷 이용률, 온라인 금융거래, 휴대폰 사용 등의 분야에서 세계 1위라는 기록이 말해

주듯 한국인은 디지털기술을 가장 잘 활용하는 디지털 마인드를 갖고 있다.

뿐만 아니라, 정부 차원의 적극적인 정보화정책의 추진으로 초고속 인터넷 네트워크와 전자정부 분야도 세계최고수준을 유지하고 있고, 차세대 방송서비스(DMB), 무선휴대인터넷(WiBro) 등의 기술분야는 세계에서 최첨단을 달리고 있다. IT가 중심이 되는 태평양시대에 중요한 역할을 담당할 수 있는 첫 번째 자격을 갖춘 셈이다.

21세기 세계화시대에서 큰 역할을 하기 위해서는 금융강국이 되어야 한다. 미국이 세계경제를 주도하는 힘은 군사력이 아니라 IT와 금융분야에서 다른 나라들을 리드할 수 있는 능력이다. 다행히 한국은 외환위기를 거치면서 관치금융의 관행에서 벗어나 시장원리가 작동되는 금융산업이 자리를 잡아가고 있다.

아직 우리나라를 금융강국이라고 할 수는 없으나 현재 진행되고 있는 '금융허브' 프로젝트를 성공적으로 추진한다면 머지않은 장래에 금융강국으로 부상할 수도 있을 것이다. 이런 측면에서 태평양시대의 주역이 될 수 있는 두 번째 조건은 우리 노력 여하에 따라 이루어질 수 있는 단계에 와 있다고 할 수 있을 것이다.

디지털시대의 힘은 개인이나 기업은 물론 국가도 효율적인 네트워크의 구축을 통해 얻어진다. 능력이 있는 구성원이 많은 네트워크에 가입하면 구성원 개개인 모두에게 큰 득이 되나 아무 네트워크에 가입하지 못하거나 능력에 문제가 있는 구성원들로 구성된 네트워크에 있으면 발전을 기대하기 어려운 것이다. 그런데 다행히도 한국은 세계

최상의 국가들과 네트워크를 구성하고 있다. 팍스 아메리카 시대의 주역인 미국과는 정치·군사적 혈맹관계를 오랜 기간 유지하고 있고 경제관계도 무역, 투자, 기술협력 등 모든 분야에서 매우 긴밀하다.

또한, 우리 주변 강대국인 일본, 중국, 러시아 모두 정치·경제적 측면에서 세계 첨단을 걷고 있다. 한국경제발전의 모델 역할을 한 일본은 최근의 부진에도 불구하고 아직까지 세계 제2의 경제강국 위치를 고수하고 있고, 중국은 급속한 경제성장으로 한국과는 교역과 투자측면에서 가장 중요한 나라로 부상하였으며, 러시아도 푸틴 대통령 집권 이후 정치안정을 되찾고 최근 유가 상승에 힘입어 경제도 급속히 회복의 길로 접어들고 있다.

역사적으로 우리나라는 중국, 일본 등 강대국에 둘러싸여 있어 전쟁과 식민지의 혹독한 시련을 겪은 것이 사실이다. 그러나 한국은 1960년대 이후 대외지향적 경제정책의 성공적인 추진으로 고도성장을 달성함은 물론이고 주변의 강대국들과도 긴밀한 경제관계를 유지하게 되었다. 일본으로부터는 수출산업을 육성하는 방법을 배웠고 급속도로 성장하는 중국은 우리에게 무한한 대외진출의 기회를 만들어주고 있는 것이다. 러시아의 정치안정과 경제성장 역시 한국기업에게는 새로운 시장을 열어주고 취약한 우리 에너지부문의 중요한 공급원으로의 역할을 할 것이다. 강대국으로 둘러싸인 우리의 지정학적 환경이 태평양시대를 맞은 한국에게 새로운 기회로 작용하고 있는 것이다.

세계화시대를 맞아 FTA는 경제 분야에서 국가 간 긴밀한 네트워크를 구축하는 수단으로 활용되고 있다. 그래서 미국, EU와 같은 큰 경제공동체는 물론 싱가포르, 칠레 등 작은 나라들도 경제발전 가능성이 높은 국가들과 FTA를 체결하려는 경쟁을 하고 있다. 한국은 이 경쟁에서 뒤져 있었으나 최근 미국과의 FTA협상 타결로 새로운 가능성을 보여주고 있다. 세계경제를 실질적으로 리드하고 있는 미국과의 FTA는 그 자체로도 큰 의의가 있으나 미국과의 FTA는 다른 주요 경제권과의 FTA 타결을 촉진시키는 긍정적인 효과가 있다.

예를 들어, 미국과 FTA가 타결되자마자 한·EU FTA 협상이 급속도로 진행되고 있고 타결전망 역시 매우 밝은 것으로 보인다. 그 이유는 한·미 FTA로 가장 타격을 받는 나라는 미국과 한국시장에서 경합관계에 있는 일본과 EU국가들이기 때문이다. 우리와 오래 전부터 FTA를 논의해 오다가 독도문제로 협상이 중단된 일본 역시 한국이 원하면 언제든지 FTA를 타결할 준비가 되어있는 것으로 판단된다. 또한, 미국과 한국의 정치적 영향력 측면에서 경쟁관계에 있는 중국도 한·미 FTA 타결 이후 한국과의 FTA 체결에 많은 관심을 보이고 있다.

만일 우리나라가 미국에 이어 EU 그리고 일본, 중국 등과 FTA를 타결하게 되면 세계 주요 경제권 모두와 긴밀한 경제네트워크를 구축하게 되는 것이다. 이는 우리가 다가오는 태평양시대에 주역을 담당할 수 있는 결정적인 기회를 마련해 주는 계기가 될 것이다. 전통적으로 중국과 일본은 동아시아지역에서 패권경쟁을 하여왔고 이러한 상황은 앞으로도 불가피할 것으로 보인다.

미국과 중국은 장기적 시각에서 아시아지역에서 패권경쟁 가능성이 높다. 이러한 상황에서 이 국가들과 패권경쟁 가능성이 없는 한국이 정치적 부담 없이 이 국가들 모두와 FTA를 통한 긴밀한 경제네트워크를 구축한다면 동아시아에서 허브기능을 한국이 담당하는 것은 매우 자연스러운 일이 될 것이다. 무역분야뿐만 아니라 한국이 금융분야에서 강국이 되어 동북아 금융허브 기능까지 수행할 수 있다면 다가오는 태평양시대의 주역은 당연히 한국이 하는 것이다.

디지털시대에는 문화산업이 새로운 성장산업으로 급부상하고 있다. 그 이유는 IT기술로 전세계가 하나의 공동체로 통합되면서 각 구성원은 자신의 주체성을 확인할 수 있는 문화에 더 많은 관심을 갖게 되었기 때문이다. 디지털시대를 보완해 주는 역할을 하는 문화를 만들어내는 측면에서도 한국은 뚜렷한 두각을 나타내고 있다. 최근의 이른바 '한류(韓流) 열풍'이 이를 잘 입증해주고 있는 것이다. 한류 열풍의 핵심은 한국이 서유럽의 문화를 동양인의 체질에 맞게 재구성하여 이를 일본, 중국, 동남아 국가에게 수출하는 것이다.

서유럽문명을 우리보다 먼저 받아들인 일본이 아니라 한국이 이 역할을 담당하는 것은 한국인이 상대적으로 문화를 자기 것으로 소화하여 새로운 것을 만들어내는 창의력이 뛰어나기 때문이다. 디지털시대의 핵심단어가 창의력이라는 점을 감안할 때 새로운 문화를 만들어내는 한국인의 뛰어난 창의력은 태평양시대의 주역이 될 수 있는 또하나의 조건을 갖춘 것이라고 할 수 있다.

세계적 주간지인 『이코노미스트(Economist)』지와 경영대가인 피터 드러커(Peter Drucker)에 의하면 한국은 기업가정신 부문에서도 단연 세계최고수준이라고 한다. 한국의 기업인들이 과학적인 경영기법을 도입하고 우수한 전문경영인에게 경영을 맡기는 데에는 다소 문제가 있는 것이 사실이나, 새로운 사업기회를 포착하고 이를 위해 도전하는 기업가정신 측면에서는 뛰어나다는 것이 외국 전문가들의 공통된 견해인 것이다. 20세기가 경영자시대라고 한다면 21세기는 기업가정신으로 무장된 기업가시대인 것이다. 따라서 기업가정신에 앞선 한국이 기업가시대의 주역으로 부상하는 것은 어려운 일이 아닌 것이다.

위기가 기회이다

그러나 우리나라가 태평양시대의 주역이 되는 길이 순탄하기만 한 것은 절대 아니다. 제1부와 제2부에서 지적한 대로 오늘날의 한국과 한반도의 상황은 비관적인 측면이 너무 많다. 그 원인은 한국에서 좌파세력이 집권하고 있으며 북한에는 모든 측면에서 세계적 대세에 정면으로 역행하는 김정일 정권이 여전히 건재하고 있기 때문이다.

민주주의 국가에서 좌파세력이 존재하는 것은 불가피한 일이며 이들의 존재는 우파세력에게 자극을 주어 자기발전을 도모하게 한다는 긍정적인 효과가 있을 수도 있다. 그러나 문제는 좌파세력의 집권이다. 좌파세력이 정치적 소수일 때는 국가전체가 세계적 대세인 자유민주주의와 시장경제로 발전하면서 좌파세력이 주장하는 소외계층의 배려도 경제발전의 큰 틀을 흔들지 않는 차원에서 이루어질 수 있으나, 좌파세력이 권력을 장악하게 되면 지난 10년 간 우리가 목격하였듯이 국가 전체가 시대적 대세를 거스르는 방향으로 흘러가 국가경쟁력에 심각한 장애가 발생하게 되는 것이다.

위기가 기회라고 한다. 지난 10년 간 좌파세력의 집권으로 한국과 한반도는 지금 위기상황에 처해 있다. 기업도 디지털시대의 새로운 상황에 필요한 변혁을 하기 위해서는 구성원 모두가 위기감을 느껴야 한다고 한다. 다행히 지금은 국민 대다수가 위기감을 느끼고 있다. 이것이 바로 위기를 기회로 만들 수 있는 계기가 된다고 생각한다.

우리는 과거에도 여러 차례의 위기를 경험하였고 국가지도자와 국민다수가 위기를 의식하였을 때 우리는 위기에 대처할 수 있는 처방을 만들어 냈고 이를 달성하였다. 1970년대 두 차례의 석유파동도 정부와 국민이 하나가 되어 극복하였고 1997년 말에 다가온 외환위기도 정부와 국민의 공동노력으로 성공적으로 극복한 경험을 우리는 갖고 있다.

따라서 지금의 위기도 정치지도자와 국민이 합심하면 충분히 극복할 수 있는 것이다. 그런데 문제는 좌파인사로 구성된 현재의 집권층은 지금을 위기라고 생각하지 않으며 문제의 해결방식도 시대적 대세와는 동떨어진 것이라는 데에 있다. 결국, 위기를 기회로 반전시키기 위해서는 현재를 위기상황으로 보고 시장친화적인 방법으로 그 해결책을 모색하는 정치세력이 집권을 해야 하는 것이다. 그래서 2007년 12월 대통령 선거에서 국민의 선택에 따라 다가오는 태평양시대에 한국이 주역으로 부상할 수 있는가, 그렇지 않으면 대한민국 역사상 처음으로 오는 세계사의 주역이 될 수 있는 기회를 놓칠 것인가가 판가름날 것이다.

2007년 대선에서 우파세력의 승리는 단지 시작에 불과하다. 우리가 태평양시대의 주역이 되는 역사적인 과업을 이룩하기 위해서는 제3부와 제4부에서 지적한 개혁과제가 성공적으로 마무리되어야 하는 것이다. 우리의 장점을 더욱 살려나가고 취약점을 과감히 개선하는 노력이 정권과 국민적인 차원에서 전개되어야 하는 것이다.

우선, IT부문에서 세계최강 수준을 유지·발전시키는 노력을 지속적으로 경주해야 하며 금융허브 프로젝트를 성공적으로 마무리하여 한국이 IT강국에 이어 금융강국으로 부상해야 한다. 또한, 이미 타결된 한·미 FTA의 국회 비준절차를 조속히 마무리 짓고 현재 진행 중인 EU는 물론 중국, 일본과도 FTA를 체결하여야 할 것이다.

그런데 어려운 과제는 우리의 취약점을 보완하는 일이다. 이 중에서 핵심은 현행 입시위주의 획일적이며 평등성만을 강조하는 교육체제를 창의력을 키우고 다양한 교육수요에 대처하는 방향으로 전환하는 것이다. 이를 위해서는 교육부문의 부분적인 개선만으로는 안 되고 새로운 교육철학에 입각한 전면적인 대수술이 이루어져야 할 것이다.

또한, 부동산정책도 시장친화적인 방향으로 전면 개편하여 국민들이 현재의 고(高)가격, 고(高)세금 그리고 경기침체의 삼중고(三重苦)로부터 하루 속히 벗어날 수 있도록 해야 한다. 뿐만 아니라, 정부기능을 시장친화적인 방향으로 재정립하고 불필요한 정부규제를 과감히 철폐하여 '작은 정부, 큰 시장'의 원칙이 지켜지는 새로운 경제풍토를 조성하는 데에 정부가 앞장 서야 할 것이다.

좌파세력이 강조하는 형평과 사회복지문제는 경제를 활성화시키고 취약계층에게 많은 일자리를 만들어주는 데에서 해결의 실마리를 찾아야 한다. 좌파정권이 지향하는 고소득층에게 세금을 과다하게 부가하여 이를 취약계층을 위해 나누어 준다는 발상은 경제성장을 불가능하게 하여 결국 하향평준화만을 초래할 것이기 때문이다.

이미 시행 중인 사회보장제도는 현재 심각한 재정적자를 유발하고 있는 각종 공적 연금제도를 과감히 재정중립적인 방향으로 개혁하는 반면, 사회복지의 새로운 사각지대로 부상하고 있는 노인계층과 취업여성을 위한 각종 복지서비스를 확충해 나가야 할 것이다. 사회복지서비스의 확충에서도 중앙정부가 모든 것을 도맡아 할 생각을 버리고 지방정부가 주도적인 역할을 하면서 종교단체 등 민간부문의 역할 증대를 유도하고 사업의 효율성을 제고하기 위한 전국적인 복지네트워크 구축에 역점을 두어야 한다.

한반도에서 위기문제의 해결은 북한의 김정일 정권이 중국과 같은 개혁·개방의 길로 가든가, 붕괴되어 UN주도의 흡수통일 방안이 마련되어야 가능할 것이다. 이 분야에서 한국의 역할은 대북지원을 북한의 개혁·개방정책의 추진과 연계하여 추진하는 것이다. 또한, 미국, 중국 등 주변 강대국과의 대북정책에 심도 있는 대화를 진행함으로써 북한의 급변사태 발생시 한반도에서 혼란이 야기되는 것을 미연에 방지하고, 국제사회가 통일과정을 공동관리하고 통일비용도 공동부담하는 계기를 만드는 데에 대북정책의 초점을 맞추어야 할 것이다.

이러한 시대적 과업을 성공적으로 마무리하기 위해서는 변혁적 리더십을 갖춘 지도자들이 한국의 정치는 물론 경제 및 사회 각 분야에서 활약하여야 한다. 정치분야에서는 변혁적 리더의 자격을 갖춘 정치인을 국민들이 대선과 총선 그리고 지자제 선기에서 선택할 수 있는 안목을 갖는 것이 필요하다. 경제 분야에서는 대기업의 총수들이 과학적인 경영기법을 도입하여 경영효율을 높임은 물론 경영권을 직계가족에게 세습시키는 관행도 스스로 개선해 나가는 노력을 경주하여야 할 것이다. 그리고 교육 분야에서는 인성교육과 창의성 교육은 물론 리더십교육을 강화하여 우리의 교육제도가 바람직한 리더십을 갖춘 미래의 리더를 만들어내도록 해나가야 할 것이다.

위기를 기회로 만드는 것은 우리의 노력여하에 달려 있다는 사실을 되새겨 이를 위한 공동의 노력이 절실한 시점이다.

부록 - 미주

제2장

1) Anthony Giddens, *The Third Way: The Renewal of Social Democracy*, Thinking Tree Publishing Co., 1998.
2) '미국의 힘으로 유지되는 평화'라는 뜻으로 21세기 디지털시대에 미국이 세계의 유일한 초강대국으로 부상한 것을 상징하는 단어.
3) 위기상황을 조성하여 이를 최대한 이용하려는 외교전술.
4) 테러를 지원하는 등의 행동으로 국제사회에서 불량한 행동을 하는 국가.

제3장

1) 제3장의 내용은 서상목(『시장을 이길 정부는 없다』, 매일경제신문사, 2004)의 제15장을 부분적으로 인용하였다.
2) IMD, *World Competitiveness Yearbook*, 2006.
3) 조전혁, 『교육흥국: 교육은 최선의 경제정책이자 복지정책』, 뉴라이트 정책위원회, 2008 뉴라이트 한국보고서, 뉴라이트, 2007.
4) 조전혁, 앞의 책.
5) 김성인, 「대입전형제도의 문제점 분석 및 개선방안」, 『교육개발』 1·2호, 2001.

제4장

1) 민승규, 『소득 양극화의 현황과 원인』, 삼성경제연구소, 2006.8.
2) 민승규, 앞의 책.
3) 서상목 외, 『빈곤의 실태와 영세민대책』, 한국개발연구원, 1981.

4) Simon Kuznets, "Economic Growth and Income Distribution", *American Economic Review*, 1955.

5) Sang Mok Suh, "Determinants of Income Distribution and Relationship between Economic Growth and Savings", Ph.D. Dissertation, 1974, Stanford University.

제5장

1) 김상헌, 『대한민국 강남특별시』, 위즈덤하우스, 2004.
2) 김상헌, 앞의 책.

제6장

1) 유병규, 『부동산 대책의 본질과 접근전략』, 현대경제연구소, 2006.12.
2) 서상목, 「부동산도 시장원리 따라야」, 『매일경제신문』, 2003.10.25.
3) 서상목, 『시장을 이길 정부는 없다』, 매일경제신문사, 2003.12.
4) 서상목, 「시장을 이길 정부는 없다」, 『매일경제신문』, 2006.11.15.
5) 이진순, 『부동산세제의 근본적 개혁방안』, 한국조세연구원, 2005.8, 32쪽.
6) 최명근·김상겸, 「종합부동산세 도입정책에 대한 평가 및 정책제언」, 『정책보고서』, 한국경제연구원, 2004.12.
7) 강남구청, 『재산세 공동과세안의 문제점과 대안』, 2007.7.
8) 강남구청, 위의 책.

제7장

1) IMD, 앞의 책.
2) 부즈 앨런과 해밀턴, 『한국보고서』, 매일경제신문사, 1997.12.

제8장

1) 제8장은 서상목(『시장을 이길 정부는 없다』, 매일경제신문사, 2003)의 제33장을 활용하였다.
2) World Bank, *Doing Business 2008: Making a Difference*, 2007.9.

제9장

1) 김성욱, 『대한민국 적화보고서』, 조갑제닷컴, 2006.
2) 김성욱, 앞의 책, 42~55쪽.
3) 김성욱, 위의 책, 56~63쪽.
4) 김성욱, 앞의 책, 64~67쪽.
5) 김성욱, 앞의 책, 78~84쪽.
6) 김성욱, 위의 책, 41쪽.
7) 김성욱, 앞의 책, 128~133쪽.
8) 김성욱, 앞의 책, 94~103쪽.
9) 송건호 외, 『해방전후사의 인식』, 한길사, 2004.
10) 이영훈, 「왜 다시 해방 전후사인가」, 『해방 전후사의 재인식』(박지향 외), 책세상, 2006.

제10장

1) Joseph S. Nye, "U.S. Power and Strategy After Iraq", *Foreign Affairs*, July/August 2003.
2) 이대우, 「2020년 안보환경 전망: 세력전이이론에서 본 패권경쟁」, 『한국의 국가전략』(이상현 편), 세종연구소, 2005. 11~12쪽.
3) 이대우, 앞의 책.
4) Pew Research Center Survey, 2002.

제11장

1) 문두식, 『21세기 남북한 통일방안의 모색』, 매봉, 2004, 135~144쪽.

2) 서상목, 『김정일 이후의 한반도』, 북코리아, 2004, 80쪽.

3) 서상목, 앞의 책, 160~195쪽.

4) 서상목, 앞의 책, 200~247쪽.

5) 구영록, 『한국과 햇볕정책』, 법문사, 2000.

6) 조갑제, 「김대중의 정체: 현대사의 검은 그림자」, 조갑제닷컴, 2006.

제12장

1) '혁명과 건설의 주인은 인민대중이며 혁명과 건설을 추동하는 힘도 인민대중에게 있다는 사상'으로 김일성이 정의한 주체사상은 경제에서는 자립(自立), 국방에서는 자위(自衛), 그리고 외교에서는 자주(自主)의 형태로 구현되고 있다.

2) ① 김일성 동지의 혁명사상으로 온 사회를 일색화하기 위해 몸바쳐 투쟁한다. ② 김일성 동지를 충성으로 높이 우러러 모셔야 한다. ③ 김일성 동지의 권위를 절대화하는 것은 우리 혁명의 지상요구이며 인민의 혁명적 의지이다. ④ 김일성 동지의 혁명사상을 신념으로 삼고 수령의 교시를 신조하여야 한다. ⑤ 김일성 동지의 교시집행에서 무조건적 원칙을 철저히 지켜야 한다. ⑥ 김일성 동지를 중심으로 전당의 사상의 지적 통일과 혁명적 단결을 강화해야 한다. ⑦ 김일성 동지를 따라 배워 공산주의적 풍모와 사업방법, 인민적 사업작품을 소유해야 한다. ⑧ 김일성 동지의 크나 큰 정치적 신임과 배려에 높은 정치적 자각과 기술로써 충성으로 보답하여야 한다. ⑨ 김일성 동지의 유일적 지도 밑에 전당(全黨), 전군(全軍)이 한결같이 움직이는 강한 조직규율을 세워야 한다. ⑩ 김일성 동지가 개척한 혁명위업을 대를 이어 끝까지 계승하여 완성해 나가야 한다.

제13장

1) 제13장은 서상목(『시장을 이길 정부는 없다』, 앞의 책) 제9장과 제26장을 부분적으로 인용하였다.

2) F. A. Hayek, *The Road to Serfdom*, Reutledge & Kegan Paul, 1944.

3) John Stuart Mill, *On Liberty*, 1859.

4) Richard Dawkins, *The Selfish Gene*, Oxford University Press, 1989.

5) Joseph Schumpeter, *Capitalism, Socialism and Democracy*, Harper & Brothers, 1950.

제14장

1) 제14장의 내용은 서상목(『시장을 이길 정부는 없다』, 앞의 책)의 제2장을 부분적으로 활용하였다.

2) Rowen, Milller & Others, *The Silicon Valley Edge*, Stanford Press, 2000.

3) Bill Gates, *Business @ the Speed of Thoughts*, Warner Books, 1999.

4) Mitchell Levy, *Evolve-or-Die.Com*, New Riders, 2000.

제15장

1) D. C. 콜, 박영철, 『한국의 금융발전: 1945~80』, 한국개발연구원, 1984.10, 21~24쪽.

2) 이덕훈 외, 『우리나라 금융산업의 발전구도』, 한국개발연구원, 1998.8, 42쪽.

3) 이덕훈, 앞의 책, 46쪽.

4) 박진수, 『외환위기 이후 금융산업 재편에 따른 경쟁구조의 변화』, 삼성경제연구소, 2004.7.

5) 재정경제부, "금융 선진화를 통한 금융허브 구축", 2007. 7

6) IMD, 앞의 책.

7) 재정경제부, 앞의 책, 15쪽.

8) 재징경제부, 위의 책, 36~66쪽.

9) 매일경제신문사, 『금융한국보고서』, 2007.5.

10) 머니투데이 금융부, 『금융강국 코리아: 금융이 살아야 나라가 산다』, 굿인 포메이션, 2005.6.

제16장

1) 제16장은 서상목(『시장을 이길 정부는 없다』, 앞의 책) 제31장의 내용을 부분적으로 활용하였다.

2) World Bank, *Korea and the Knowledge-based Economy: Making the Transition*, 2000.

제17장

1) 제17장은 서상목(『시장을 이길 정부는 없다』, 앞의 책)의 제3부와 서상목(『정치시대를 넘어 경제시대로』, 북코리아, 2004) 제9장의 내용을 부분적으로 활용하였다.

2) Thomas Friedman, *Lexus and Olive Tree*(렉서스와 올리브나무), 창해, 1999.

3) Thomas Friedman, 앞의 책.

제18장

1) OECD, *Korea Report*, 2006.

2) 손경환, 「부동산정책의 역사적 평가」, 『한국경제의 부동산 문제: 진단과 정책과제』, 한국재정학회, 2007.9.

3) 서승환, 「참여정부 부동산 정책의 비판적 검토」, 앞의 책, 한국재정학회.

4) 국정브리핑 특별기획팀, 『대한민국 부동산 40년』, 한스미디어, 2007.6.

5) 국정브리핑 특별기획팀, 앞의 책.

6) 매일경제, 「참여정부 들어 전국 땅값 2배 뛰었다」, 2007.9.10.

7) 전광섭, 「한국 역대 정부의 주택정책 만족도 연구」, 『주택연구』 15(1), 2007.

8) 이진순, 『부동산세제의 근본적 개혁방안』, 한국조세연구원, 2005.8, 32쪽.

9) 이영희, 「부동산 보유과세 세부담의 공평성 분석」, 앞의 책, 한국재정학회.

10) 최병호, 「부동산 거래과세 개편에 따른 지방재정의 주요 이슈와 대응」, 앞의 책, 한국재정학회.

11) 김인규, 『주택금융의 현황과 발전방향』, 한국은행 조사국 금융산업팀, 2007.8.

12) 조선일보, 「마구잡이 신도시 개발이 수도권 '교통지옥' 만든다」, 2007.9.10.

13) 동아일보, 「토지보상제도 개편, 시장안정에 효과 있을까」, 2007.7.5.

제19장

1) 제19장은 서상목(『시장을 이길 정부는 없다』, 앞의 책) 제10장, 제11장을 부분적으로 인용하였다.

2) 이근식, 『자유주의 사회경제사상』, 한길사, 1999, 39~152쪽.

3) 이근식, 위의 책, 503~568쪽.

4) 은재호, 『참여정부 정부혁신의 연속성과 비연속성』, 한국행정연구원, 2006.12, 44쪽.

5) 은재호, 위의 책, 57쪽.

6) 은재호, 앞의 책, 43쪽.

7) 은재호, 앞의 책, 44쪽.

8) 은재호, 앞의 책, 126쪽.

9) 동아일보, 「빚 먹고 몸집 불린 참여정부」, 2006.8.24.

10) 김종석, 「세금 값을 하는 알뜰정부」, 『2008 뉴라이트 한국 보고서』, 뉴라이트 정책위원회, 2007.4.

11) 김종석, 앞의 책.

제20장

1) 제20장은 서상목(『정치시대를 넘어 경제시대로』, 앞의 책)의 내용을 부분적으로 인용하였다.

제21장

1) 제21장은 서상목(『시장을 이길 정부는 없다』, 앞의 책)의 제15장과 제32장을 부분적으로 인용하였다.

2) Andy Grove, *Only the Paranoid Survive*, Doubleday, 1996.

3) Mitchell, Levy, *E-Volve-or-Die.com*, New Riders, 2001.

4) 매일경제, 「창조경영 CEO 1위 이건희 회장」, 2007.8.26.

5) 윤정일, 「창의적 인재양성을 위한 전략과 교육과제」, 『정책토론회: 창의적인 인재 양성과 효율적 교육체계의 구축』, 한국교육개발원, 2006.

6) Wayne Dyer, 오현정 역, 『행복한 이기주의자』, 21세기북스, 2006.

7) Tom Kelly, *The Ten Faces of Innovation*, Doubleday, 2005.

8) Alvin Toffler, 「21세기 전망: 미래학자 앨빈 토플러 인터뷰」, 『조선일보』, 1999.3.5.

9) SBS, 「인재 학교 안 보낸다」, 8시 뉴스, 2004.2.28.

10) 송인섭, 「우수인재를 위한 창의성 교육 환경 구축의 과제와 전망」, 한국교육개발원 정책토론회(앞의 책, 2006).

11) 송인섭, 앞의 책.

12) 신현석, 「창의적 인재양성을 위한 효율적 교육시스템 구축: 방향과 과제」, 한국교육개발원 정책토론회, 앞의 책.

13) EPGY(Education Program for Gifted Youth).

14) 김미숙, 「영재교육 추진성과와 진흥방안」, 한국교육개발원 정책토론회, 앞

의 책.

15) 노석준, 「창의성 향상을 위한 초·중등교육시스템 구축」, 한국교육개발원 정책세미나, 앞의 책.

16) 장수명 외, 『국가 및 산업 경쟁력 제고를 위한 교육의 역할』, 한국교육개발원, 2004.12

17) 류지성 외, 『대학혁신과 경쟁력』, 삼성경제연구소, 2006.1.

제22장

1) 박광준, 『사회복지의 사상과 역사』, 양서원, 2002, 340쪽.

2) 김태성 외, 『현대 복지국가의 변화와 대응』, 나남출판, 2005.4, 32~38쪽.

3) 김태성 외, 앞의 책, 50쪽.

4) 김승권 외, 『한국 사회복지정책의 평가와 발전방안 연구』, 한국보건사회연구원, 2006.12.

5) 노대명 외, 『중장기 사회보장제도 개편방안』, 한국보건사회연구원, 2006.12.

6) 정경희 외, 『한국의 사회서비스 쟁점 및 발전전략』, 한국보건사회연구원, 2006.12.

7) 정경희 외, 앞의 책.

제23장

1) 제23장은 서상목(『김정일 이후의 한반도』, 앞의 책)의 제9장을 부분적으로 활용하였다.

2) 박영호 외, 『통일예측 모형 연구: 지표개발과 변화 추세 분석』, 통일연구원, 2003.12.

3) 이영선, 「한반도에서의 경제적 통합 효과」, 『북한의 현실과 통일과제』, 동서문제연구원, 1993.

4) 박태규, 「한반도 통일에 따른 소요비용의 추계와 재원조달 방안」, 『한반도

통일시의 경제통합 전략』, 한국개발연구원, 1997.

5) Marcus Noland, *Avoiding Apocalypse*, p.314, IIE, 2000.

6) 조동호, 「통일에 따른 경제적 편익」, 한국개발연구원, 앞의 책.

7) 이대근, 『북한 군부는 왜 쿠데타를 하지 않나』, 한울, 2003.

8) 유호열, 「정치·외교 분야에서의 북한 급변사태: 유형과 대응 방안」, 『북한의 급변사태와 우리의 대응』, 박관용 외, 한울, 2007.1.

9) 백승주, 「북한 급변사태 시 군사 차원 대비 방향」, 박관용 외, 앞의 책.

10) 남성욱, 「한반도 급변사태와 우리의 효율적 대응 방안: 경제 분야를 중심으로」, 박관용 외, 앞의 책.

11) 서재진, 「북한의 급변사태시 사회·문화 부문의 대응책」, 박관용 외, 앞의 책.

12) 한국개발연구원, 『한반도 통합시의 경제통합전략』, 1997.7.

제24장

1) 제24장에서는 서상목(『정치시대를 넘어 경제시대로』, 앞의 책)의 제10장이 부분적으로 인용되었다.

2) 정우일, 『리더와 리더십』, 박영사, 2006.8, 23쪽.

3) 정우일, 앞의 책, 339쪽.

4) John Kotter, *Leading Change*, Harvard Business Press, 1996, pp.163~167.

5) B. M. Bass, *Leadership and Performance beyond Expectation*, New York: Free Press, 1985.

6) 정우일, 앞의 책, 357.

7) 이인훈, 『CEO의 성공과 실패의 조건』, 삼성경제연구소, 2004.5.

8) Fortune, "Why CEOs Fail?", 1999.6.12.